权威解读

中华人民共和国电影产业促进法释义

主　编：柳斌杰（全国人大教科文卫委员会主任委员）
　　　　聂辰席（国家新闻出版广电总局局长、国家版权局局长）
　　　　袁曙宏（国务院法制办副主任）
副主编：许安标（全国人大常委会法制工作委员会副主任）
　　　　阎晓宏（国家新闻出版广电总局副局长）
　　　　童　刚（国家新闻出版广电总局副局长）
　　　　张宏森（国家新闻出版广电总局副局长）

中国法制出版社
CHINA LEGAL PUBLISHING HOUSE

目 录

为电影产业健康发展提供有力法律保障 ………………… 王 晨 1
认真贯彻实施电影产业促进法 加快推动中国电影
　繁荣发展 ……………………………………………… 聂辰席 13
第一章 总　　则 …………………………………………………… 1
　　第 一 条 【立法目的】 ……………………………………… 1
　　第 二 条 【适用范围、调整对象和适用原则】 ……… 11
　　第 三 条 【基本原则】 …………………………………… 20
　　第 四 条 【创作原则和方针】 …………………………… 22
　　第 五 条 【宏观调控】 …………………………………… 26
　　第 六 条 【科技创新】 …………………………………… 29
　　第 七 条 【知识产权】 …………………………………… 34
　　第 八 条 【政府职责】 …………………………………… 38
　　第 九 条 【行业自律】 …………………………………… 40
　　第 十 条 【电影评价体系和评论、表彰和奖励】 ……… 44
　　第十一条 【国际合作与交流】 …………………………… 49
第二章 电影创作、摄制 …………………………………………… 51
　　第十二条 【电影创作鼓励】 ……………………………… 52
　　第十三条 【电影剧本梗概备案、电影剧本审查
　　　　　　　立项及公示】 ………………………………… 55
　　第十四条 【中外合作摄制电影】 ………………………… 60

第十五条 【电影摄制与环境保护、安全生产等方面关系】 ………… 66

第十六条 【电影禁止载有内容】 ………… 70

第十七条 【电影审查】 ………… 84

第十八条 【专家评审】 ………… 89

第十九条 【变更重新报审】 ………… 92

第二十条 【标识、提示与电影传播】 ………… 94

第二十一条 【电影参加节（展）】 ………… 97

第二十二条 【承接境外电影的洗印、加工、后期制作】 ………… 100

第二十三条 【电影档案】 ………… 102

第二十四条 【电影发行、放映许可申请】 ………… 107

第三章 电影发行、放映 ………… 107

第二十五条 【电影发行、放映活动许可程序】 ………… 119

第二十六条 【电影流动放映备案】 ………… 121

第二十七条 【农村电影公益放映】 ………… 125

第二十八条 【未成年人等特殊群体观影保障】 ………… 131

第二十九条 【电影放映影片、质量】 ………… 138

第三十条 【电影院硬件、软件要求】 ………… 146

第三十一条 【禁止非法录音录像】 ………… 151

第三十二条 【电影放映广告】 ………… 155

第三十三条 【电影院等放映场所治安、消防、公共场所卫生等责任】 ………… 160

第三十四条 【禁止制造虚假交易、虚报瞒报销售收入】 ………… 163

第三十五条	【境内举办涉外电影节（展）】…………	176
第四章 电影产业支持、保障………………………………		180
第三十六条	【国家支持创作、摄制的电影类型】…	183
第三十七条	【财政扶持】……………………………	192
第三十八条	【税收优惠】……………………………	201
第三十九条	【电影院建设和改造扶持】……………	203
第 四 十 条	【金融扶持】……………………………	208
第四十一条	【跨境投资扶持】………………………	213
第四十二条	【电影人才扶持】………………………	215
第四十三条	【农村地区、边疆地区、贫困地区和民族地区电影活动扶持】…………	222
第四十四条	【电影境外推广扶持】…………………	226
第四十五条	【社会力量捐赠、资助电影】…………	231
第四十六条	【电影活动监督管理机制】……………	234
第五章 法律责任………………………………………………		239
第四十七条	【擅自从事电影摄制、发行、放映活动的法律责任】…………………	241
第四十八条	【伪造、变造、出租、出借、买卖本法规定的许可证、批准或者证明文件等行为的法律责任】…………	243
第四十九条	【发行、放映未取得电影公映许可证的电影等行为的法律责任】………	247
第 五 十 条	【承接含有损害我国国家尊严等内容的境外电影的洗印、加工、后期制作等业务的法律责任】………	250

第五十一条 【制造虚假交易、虚报瞒报销售收入等行为的法律责任】 ………… 252

第五十二条 【擅自在境内举办涉外电影节（展）等行为的法律责任】 ………… 255

第五十三条 【法人、其他组织或者个体工商户等违法行为的从业禁止责任】 ……… 258

第五十四条 【依照有关法律等规定处罚的违法情形和电影院侵犯知识产权的违法责任】 ………… 261

第五十五条 【政府部门工作人员违法的纪律责任】 ………… 267

第五十六条 【行政责任与民事责任、刑事责任竞合处理和从重处罚情形】 ………… 272

第五十七条 【行政处罚自由裁量规定和行政强制】 ………… 274

第五十八条 【对行政行为不服申请行政复议或者提起行政诉讼】 ………… 279

第六章 附　则 …………………………………… 284

第五十九条 【境外资本投资的法律适用】 ………… 285

第六十条 【实施日期】 ………………………… 289

附　录

一、法律原文、立法背景资料

中华人民共和国电影产业促进法 …………………… 292

（2016年11月7日）

全国人民代表大会教育科学文化卫生委员会关于
　《中华人民共和国电影产业促进法（草案）》的
　审议报告……………………………………… 305
　（2015年10月12日）
关于《中华人民共和国电影产业促进法（草案）》
　的说明………………………………………… 308
全国人民代表大会法律委员会关于《中华人民共
　和国电影产业促进法（草案）》修改情况的汇
　报……………………………………………… 311
全国人民代表大会法律委员会关于《中华人民共
　和国电影产业促进法（草案）》审议结果的报告……… 315
全国人民代表大会法律委员会关于《中华人民共
　和国电影产业促进法（草案三次审议稿）》修改
　意见的报告…………………………………… 317

二、相关法律、法规和文件

宪法、法律、法规、文件有关电影的规定………… 321
电影管理条例…………………………………… 337
　（2001年12月25日）
国家新闻出版广电总局关于学习宣传贯彻《中华
　人民共和国电影产业促进法》的通知………… 351
　（2017年1月6日）

后　记……………………………………………… 356

为电影产业健康发展提供有力法律保障

王 晨

《中华人民共和国电影产业促进法》已于2016年11月7日由第十二届全国人大常委会第二十四次会议通过，自2017年3月1日起施行。这是我国文化法治建设取得的又一重要进展，是我国电影行业的一大盛事，为我国电影产业的健康发展提供了法律保障。

电影产业促进法立法历时十三年，从2003年12月国家电影行政主管部门正式启动这项工作以来，进行了大量的调研、论证和起草、修改工作。党的十八大以来，以习近平同志为核心的党中央高度重视文化建设、文化工作，习近平总书记2014年10月15日在文艺工作座谈会上发表重要讲话，对发展文艺事业和做好文艺工作提出了新论断，作出了新部署。党的十八届四中全会《决定》把加强文化立法作为推进全面依法治国的一项重要任务，为电影产业促进法立法工作进一步指明了前进方向，有力地推动了电影产业促进法的立法进程。按照党中央的部署，全国人大常委会深入扎实地组织开展该法的立法工作，并于2016年11月顺利通过了这部法律。在这期间，各有关部门积极配合、密切协作，推动解决了立法中的许多重点难点问题；很多专家学者、从业人员和社会公众关心支持、积极参与，为电影产业促进法的出台奠定了坚实的民意基础。

一、充分认识制定电影产业促进法的重要意义

电影产业促进法是我国文化领域第一部促进产业发展的法律，是中国特色社会主义法律体系的重要组成部分，是推进全面依法治国、建设社会主义法治国家的重要制度成果。电影产业促进法的颁布实施，主要有以下几方面的重要意义。

第一，以实际行动贯彻落实党中央关于加强文化立法的决策部署。党的十八大以来，以习近平同志为核心的党中央高度重视文化建设的重大战略意义，公共文化和文化产业作为文化建设的双轮驱动承担起历史重任，成为统筹推进"五位一体"总体布局和协调推进"四个全面"战略布局的重要支撑。依法促进包括电影产业在内的文化产业发展，不断繁荣和丰富文化产品的创作生产，推动文化产业成为国民经济支柱性产业，这是满足人民群众日益增长的精神文化需求、增强中国特色社会主义文化自信的重要途径，也是体现我国文化软实力、提升我国文化竞争力的重要方式和手段。

长期以来，我国文化立法方面存在法律数量偏少、法规层级偏低、规范缺位等问题，与文化工作的现实地位不匹配，与文化建设的发展趋势不相符，也与人民群众日益增长的物质和精神文化需求不相适应，与政府部门日益复杂的行政管理实践不相适应。现有的文物保护法、非物质文化遗产法、档案法等法律，主要是调整文化事业领域的法律关系，而文

化产业领域的法律规范长期处于空白。不少全国人大代表、政协委员和广大人民群众对此十分关注,文化界和社会舆论对此反映强烈。

为深入推进全面依法治国,让文化事业、文化产业在法治轨道上走得更快更稳更好,党的十八届四中全会作出了"建立健全坚持社会主义先进文化前进方向、遵循文化发展规律、有利于激发文化创造活力、保障人民基本文化权益的文化法律制度"的决策部署。全国人大常委会去年审议通过公共文化服务保障法、电影产业促进法,是贯彻落实党中央这一决策部署的重要举措。

电影产业在文化产业中具有十分重要的地位,其涉及面广,社会影响大,发展任务重。在电影产业促进法的制定过程中,如何把中央大政方针与电影行业具体实践相结合,如何处理好产业促进与市场规范、产业发展与事业保障之间的关系,挑战艰巨,使命重大。电影产业促进法的立法过程,既反映了我们对文化产业发展客观规律的理论认知成果,也考验了我们在文化产业领域的顶层设计能力。电影产业促进法的问世,弥补了我国文化立法工作的"短板",丰富了文化法律制度的内容,是文化产业领域专门立法的一次成功探索实践。

第二,把电影产业发展纳入了法治轨道。当前,我国电影产业正处于繁荣发展的关键时期,亟需解决好发展中的现实问题和制约瓶颈,夯实电影产业发展的法治基础,为实现我国从电影大国向电影强国的历史性转变提供有力的法律支持。习近平总书记在文艺工作座谈会上的重要讲话中指出:

"我们必须把创作生产优秀作品作为文艺工作的中心环节,努力创作生产更多传播当代中国价值观念、体现中华文化精神、反映中国人审美追求,思想性、艺术性、观赏性有机统一的优秀作品,形成'龙文百斛鼎,笔力可独扛'之势。"电影产业要做大做强,就要夯实产业基础,营造有利的政策环境,做好供给侧结构性改革,最终表现在多出能够满足人民群众精神文化需求的优秀作品。电影产业促进法立足于电影产业发展的现实需要和未来趋势,用法律的形式固化和升华了多年来电影产业改革发展的政策措施和成功经验,用法治手段来解决电影产业发展中遇到的问题,从而有利于优化电影产业运营和行业管理实践,推动创作生产更多更好的优秀电影作品,为社会增加精神文化财富,推动国家文化软实力的提升。

第三,为在电影产业中弘扬社会主义核心价值观提供了有力支撑。习近平总书记明确指出:"核心价值观是一个民族赖以维系的精神纽带,是一个国家共同的思想道德基础。如果没有共同的核心价值观,一个民族、一个国家就会魂无定所、行无依归。"电影产业作为生产、传播精神文化产品的内容产业,必须坚持把弘扬社会主义核心价值观放在首位。为此,电影产业促进法坚持把社会主义核心价值观融入法治,明确了以人民为中心的创作导向,确保对电影创作内容、摄制过程及发行放映活动的有效把控,确保中国电影能够体现和承载社会主义核心价值观,传承和弘扬中华优秀文化,提升民族文明素质,展示中国良好的国家形象和中国人民良好的精神风貌,推动中国电影在世界电影之林占有越来越重要的地位。

第四，规范了电影市场秩序。随着经济社会的快速发展和文化体制改革的深入推进，我国电影产业近年来取得了长足进展，成就令世人瞩目。但同时也要看到，仍然存在不少问题和矛盾，如票房造假、监管不力等，必须通过立法推动有效解决。电影产业促进法坚持问题导向，为规范电影市场秩序作出了系统的设计安排。一是简政放权，进一步激发电影市场活力；二是建立有关制度，理顺电影创作、摄制、发行、放映等各环节之间的关系；三是加强电影活动的日常监管；四是加强电影行业自律；五是强化电影知识产权的保护；六是针对票房虚假交易、偷漏瞒报销售收入等突出问题，完善管理措施，加大打击力度；七是严格电影放映单位义务，提高放映质量，保障观众权益；八是规范电影对外交流活动，推动中国电影"走出去"。同时，在法律责任部分对破坏市场秩序的行为规定了严格的处罚措施，这些规定将为电影产业的健康繁荣发展营造良好的市场秩序和社会环境。

第五，为人民群众享有健康丰富的精神文化生活提供保障。建设社会主义文化强国，必须把满足人民群众日益增长的精神文化需求作为文化建设的一个重要目标，做到文化发展为了人民、文化发展依靠人民、文化发展成果由人民共享，切实维护人民群众基本文化权益。电影产业促进法在这方面下了很大功夫，一方面大力促进电影产业发展，利用市场力量向公众提供更多更好的电影产品，同时根据不同地区、不同群体的情况，积极推动电影的公益性服务，努力让电影更多更好地惠及广大人民群众。例如，法律中明确规定，县级以上人民政府应当将农村电影公益放映纳入农村公共文化服务体系建设规划，由政府出资建立完善农村电影公益放映服务网络，统筹保障农村地区观众观看电影需求；教育部门和电影主管部门可以共同推荐有利于未成年人健康成长的电影，并采取措施支持接受义务教育的学生免费观看。此外，法律还鼓励电影放映者采取多种措施，为未成年人、老年人、残疾人、城镇低收入居民以及进城务工人员等观看电影提供便利。这些规定都将进一步满足人民群众的观影需求，丰富人民群众的精神文化生活，充分显示出中国特色社会主义制度的优越性。

二、大力推动电影产业促进法的宣传普及

习近平总书记高度重视法治宣传教育工作，指出："推进全民守法，必须着力增强全民法治观念。要坚持把全民普法和守法作为依法治国的长期基础性工作，采取有力措施加强法制宣传教育。"法律的宣传普及，是全民普遍守法、政府准确执法的基础性工作，必须真抓实干，持之以恒。电影产业促进法施行后，一定要广泛深入地宣传普及这部法律，为法律的贯彻实施营造良好社会氛围。

第一，政府部门要把电影产业促进法作为一项重要内容纳入"七五"普法计划，并在工作中认真宣传好、普及好、贯彻好。新闻出版广电主管部门以及其他相关部门要精心组织系统内工作人员学习电影产业促进法，深刻理解法律的立法精神和制度要义，牢牢掌握执法的内容标准和程序要求，

提高依法办事的意识和能力。特别是各级领导干部要带头尊法学法守法用法，在强化法治思维和法治观念、依法办事等方面作出表率。

第二，政府部门要落实好"谁执法谁普法"的普法责任制，积极创新宣传手段和工作方式，努力增强宣传普法实效，扩大宣传的覆盖面和影响力，让电影创作、摄制、发行、放映等各领域的电影从业人员和广大社会公众充分了解依法享有的权利和应当履行的义务。

第三，电影行业各机构尤其是电影界各类社会团体和电影从业人员应当更加主动担负起积极宣传贯彻电影产业促进法的责任。电影行业是具有一定特殊性的行业，电影工作者对社会特别是青少年的影响广泛，更应当身体力行，树立法律意识，在电影创作、生产、发行、放映、交流各个环节中自觉遵守这部法律；要依法规范行业组织，加强行业自律，坚持德艺双馨，恪守职业道德，增强社会责任，齐心协力推动我国电影产业健康繁荣发展。

第四，新闻媒体要坚持正确的舆论导向，精心组织好这部法律的宣传报道。既要积极报道成绩，也要深入分析问题；既要讲权利，也要讲义务；既要有严谨的宣传内容，也要有活泼的报道形式。传统媒体和新媒体都要发挥作用。专家学者、电影评论人员要积极发声，帮助社会公众加深对这部法律的认知理解。

三、抓紧完善相关制度措施

"徒法不足以自行"。保障电影产业促进法正确有效贯彻实施，使法律真正动起来、活起来，用起来，必须给电影产业促进法装上"驱动器"，建立健全贯彻实施的体制机制，依法确定相应的执法主体和职责分工；必须抓紧制定和执行推动电影产业促进法落实的配套法规规章，形成以电影产业促进法为龙头的电影产业法律制度规范体系，使电影产业促进法真正落地。

电影产业促进法的出台不是电影领域法治建设的终点，而是依法促进电影产业繁荣发展、健康发展的新起点。政府部门要根据法律规定的相应职责，将电影产业发展纳入国民经济和社会发展规划，制定电影及相关产业政策，引导形成统一开放、公平竞争的电影市场。各级新闻出版广电主管部门及政府其他有关部门对电影产业的发展要依法切实担负起相应的职责，健全完善电影创作、摄制、发行、放映等各环节的管理和服务工作，贯彻落实好促进电影产业发展的有关政策措施，形成本级人民政府统一部署、新闻出版广电主管部门牵头负责、相关职能部门分工协作的工作格局。要按照电影产业促进法的要求，在法治轨道上深化电影产业体制机制改革，进一步健全电影社会监管体系、产业扶持体系和公共服务保障体系，在坚持依法行政的前提下加强电影领域行政管理能力建设，进一步完善宏观管理和具体监管体制。

此外，电影产业促进法明确了多项需要另行制定的制度规范，如电影剧本梗概备案或者电影剧本审查制度、电影审查的具体标准和程序、电影审查专家遴选和评审、电影税收优惠政策、电影行业自律规范、电影违法行为行政处罚种类和幅度的具体办法等。有关单位要在立法法规定的时限内按时完成,及时公布。电影产业促进法涉及电影产业各领域、各环节,不可能对所有问题都面面俱到地作出详细规定,有一些法条较为原则。有关部门要抓紧对这些法条加以完善细化,为法律的有效实施提供进一步的支撑。地方人大和政府要结合当地实际情况,抓紧出台地方性法规规章,推动法律的贯彻实施。总之,要以电影产业促进法为核心,形成多方位、多层次的电影产业法律制度规范体系,使电影产业管理、促进和保障工作更加制度化规范化。

四、严格履行法定职责

法治是良法与善治的结合。要使法律的规定得到普遍的遵循,行政机关的正确有效执法和带头示范作用是关键。习近平总书记指出:"行政机关是实施法律法规的重要主体,要带头严格执法,维护公共利益、人民权益和社会秩序。"各级政府及有关部门要强化建设法治政府、服务型政府的意识,严格依法履行职责,以有效的行政监管和高效的社会服务确保电影产业促进法的规定落到实处,特别是要着力做好以下几方面的工作。

第一,加强产业促进,做好社会服务工作。要积极引导社会主体开展科技研发、人才培养等工作,为电影产业发展夯实基础。要积极运用财政、税收、金融、土地、外汇等多种扶持措施,充分利用好优惠政策,为电影产业发展添火助薪,加强产业薄弱环节建设,催生更多优秀作品。要引导行业自律,为电影行业组织和从业人员确立正确导向。

第二,规范行政监管,做好行政许可等工作。要按照简政放权、放管结合、优化服务的要求,加强对电影行政执法人员的教育管理,严格要求约束,严肃纪律规矩,塑造良好形象。要改进行政执法方式,落实行政执法责任制,提高执法质量,实行文明执法,做到法律效果与社会效果相统一。

第三,严格行政处罚,做好市场规范工作。要本着对人民高度负责的精神,依法严肃查处各种违反电影产业促进法的行为,切实做到有法必依、执法必严、违法必究,维护法律的权威和尊严,净化行业环境,维护市场秩序,确保电影产业健康繁荣发展。

第四,自觉接受监督,主动改进工作。电影行政执法要依法接受人大监督、行政监督、司法监督、审计监督,接受人民政协的民主监督,接受社会监督、舆论监督等。特别是各级人大要根据法律规定适时开展监督工作,督促和支持政府及有关部门依法履职、改进工作,推动电影产业促进法的正确有效实施。

这里,还要强调一下电影产业的社会效益与经济效益的关系问题。电影是一种文化产品,具有商品和意识形态双重属性,既会产生经济效益,也会产生社会效益,两种效益之间应当是相互依存、互相促进的关系。在我国,发展电影产业和从事电影活动,必须始终坚持为人民服务、为社会主义服务,坚持百花齐放、百家争鸣的方针,正确处理社会效益与经济效益的关系,坚持社会效益优先,实现社会效益与经济效益相统一。电影产业之所以具有超越其经济地位的影响力，就在于其具有的社会效益，在于其展现的价值观念和蕴含的文化精神力量。电影产业要保持正确的发展方向，就必须始终坚持把弘扬社会主义核心价值观、传播中华优秀文化、提高全民族思想道德素质作为根本立足点。如果割裂社会效益与经济效益的关系，否定电影的文化社会属性，将会把电影产业引向单纯追求经济效益的歧路上去，将会使电影成为只追求票房成绩而无视艺术品味的娱乐产品。从另一方面来看，如果电影拍出来没有人看，没有电影市场的繁荣壮大，那么电影的文化功能、教育功能也就无从谈起，社会效益和经济效益也都发挥不出来，最终也会导致电影产业的自我坍塌。所以，我们要采取积极措施，鼓励创作思想性、艺术性、观赏性相统一的优秀电影，通过电影质量的提升，推动电影产业的发展壮大，使电影充分发挥出更大的社会效益和经济效益。

在以习近平同志为核心的党中央坚强领导下，全党全国各族人民正在为实现中华民族伟大复兴的中国梦而努力奋斗。我们要以更强烈的时代感、使命感，创作出反映这个伟大时代更多更好的电影作品。电影产业促进法的出台，为电影产业的繁荣发展提供了制度保障和法律支撑。让我们共同努力，宣传贯彻实施好电影产业促进法，共同创造中国电影更加辉煌美好的未来，以优异成绩迎接党的十九大胜利召开！

（本文为全国人大常委会副委员长兼秘书长王晨在宣传贯彻电影产业促进法座谈会上的讲话，有删节，发表于2017年5月2日《光明日报》）

认真贯彻实施电影产业促进法
加快推动中国电影繁荣发展

聂辰席

《中华人民共和国电影产业促进法》（以下简称电影产业促进法）已于2017年3月1日起施行。作为文化产业领域的第一部法律，电影产业促进法的颁布实施，是我国文化立法领域的一次突破，是文化体制改革的一座里程碑，标志着中国电影产业法治水平的极大提升。电影产业促进法以习近平总书记系列重要讲话精神为根本遵循，深入贯彻中央关于宣传思想文化工作的政策方针，在深入研究我国电影产业发展现状、全面总结产业发展规律及存在问题的基础上，充分吸纳了在改革创新过程中形成的一系列好做法、好经验、好举措，从法律层面明确了电影产业的重要地位、发展方针、指导原则和扶持措施，用法治思维突破发展瓶颈，用法治手段解决突出问题，彰显社会主义核心价值观的价值引领和以人民为中心的创作导向，对于激活电影市场主体、规范电影市场秩序、促进电影事业产业繁荣发展具有十分重要的意义，必将更加有力地推动电影产业进入科学化、现代化发展轨道，开创中国电影产业繁荣发展新局面。

国家新闻出版广电总局以全面实施电影产业促进法为契机，坚持深入学习宣传贯彻习近平总书记系列重要讲话精神和治国理政新理念新思想新战略，特别是在文艺工作座谈会、中国文联十大作协九大上的重要讲话精神，牢固树立政治意识、大局意识、核心意识、看齐意识，抓质量、强产业、重管理、促交流，推动电影事业产业发展迈上新台阶。

一、围绕重点，打造亮点，催生"三性统一"的优秀电影作品

习近平总书记指出，"推动文艺繁荣发展，最根本的是要创作生产出无愧于我们这个伟大民族、伟大时代的优秀作品"。衡量电影繁荣发展成就最终也要体现在优秀作品上。电影产业促进法首次将"以人民为中心的创作导向"写入法律条文，倡导"贴近实际、贴近生活、贴近群众"的创作原则和"思想性、艺术性、观赏性相统一"的创作标准，充分表明了党和政府对繁荣电影创作的殷切期望，体现了广大人民群众对加大优秀作品供给的强烈愿望。繁荣创作，是壮大产业的基础环节和内生动力。贯彻实施电影产业促进法的一个重要任务，就是要不断推动中国电影创作繁荣，提升创作质量、力攀文艺"高峰"，创作生产更多传得开、留得下，为人民群众所喜爱的优秀电影作品。

繁荣创作、提升质量，要紧扣时代脉搏、突出主题主线。电影创作要始终围绕中心、服务大局，推出一批讴歌党、讴歌祖国、讴歌人民、讴歌英雄的标志性作品，推出一批贯穿中国梦主题、传承中华优秀传统文化、弘扬社会主义核心价

值观的标志性作品。今年将召开党的十九大，我们要集中力量抓好迎接十九大重点作品创作，努力反映党的十八大以来，在以习近平同志为核心的党中央领导下，全国人民奋勇争先、创新创业的澎湃激情，生动体现人民群众的幸福感和获得感，为党的十九大胜利召开营造良好氛围。同时，我们还着眼于今年和未来几年重大时间节点，如纪念建军90周年、庆祝香港回归20周年、庆祝新中国成立70周年、纪念改革开放40周年等，大力实施精品工程，抓好创作规划和项目实施，推动优质创作资源向重点项目倾斜，把精品力作作为资源配置、资金扶持、评奖评优的重要方向。

繁荣创作、提升质量，要不断架构和完善多样化、多类型、多品种的创作格局。文艺创作是观念和手段相结合、内容和形式相融合的深度创新，是各种艺术要素和技术要素的集成。在这一点上，电影表现得尤为突出。"二为"方向、"双百"方针，是我们党长期以来坚持的文艺工作指针，是勇攀"高峰"的重要途径，电影产业促进法将此作为一项发展原则写入法律总则。时代发展和技术进步，带来电影创作观念和创作实践的深刻变化，必须坚持"二为"方向、"双百"方针，把创新精神贯穿电影创作生产全过程。电影创作要更加深刻地融入社会主义核心价值观，更加自觉地体现以人民为中心的创作导向，用不同的题材、意境、风格、样式、手段，全方位地表现丰富多彩的现实生活和博大精深的传统文化，多层次、多角度地刻画民族精神和时代精神，开辟更加广阔的表现空间，形成均衡、良性的电影生态。

繁荣创作、提升质量，还要加强队伍建设，挖掘和培养中国电影新力量，打造一支德艺双馨的电影人才队伍。事业成败，关键在人。电影产业促进法明确提出要实施电影人才扶持计划，我们要站在从电影大国向电影强国迈进的历史坐标上，实实在在推动人才队伍建设。要坚持德艺双馨的标准，引导广大电影创作者加强思想道德修养，自觉践行社会主义核心价值观，增强社会责任感，把实现个人艺术追求和推动社会进步相融合，更好地传播正能量、弘扬人间正气、塑造美好心灵。要加强重点人才培养，以名编剧、名导演、名演员及其他方面的高层次专业技术人才为龙头，形成一批拔尖和领军人物，切实提高电影创作水平。要高度重视青年人才，总结和推广近年来中国电影新力量的成功经验，探索建立有利于创新型青年人才脱颖而出的体制机制，不断推出思想强、作风硬、专业精的电影新人。

二、增强文化自信，做强电影产业，提升核心竞争力

习近平总书记在庆祝中国共产党成立95周年大会上的重要讲话中指出，"文化自信，是更基础、更广泛、更深厚的自信"。自信取决于实力，与我国举世公认的物质硬实力相比，提高文化软实力要求更高。电影作为文化领域具有代表性的门类，在十多年来的文化体制改革中成绩显著。电影产业促进法规定各级政府将电影产业发展纳入本级国民经济和社会发展规划，既是对电影产业化改革的充分肯定，也体现国家将文化产业作为国民经济支柱性产业，培育壮大发展新动能的信心和决心。面临如此难得的机遇，中国电影理应增强文

化自信和文化自觉，作出新的更大贡献。

做大做强电影市场。繁荣而充满活力的市场是电影强国的重要标志。虽然我国自2010年已跃居世界第二大电影市场，2016年年底电影银幕数已位居全球第一，但短板依然存在，如采用高工业规格和技术标准的影片数量仍然稀少，中小成本影片销路不畅，部分区域影院覆盖不足，人均票房及观影次数与发达国家存在较大差距，电影收入结构单一等。贯彻实施电影产业促进法，做大做强电影市场，要推动电影科研创新，助推国产大片的创作生产；用好用足财税、金融扶持政策，完善电影投融资体制，降低市场风险；科学规划影院建设，有效扩大人口覆盖，夯实产业基础；鼓励开发衍生业务，创新回收模式，丰富收入来源，多措并举，推动我国电影产业在现有规模基础上进一步提质增效。

培育扶持电影企业。强大的产业离不开优秀的企业，必须着力打造一批世界领先的中国电影企业。要继续推进国有电影企业特别是国有龙头企业的深度改革，坚持将社会效益放在首位，在整体产业格局中担纲领军角色。要一如既往地扶持优秀民营电影企业，在准入制度和产业政策的落实方面一视同仁。要鼓励差异化、特色化经营，鼓励混合所有制发展，鼓励电影企业之间开展并购重组。优秀的企业需要杰出的经营管理人才，要将企业家和经理人的培养一并纳入电影人才扶持计划。

三、简政放权，规范秩序，营造良好产业环境

电影产业促进法的立法指导思想之一，是坚持市场在资源配置中发挥决定性作用的同时，更好地发挥政府的规范、

引导、扶持和保障作用。简而言之，政府要进一步转变职能，告别"办电影"的角色，更好地履行"管电影"的职能。

简政放权是电影产业促进法的重要亮点，也是今后推动电影改革发展的重要着力点。电影产业促进法取消了多项行政审批项目，还将多项由国家新闻出版广电总局行使的权限，下放到省、自治区、直辖市新闻出版广电行政管理部门。为了贯彻法律规定，优化行政服务，国家新闻出版广电总局已于今年2月27日正式发出通知，取消摄制电影许可证和摄制电影许可证（单片），不再单独发放电影技术合格证。国家新闻出版广电总局还从行业全局出发，密切关注以互联网为代表的新技术革命所引发的产业融合与创新，认真研究新业态的规律与可能影响，在电影产业促进法规定的制度框架内，积极探索、审慎监管，为电影产业开拓更为广阔的发展空间。

引导形成统一开放、公平竞争的电影市场，是电影产业促进法提出的明确要求。电影产业促进法在减少审批项目、降低准入门槛的同时，注重加强事中和事后的监管，有效规范市场秩序，引导形成统一开放、公平竞争的产业发展环境。针对各种破坏市场秩序的违法行为，国家新闻出版广电总局将按照电影产业促进法的规定，加大打击力度，推动市场规范。一是严格执行票务软件产品标准，实行退出机制，强力封堵票房"截流、篡改"软件。二是严格规范影院经营行为，严厉整治偷漏瞒报票房收入、虚假排场、注水票房等现象，同时强化院线的经营管理责任。三是严格规范互联网售票行为，电商须切实履行票纸兑换、票价标识、合规预售等责任。

四是保护电影版权，依法防范、打击盗录盗播，进一步推动数字电影水印检测技术的应用，指导影院行使反盗录权力，堵塞管理漏洞。2017年，将重点深化电影院线制改革，解决我国电影院线数量过多，小、散、乱现象突出，经营缺乏差异化，亟待进行整合的问题。

四、讲好中国故事，促进交流合作，有效传播中国文化

习近平总书记指出，"当今世界是开放的世界，艺术也要在国际市场上竞争，没有竞争就没有生命力"。文艺因交流而多彩，因互鉴而丰富。这是文艺繁荣的规律，也是世界各国文化共融发展的重要体现。中国电影承载着讲述中国故事、塑造中国形象、弘扬中国精神、传播中国文化的重要使命，需要扩大国际交流合作，不断加快走出去步伐。电影产业促进法鼓励开展平等、互利的电影国际合作，支持中国电影走出国门，积极参与国际竞争。

从2016年开始，国家新闻出版广电总局组织实施"中国电影，普天同映"放映计划，打破了长期以来制约中国电影海外同步放映的坚冰，开始了以市场化运作方式推广中国电影的新实践。经过一年来的精心实施，目前已经与北美、欧洲、澳大利亚、新西兰的主流院线和重点影院达成合作协议，开辟了中国电影走向国际市场的新渠道。今年，我们将继续拓展"普天同映"的覆盖面，积极开拓中东欧和东盟地区、南美洲市场。

随着中国电影产业的迅猛发展，中国电影的海外受关注程度也日益提高，这为进一步提升中国电影海外交流的规模和水平创造了机遇。目前，我们紧密围绕"一带一路"建设，配合金砖国家合作机制，正在着力打造十大品牌电影节，在友好往来中深化文化交流机制，充分发挥电影作为文化大使的特殊功能，不断拓展中国电影的国际发展空间，努力将十大电影节打造成展示中国文化的亮丽名片。

中外合拍片享受国产片待遇，是电影产业促进法确定的重要制度。近年来，中外合拍电影模式逐渐发展成熟。我们已同14个国家签署了电影合拍协议，2016年合拍影片创历史新高。中国电影与美国好莱坞六大公司先后建立了密切、畅通的合作渠道，多个以我为主的合拍项目正在酝酿筹备中。今年，我们还将同更多国家磋商签署合拍协议，继续深化与好莱坞的人才交流机制，并将按照电影产业促进法的要求，进一步完善中外合拍电影的管理规定，充分发挥合拍电影吸引海外观众、促成人文互动、传播中国文化的积极作用，在世界文化艺术交流融合的大背景下，不断提升中国电影的影响力和竞争力。

今年是党的十九大召开之年，是实施"十三五"规划承上启下的关键之年，是推进供给侧结构性改革深化之年。我们一定紧密团结在以习近平同志为核心的党中央周围，不忘初心、继续前进，撸起袖子加油干，大力推动电影产业促进法全面贯彻实施，为实现从电影大国向电影强国迈进的目标不懈奋斗。

（本文为国家新闻出版广电总局局长聂辰席署名文章，发表于2017年3月24日《中国新闻出版广电报》）

第一章 总　则

所谓法律的"总则",就是对法律的立法宗旨、目的和所确立的基本法律制度所作的提纲挈领的原则性规定。这是一部法律的主线和总纲。本章作为电影产业促进法的总则,主要从九个方面规定了电影产业促进法的基本立法原则:一是规定了本法的立法宗旨和目的;二是规定了本法调整和适用的对象与范围;三是明确了从事电影活动应当遵循的基本原则和国家保障电影创作的基本方针;四是明确了各级人民政府和电影主管部门对电影产业发展的基本职责;五是确立了鼓励电影科技的研发和应用的原则;六是进一步明确了保障电影相关知识产权原则;七是确立了电影行业组织和电影从业人员遵循自律性规范的原则;八是明确了建立电影评价体系和奖励制度的原则;九是明确了支持电影国际合作交流的原则等。

第一条　为了促进电影产业健康繁荣发展,弘扬社会主义核心价值观,规范电影市场秩序,丰富人民群众精神文化生活,制定本法。

2　中华人民共和国电影产业促进法释义

释　义

本条是对电影产业促进法立法宗旨和根本目的的规定。这一规定包括四个方面的内容：

（一）"为了促进电影产业健康繁荣发展"，这是制定电影产业促进法的基本出发点。也就是说，通过法律所制定的基本原则、基本制度和具体措施，将我国电影产业纳入法治化轨道，按照社会主义文化建设的总体要求，依据文化产业"两个效益统一"原则，规范电影产业发展和市场秩序，既使之健康发展，又使之繁荣发展。电影产业作为文化产业的一个重要内容，是我国社会主义文化建设不可或缺的组成部分。党的十八大以来，以习近平同志为核心的党中央高度重视文化建设，文化事业和文化产业作为文化建设的双轮驱动承担着历史任务，成为"五位一体"总体布局、"四个全面"战略布局的一个重要支撑。大力发展包括电影产业在内的文化产业，不断繁荣和丰富文化产品的生产，推动国民经济结构调整，使之成为国民经济支柱性产业，这是满足人民群众日益增长的精神文化需求、增强文化自信的重要实现途径，是提升我国文化竞争力和文化软实力的重要方式和手段。

电影产业是高新技术为支撑的高智能、高投入、高产出的文化产业，是文化产业中颇具活力与生命力的重要组成部分，自改革以来取得了显著发展。1993年1月，原广电部下发《关于当前深化电影行业机制改革的若干意见》，电影体制改革正式开始。2003年以来，国家电影主管部门制定出台了一系列改革措施，电影业迎来了难得的发展机遇，开始真正走上了产业化的发展道路，并且整体保持了健康、稳定、科学发展的良好态势，并实现了六个方面的变革与创新：一是电影体制从计划经济向市场经济体制转轨；二是电影结构从事业主导型向产业主导型转变；三是经营主体从单一所有制向多种所有制并存转变；四是电影市场从分割封闭垄断向统一开放竞争的格局转变；五是电影制片从指令性计划性向自主性经营性转变，盈利模式也从单一的影院票房向多元化的衍生收入转变；六是电影技术从模拟技术向数字技术体系转变。近年来，在国内经济高速发展、综合国力不断增强、市场需求拉动的背景下，电影产业焕发出旺盛的生命力和可持续发展的巨大潜力，电影市场规模迅速扩大、市场结构日益完善、市场影响显著增强，我国电影已进入繁荣发展的关键时期，我国已成为电影大国。据统计，自电影产业化改革以来，我国故事影片年产量从不足百部稳定到700余部，票房从每年不足10亿元增加到近500亿元，银幕从不足2000块发展到44000多块，产业总体规模保持每年超过30%的增长幅度。2016年，我国电影故事片产量772部，全年总票房492.83亿元，国产影片票房占有率58.33%，全年城市影院观影人次达到13.72亿。

但是，不容回避的是，在电影产业迅猛发展下也存在诸多问题和不良倾向，其健康繁荣面临严峻挑战。例如，在商业化浪潮冲击下，出现了忽视电影精神内涵和社会效益的倾向；一些电影产品存在庸俗化、低级趣味化、过度娱乐化等现象；少数电影从业人员道德水准低下，对社会大众尤其是青少年产生了一定的负面影响；我国电影产品结构体系仍不完整，影片的核心竞争力不强；电影工业化、科技化水平不高，未能为产业发展提供强有力的工业保障和技术支撑；电影"走出去"能力不强，人才队伍建设力度不够等。从外部来看，美国电影给我们造成的挑战与日俱增，市场份额竞争的背后是电影所承载的文化和价值层面的争夺，是事关国家文化安全的意识形态阵地的争夺。要解决上述问题，一个必不可少的重要举措就是建立健全法律制度，通过顶层设计和法治保障，坚持我国电影产业发展方向，理顺电影创作、摄制、发行、放映各环节关系，进一步完善审查制度，规范电影市场，明确政府职责和各项促进保障措施，排除各种干扰阻碍，走出一条中国特色电影发展道路，推动我国电影产业健康繁荣发展，实现由电影大国向电影强国的历史性转变。

（二）"弘扬社会主义核心价值观"，这是制定电影产业促进法的首要目的。电影产业是内容产业，作为精神文化产品的重要组成部分，要始终坚持把弘扬社会主义核心价值观、传承中华优秀文化、提高全民族文明素质放在首位。党的十八大明确指出："倡导富强、民主、文明、和谐，倡导自由、平等、公正、法治，倡导爱国、敬业、诚信、友善，积极培育和践行社会主义核心价值观"，这一核心价值观从国家、社会、个人层面高度概括了中国特色社会主义的基本价值取向，是凝聚社会共识、实现团结和谐的根本途径，是展现中国形象、提升文化竞争力的重要保证。我们的一切文化活动包括电影产业发展都要以弘扬社会主义核心价值观为最高准则。

习近平总书记在文艺工作座谈会上明确指出："核心价值观是一个民族赖以维系的精神纽带，是一个国家共同的思想道德基础。如果没有共同的核心价值观，一个民族、一个国家就会魂无定所、行无依归。"他进一步强调指出："我们要在全社会大力弘扬和践行社会主义核心价值观，使之像空气一样无处不在、无时不有，成为全体人民的共同价值追求，成为我们生而为中国人的独特精神支柱，成为百姓日用而不觉的行为准则。要号召全社会行动起来，通过教育引导、舆论宣传、文化熏陶、实践养成、制度保障等，使社会主义核心价值观内化为人们的精神追求、外化为人们的自觉行动。""广大文艺工作者要高扬社会主义核心价值观的旗帜，充分认识肩上的责任，把社会主义核心价值观生动活泼、活灵活现地体现在文艺创作之中，用栩栩如生的作品形象告诉人们什么是应该肯定和赞扬的，什么是必须反对和否定的，做到春风化雨、润物无声。同时，文艺界知名人士很多，社会影响力不小，大家不仅要在文艺创作上追求卓越，而且要在思想道德修养上追求卓越，更应身体力行践行社会主义核心价值观，努力做到言为士则、行为世范。"这些重要指示既为新时期我国包括电影产业在内的文化建设指明了方向，也为包括电影从业人员在内的广大文艺工作者指明了方向，更为制定好电影产业促进法和文化法制建设指明了方向。

因此，电影产业促进法以弘扬社会主义核心价值观为首要目的，必然体现在以下几个方面：一是发展我国电影产业和从事电影活动，必须始终坚持为人民服务、为社会主义服务，正确处理经济效益与社会效益的关系，坚持社会效益优先，实现社会效益与经济效益相统一。电影产业在强调它经济效益的前提下，更多的是社会和文化效益，要把它作为传播和弘扬社会主义核心价值观的一种手段和载体，而不能为产业而产业、为经济而经济。如果将二者割裂，很容易把电影产业引向纯粹追求经济效益的歧路上去，如果电影只注重票房而忽视质量，又会使它的文化社会属性被否定。其实这两个效益并不矛盾，正是需要通过电影产业本身的发展壮大，使文化和社会效益更大、更充分地得以张扬。二是我国电影产业作为内容生产，必须坚持正确的创作导向，必须坚持以人民为中心，坚持百花齐放、百家争鸣，坚持以爱国主义作为电影创作的主旋律，追求真善美，引导人民树立和坚持正确的历史观、民族观、国家观、文化观，增强做中国人的骨气和底气。三是我国电影产业必须传承和弘扬中华优秀传统文化，传承和弘扬中华美学精神。正如习近平同志指出的："中华民族在长期实践中培育和形成了独特的思想理念和道德规范，有崇仁爱、重民本、守诚信、讲辩证、尚和合、求大同等思想，有自强不息、敬业乐群、扶正扬善、扶危济困、见义勇为、孝老爱亲等传统美德。中华优秀传统文化中很多思想理念和道德规范，不论过去还是现在，都有其永不褪色的价值。"四是我国电影产业必须建立相关规范准则，从电影创作、摄制、发行、放映、对外交流合作等各个环节，通过内容监管制度和措施，抵御腐朽文化侵蚀，维护文化安全。五是我国电影产业从业人员必须不断提高自身道德修养，坚持德艺双馨，恪守职业道德，加强自律，树立良好的社会形象。

（三）"规范电影市场秩序，"这是制定电影产业促进法的又一个重要目的。随着文化体制改革的深入发展，我国电影产业蓬勃发展，成效显著。但不可回避的是，在规范产业发展和电影市场秩序方面也出现了一些问题，必须在立法中予以有效解决。一是简政放权，进一步激发电影市场活力的问题。长期以来，在整个电影活动中，都存在不少审批或许可环节，有些确有必要，有些则略有重叠，在一定程度上制约了社会力量投入电影产业的发展。因此必须加快转变政府职能，取消或下放部分行政审批事项，降低准入门槛，整合相关许可制度，完善审查制度，在制度层面对电影产业给予适度松绑，进一步开放电影市场。二是要理顺电影创作、摄制、发行、放映各环节的关系，建立法律规范。这方面也存在不少问题，主要是法律规范缺失，责任不明，界限不清，程序不明。立法就是治理的最高准则，就是给电影产业提供一个法治环境，使其规范有效运行，明确从事电影摄制、发行、放映活动的先行条件和权利义务，以使各方权益得到保障，从业者有充分施展才华的空间。三是加强电影活动的日常监管，实践中一些从事电影活动的单位和个人存在着多种违法违规现象，应当通过立法建立社会信用档案制度，将其所受行政处罚的情况记入信用档案，并向社会公布。四是加强电影行业自律规范。目前电影产业从业人员中存在着一些突出的不良行为或违法现象，如追逐拜金主义、低级趣味，甚至吸毒嫖娼等，对社会尤其是青少年产生较大的负面影响，社会反响强烈。应当通过立法为电影行业组织和从业人员确立正确导向，电影行业组织要依法制定行业自律规范，开展业务交流和职业技能认证，加强从业人员职业道德教育，维护成员合法权益。五是针对电影市场中存在的侵犯知识产权现象，要通过立法，进一步明确规定任何组织和个人不得侵犯与电影有关的知识产权，政府有关执法部门应采取措施依法查处各种侵犯知识产权行为，维护电影作品包括衍生产品产权发展的良好环境。六是针对电影发行企业、电影院出现的制造票房虚假交易、偷漏瞒报销售收入等现象，要通过立法，明确规定电影发行企业、电影院等应当如实统计电影销售收入，安装影院计算机售票系统，提供真实准确的统计数据，不得采取虚假手段欺骗误导观众，扰乱电影市场。七是应当严格电影放映技术标准，通过立法保障电影放映质量。八是理顺规范电影放映和对外交流活动，打击"地下电影"，对那些未取得放映许可证而从事私下放映和参加国外电影节（展）以及在境内私自举办涉外电影节（展）的现象，应当通过立法为依法管理提供保障。

（四）"丰富人民群众精神文化生活"，这是电影产业促进法立法的另一个重要目的。党的十八大指出，让人民享有健康丰富的精神文化生活，是全面建成小康社会的重要内容。建设社会主义文化强国，必须把满足人民群众日益增长的精神文化需求作为社会主义文化建设的根本目的，做到文化发展依靠人民、文化发展为了人民、文化发展成果由人民共享，切实保障人民群众基本文化权益。一个文明进步的社会必定是物质文明和精神文明共同进步的社会，就是既要让人民过上殷实富足的物质生活，又要让人民享有健康丰富的文化生活。随着经济社会物质财富的积累发展，人民群众的文化需求日益增长，文化消费进入快速增长期，繁荣发展电影和其他各种文化艺术，提供充足的、多姿多彩的文化作品，不断丰富文化产品供给，是包括电影产业在内的整个文化建设面临的重要任务，也是制定本法的一个重要任务。

在所有艺术门类中，电影被称之为艺术上的皇冠，是一种具有高度真实感和综合性的艺术表现形式，也是一个国家艺术表现力的最高形式，对观众和社会有着巨大的影响力。因此，必须通过立法确立相关原则、制度，引导和规范电影相关市场，通过具体措施鼓励支持优秀电影的生产、消费，弘扬社会主义核心价值观，传播中华优秀文化精神，培养和提升全民文化品位和审美情趣。一是要通过立法切实加强对电影产品创作生产的引导。要全面贯彻为人民服务、为社会主义服务的方向和百花齐放、百家争鸣的方针，坚持以人民为中心的创作导向，尊重和保障电影创作自由，倡导电影创作贴近实际、贴近群众、贴近生活。二是要通过立法加强对电影产业的投入力度，明确扶持那些传播中华优秀文化、弘扬社会主义核心价值观的重大题材电影、促进未成年人健康成长的电影、展现艺术创新成果和艺术进步的电影、推动教育科技普及的电影等。引导电影工作者牢记使命和职责，正确处理两个效益关系，提高电影创作质量，弘扬真善美、反对假恶丑，坚持抵制庸俗现象，创作生产更多思想性艺术性观赏性相统一、人民喜闻乐见的优秀电影作品。三是要通过立法采取具体措施，充分发挥电影作为公共文化服务重要内容的作用，保障未成年人、老年人、残疾人和其他特殊人群的观影权益；扶持和保障农村、边疆、贫困、民族地区开展电影活动。

第二条 在中华人民共和国境内从事电影创作、摄制、发行、放映等活动（以下统称电影活动），适用本法。

本法所称电影，是指运用视听技术和艺术手段摄制、以胶片或者数字载体记录、由表达一定内容的有声或者无声的连续画面组成、符合国家规定的技术标准、用于电影院等固定放映场所或者流动放映设备公开放映的作品。

通过互联网、电信网、广播电视网等信息网络传播电影的，还应当遵守互联网、电信网、广播电视网等信息网络管理的法律、行政法规的规定。

● 释 义

本条是关于本法适用范围、调整对象和适用原则的规定。

第一款是关于本法适用范围、调整对象的规定。法律的适用范围又称为法律的效力范围，即关于法律在空间上、时间上和对人发挥效力的范围的统称。该款仅涉及空间范围，即"中华人民共和国境内"。一般而言，在一个主权国家，法律适用于该国主权管辖范围内的所有空间，包括领陆、领水和领空，以及航空器、船舶、领事馆等拟制领土，但基于特定的基本法制度安排和特殊的历史问题，我国的大陆地区与香港、澳门和台湾地区属于不同的法域，各自存在着不同的法律体系和司法管辖。相应地，本法所称的"境内"不是"国境以内"，而是"海关关境以内"，也就是适用《中华人民共和国海关法》的中华人民共和国行政管辖区域，不包括香港、澳门两个特别行政区和我国台湾地区三个单独关境地区，后者在本法的适用上等同于其他境外国家和地区。法律是社会关系的调整器，法律的调整对象是一定的社会关系。该款从客体角度出发，对法律的调整对象予以界定，即从事电影创作、摄制、发行、放映等活动。需要注意的是，除上述明确提及的活动类型外，本法还对参与、举办电影节（展），电影档案管理，电影衍生产品开发，电影评价，电影人才培养，电影语言译制等电影活动进行了规范。

第二款是关于"电影"概念的定义。目前，对于"电影"概念，并无权威定义，日常生活中提及的电影，除了影院电影外，也被其他类似的制作或创作形式借用，从而形成了所谓电视电影、微电影、网络大电影等概念。"电影"是本法的核心概念，对"电影"概念内涵的确定，将直接影响到电影活动的类型，电影主管部门的职责范围，扶持和保障政策的覆盖范围等一系列问题，关系重大，影响深远。一般而言，法律概念的定义可分为列举式、概括式以及概括列举混合等方式，1996年制定《电影管理条例》时，因有关各方在"电影"概念的认识上并不统一，不仅存在着"影像论"和"胶片论"两种观点的争论，而且两种观点都无法完整、准确地反映电影的内涵，因此该条例最终以列举五类电影片（故事片、纪录片、科教片、美术片、专题片）的方式规定了电影的概念。在制定本法的过程中，为了能够准确界定"电影"概念，防止法律执行过程中出现模糊地带和不必要的争议，立法者最终未沿用《电影管理条例》所确定的列举式定义方式，而是采取了概括式的定义方式，即将"电影"从摄制、记录、构成、技术标准和公开放映五个方面进行了限定，既尊重了行业、学界对电影的专业认识，也纳入电影主管部门对电影管理的特殊考虑。

一是要运用视听技术和艺术手段摄制。这里包括了技术和艺术两个方面，从历史角度而言，视听技术先于电影艺术出现；从现实地位而言，视听技术服务于电影艺术。关于视听技术，众所周知，电影本身即是科学技术发展的产物，电影本身的产生、发展是以相关领域科学技术的进步及在电影领域的运用为前提。例如，关于电影诞生的先决条件，有学者总结为以下几点：（1）对连续的略有差异的图像使人眼产生运动幻象的认识；（2）能将一系列快速闪动的图像投射到某个平面；（3）能够使用摄影术在一个清晰的表面制造连续图像；（4）能够将照片印制在一个足够灵活、快速地穿过摄影机的底板上；（5）能够为摄影机和放映机找到一种合适的间歇运动机构。电影的发明也标志着对上述技术难关的成功攻克。在某种程度上，电影的发展史就是电影科技的发展史。

电影是科技的产物，更是科技与艺术的结晶。在电影发明之后，随着长期的技术演进和观念更新，视听技术经历了从无声到有声、黑白到彩色、平面到三维的发展历程，从而不断丰富电影艺术的表现形式，拓展电影艺术的表现范围。在艺术家的努力下，电影很快从最初的单纯机械式设计成长为一种独立的艺术形式，形成了卢米埃尔兄弟为代表的现实主义和乔治·梅里埃为代表的形式主义等不同风格。1911年，意大利乔托·卡努多发表了《第七艺术宣言》，首次提出"电影是一门艺术"的理论主张，指出电影作为一种艺术形态，是静态艺术和动态艺术，时间艺术和空间艺术，造型艺术和节奏艺术的综合。从此，"第七艺术"成为电影的代名词，电影正式步入了艺术的殿堂，并逐渐发展、丰富了电影独有的艺术手段。在图像方面，运用推、拉、摇、跟等机位镜头变化，通过鸟瞰、俯拍、平视、仰拍、倾斜等角度，使用标准、长焦、短焦等焦距，形成远景、全景、中景、特写等不同景别，用于交代场景、人物思想行动，表达人与人、人与场景的不同关系；通过长镜头、蒙太奇等手段，塑造独特的电影时空；采取高调照明、高反差照明、低调照明等不同风格和主光、补助光、后光"三点照明"等不同技巧的人工照明或者自然光等感光方式，塑造不同氛围，渲染不同情绪。在声音方面，则包括拾取现场对白、环境音的录音，将录制的声音进行高质量还原的还音和后期配音等各环节的处理。随着计算机技术在电影行业的运用，数字三维与特效技术在电影制作中也得到了广泛运用，更是大大降低了电影制作的技术难度，无限拓展了电影艺术表达的可能性。与此同时，电影艺术也存在着对其他既有艺术手段的借用，如戏剧、文学手法在电影内容叙事、戏剧冲突等方面的运用，绘画、雕塑对电影镜头结构和布景道具设计的影响，以及音乐舞蹈对电影主题的升华和表现形式的作用等。

二是以胶片或者数字载体记录，这是对载体形式的限定。其中，胶片是采用银盐感光技术，以化学原理记录画面和声音信号的介质，数字载体是采用光电成像技术，以物理原理记录画面和声音信号的光盘、硬盘等数字介质。从电影诞生到20世纪90年代，胶片一直是电影摄制、放映和存储的主要载体。随着数字技术的发展，采用数字介质摄制、后期制作、发行放映电影的技术逐渐成熟，并且基于成本、传输等方面的优势而逐步取代了胶片的主导地位。另外，录像带作为胶片之后、数字载体之前出现的一种视听载体，是采用磁记录技术记录图像、声音等信号的磁带介质，某些胶片电影在中间过程中也以磁带形式记录声音，并最终转制到胶片介质上。但基于胶片在影片图像质量、保存可靠性、制作成熟度等方面的优势，录像带未能成为电影院放映电影使用的主流介质形式，而往往被电影版权方作为家庭使用介质发行。数字载体的迅速发展更是进一步挤压了录像带的生存空间。我国通过《音像制品管理条例》等法规、规章规定，在实质上禁止了包括录像带、激光视盘等在内的音像制品公开放映的可能性。因此，本法在对电影介质进行限定时，未规定"磁带"形式。

三是由表达一定内容的有声或者无声的连续画面组成。该项是从电影内容和表现形式角度的界定。"表达一定内容"是指，电影是对现实世界有选择性的呈现以及对未知世界有目的的建构，无论是故事片、动画片、科教片还是纪录片、新闻片，都具有强烈的主观性、思想性，制作主体通过电影这一艺术形式叙述故事、抒发感情、阐明哲理，而观众则通过观看电影产生思想、情感的交流，获得一定的知识、信息。"有声或者无声的连续画面"是指，电影由一个或一系列具有内在逻辑的镜头构成，每个镜头由按照线性时间序列的连续画面组成并在放映时能够形成动态画面。画面可以有伴音，也可以没有伴音；可以特定镜头没有伴音，也可以整部影片都是"默片"。电影是对人体视觉暂留原理运用的艺术形式，以画面为基本表现形式，声音可以增强电影作品的艺术表现力和理解力，也是绝大多数影片的选择。需要注意的是，电影画面的"连续性"是指同一镜头内画面的连续性，不同镜头之间往往不能形成连续的画面。实际上，除个别电影采用一个长镜头一气呵成之外，一般电影都会采用蒙太奇手法，将诸多镜头按照不同的时空顺序组合成为一部电影。

四是符合国家规定的技术标准。前文提及，电影作为一种科技与艺术相结合而产生的作品类型，电影片的拍摄、后期制作加工和母版制作需要保证一定的水平，从而有效保障电影完成片的质量和作品表达。同时，从经济属性而言，电影又是电影产业运作产生的产品，而在一个规模庞大、分工复杂的电影工业体系中，人的因素、设备的因素甚至环境因素都会对电影产品质量产生重大影响，唯有通过制定并遵循科学、合理、统一的技术标准，才能够保障整个工业体系的稳定水准，从而使电影具有良好的观影体验，维护消费者的合法权益，并且便利国际交流。为了确保影片技术质量，国家制定了一系列的技术标准，并且在电影片公映许可中设置了技术审查环节。电影技术标准分为胶片电影和数字电影两种类型。胶片电影技术标准涵盖拍摄、录音、制作、洗印、放映等环节，目前发展已经十分成熟和完善。随着电影数字化的高速推进，数字电影技术标准的重要性愈来愈突出，它涵盖数字节目源获取、数字后期制作、数字母版制作（压缩、加密、打包）、数字声音、数字发行传输、数字存储、数字播映、安全管理、数字立体电影等关键环节和部分。依据国情，国内数字电影按照专业数字电影（2K/4K）、中档数字电影（1.3K）

和流动数字电影（0.8K）三个层次发展，并遵守相应的技术标准和要求。其中，专业数字电影与国际保持接轨，遵守国际相关技术标准，中档数字电影和流动数字电影依据我国国情，遵守自主技术标准。电影片技术质量审查则需要遵循《电影送审标准拷贝声画技术质量主观评价方法》和《电影送审数字母版声画技术质量主观评价方法》行业标准。

五是用于电影院等固定放映场所或者流动放映设备公开放映的作品。这是从制作目的的角度进行的界定。摄制电影的主要目的是要以公开放映的方式向大众传播。"公开"要求放映活动应以收费或者免费方式，向特定或不特定的人群开放观看。放映具体方式包括两种，一种是固定放映场所，包括电影院这一专业放映场所，也包括剧院、礼堂、文化宫、活动中心等室内封闭场所，还包括汽车电影院等露天场所。其中电影院，是指通过新建或者改造形成的，配备有符合有关技术标准和设计规范的设施、设备，以收费入场为主要经营方式，以放映电影为主要用途的封闭型固定放映场所。一种是流动放映设备，是指用于农村、社区、厂矿、学校等流动的、非固定放映场所的电影放映设备。固定场所放映和流动放映具有不同的技术质量和技术要求，因而必须遵守相应的技术标准，以促进电影产业健康和可持续发展。

比较法依据有，意大利电影法第二条规定，本法中，电影（影片）指各种类型（包括数码）、以叙述及纪录片为内容、符合作者权益、经版权所有者允许、以在影院向公众放映为主要目的的节目制作。西班牙电影法第四条规定，电影是指通过创作、制作、剪辑、后期制作等手段，以任何媒介或者载体呈现的，以商业利润为目的，在电影院放映的音像制品，但重大事件的再现或者各种性质的演出活动除外。匈牙利电影法第二条规定，电影是指通过任何技术过程产生的作品，包括一系列根据确定顺序排列的有声或无声的电影，且依据1999年著作权法被认为是属于一位创作者的作品。

第三款是对其他法律适用原则的规定。根据本款规定，通过互联网、电信网、广播电视网等信息网络传播电影的，除了应当遵守本法有关摄制、发行、放映、参加电影节（展）等方面的规定外，还应当遵守互联网、电信网、广播电视网等信息网络管理的法律、行政法规的规定，主要有《全国人民代表大会常务委员会关于维护互联网安全的决定》《全国人民代表大会常务委员会关于加强网络信息保护的决定》《中华人民共和国计算机信息网络国际联网管理暂行规定》《计算机信息网络国际联网安全保护管理办法》《互联网信息服务管理办法》《中华人民共和国电信条例》《信息网络传播权保护条例》和《广播电视管理条例》，以及有关网络视听节目管理的其他国家规定。

第三条 从事电影活动，应当坚持为人民服务、为社会主义服务，坚持社会效益优先，实现社会效益与经济效益相统一。

释 义

本条确立了本法的基本原则。为人民服务、为社会主义服务的"二为"方向和实现社会效益与经济效益"两个效益"相统一，是指导我国文化事业产业的总体方针，电影活动作为文化活动的重要组成部分，应遵循这一基本原则。

党和国家历来重视文艺工作的方向问题，这是文化建设的根本问题，不仅决定着文化建设的目标和方向，也决定着文化的性质。毛泽东同志在延安文艺座谈会上指出："为什么人的问题，是一个根本的问题，原则的问题。"邓小平同志说："我们的文艺属于人民""人民是文艺工作者的母亲"。江泽民同志要求广大文艺工作者"在人民的历史创造中进行艺术的创造，在人民的进步中造就艺术的进步"。胡锦涛同志强调："只有把人民放在心中最高位置，永远同人民在一起，坚持以人民为中心的创作导向，艺术之树才能常青"。习近平总书记指出："社会主义文艺，从本质上讲，就是人民的文艺""文艺要反映好人民心声，就要坚持为人民服务、为社会主义服务这个根本方向。这是党对文艺战线提出的一项基本要求，也是决定我国文艺事业前途命运的关键。"

电影工作为人民服务，就是要把满足广大人民群众日益增长的精神文化需求作为电影工作的出发点和落脚点。电影要反映人民的现实生活，反映人民的意愿和要求，在艺术上精益求精，力争将最好的精神食粮提供给人民群众。电影为人民服务有两重涵义，一是电影应当反映人民的生活，电影工作者应当深入生活、深入群众，从人民生活中汲取电影创作的养分，才能创作出人民群众喜闻乐见的佳作。二是电影应当起到教育人民、鼓舞人民的作用，引导全社会健康审美，弘扬社会主义核心价值观。为社会主义服务，就是要求电影要反映社会主义的本质特征和时代精神，体现社会主义伟大实践中的人和事，陶冶人民情操，激励人民群众为社会主义现代化建设努力奋斗。

坚持"二为"方向决定了电影产业的发展始终要以社会效益为首位。电影产业是文化产业的重要部分，具有意识形态和产业双重属性，既会产生经济效益，也会产生社会效益，两种效益之间应当是相互依存、互相促进的关系。电影产业之所以具有远超其经济地位的影响力，就在于其具有的社会效益，在于其展现的价值观念和蕴含的文化精神力量。电影产业要保持正确的发展方向，就应当将社会效益始终放在首位。电影所提倡和反对的内容要从人民的利益出发，从有利于社会主义事业发展的要求出发，始终坚持把弘扬社会主义核心价值观、传播中华优秀文化、提高全民族文明道德素质作为根本立足点。对违背社会效益的不健康内容，坚决反对和抵制。

在坚持社会效益优先的前提下，电影产业要注重对经济效益的合理追求。近年来，我国电影产业有了较快发展，涌现出一批较具有影响力的电影企业，电影市场繁荣发展，票房逐年增加。但是从总体上讲，离电影强国的目标还有一定距离，电影产业在国民生产总值中的比例还需进一步提高。因此在电影产业领域要继续遵循经济规律，激发企业活力，开展市场竞争，鼓励创作思想性、艺术性、观赏性相统一的优秀电影，不断提高我们电影产业的整体实力和国际竞争力，努力实现理想的经济利益。这既是推动国民经济结构性调整的重要途径，也是增强综合国力的重要内容，还是满足人民群众日益增长的精神文化需求的重要手段，更是有效地发挥电影的文化功能、教育功能的客观需要。

第四条 国家坚持以人民为中心的创作导向，坚持百花齐放、百家争鸣的方针，尊重和保障电影创作自由，倡导电影创作贴近实际、贴近生活、贴近群众，鼓励创作思想性、艺术性、观赏性相统一的优秀电影。

● 释 义

本条规定了国家应坚持的电影创作基本原则和重要方针，主要包括以下内容：

一是明确了电影的创作导向。坚持以人民为中心的创作导向，是我国文艺创作始终坚持的一个重要原则，也是党和政府对广大文艺工作者的一个基本要求。《中共中央关于深化文化体制改革 推动社会主义文化大发展大繁荣若干重大问题的决定》和《中共中央关于繁荣发展社会主义文艺的意见》都明确提出，要坚持以人民为中心的创作导向。习近平总书记在文艺工作座谈会和中国文联十大、中国作协九大开幕式上的讲话中都指出，广大文艺工作者要坚持以人民为中心的创作导向，对新时期包括电影创作在内的文艺创作提出了明确要求和殷切期望。在文艺工作座谈会上，习近平总书记将"坚持以人民为中心的创作导向"作为独立一章进行了系统阐述，他指出："只有牢固树立马克思主义文艺观，真正做到了以人民为中心，文艺才能发挥最大正能量。以人民为中心，就是要把满足人民精神文化需求作为文艺和文艺工作的出发点和落脚点，把人民作为文艺表现的主体，把人民作为文艺审美的鉴赏家和评判者，把为人民服务作为文艺工作者的天职。"电影是一种重要的文艺形式，电影创作一定要贯彻落实好党中央有关决策部署和习近平总书记重要讲话精神，毫不动摇地坚持以人民为中心的创作导向。相关从业人员在电影创作过程中要牢牢把握、严格遵循这一原则，站稳群众立场，践行群众路线，虚心向人民学习，从人民的伟大实践和丰富多彩的生活中汲取营养，始终把人民的冷暖、幸福放在心中，把人民的喜怒哀乐倾注在电影创作过程中，自觉与人民同呼吸、共命运、心连心，与人民始终心手相连。

二是确立了"双百方针"在电影创作中的法律地位。"百花齐放、百家争鸣"（"双百"方针）是我们党长期以来始终坚持的领导文艺工作的一个重要方针。《中共中央关于深化文化体制改革 推动社会主义文化大发展大繁荣若干重大问题的决定》明确提出，"百花齐放、百家争鸣"是建设社会主义文化强国必须遵循的一个重要方针。《中共中央关于繁荣发展社会主义文艺的意见》中，把"双百方针"作为文艺工作的一个重要方针。习近平总书记在文艺工作座谈会上的讲话中指出，"文艺创作……要坚持百花齐放、百家争鸣的方针，发扬学术民主、艺术民主，营造积极健康、宽松和谐的氛围"；在中国文联十大、中国作协九大开幕式上的讲话中强调，广大文艺工作者要坚持百花齐放、百家争鸣。"双百"方针是党和国家发扬民主、促进团结的文艺政策的集中反映，是新时期繁荣发展社会主义文艺的必然要求，电影创作作为一种文艺创作应当坚持这一方针。

三是规定了电影的创作自由。我国宪法第四十七条规定，公民有进行科学研究、文艺创作和其它文化活动的自由。电影创作自由是指公民自由地将审美创造的内在精神活动外化为电影形式，从而使他人得以知悉其意念的过程，既包括内心思想的自由表达，也包括创作手法的自由选择，这是电影生产得以繁荣发展的前提条件。邓小平同志指出："文艺这种复杂的精神劳动，非常需要文艺家发挥个人的创造精神。写什么和怎样写只能由文艺家在艺术实践中去探索和逐步求得解决。在这方面，不要横加干涉。"电影创作自由作为一种文艺创作自由应当受到宪法保障，这也是激励电影创作、催生更加丰富多彩的电影作品的重要动力。《中共中央关于全面推进依法治国若干重大问题的决定》提出，要"完善以宪法为核心的中国特色社会主义法律体系，加强宪法实施"，将其作为全面推进依法治国的一项重要任务。习近平总书记在首都各界纪念现行宪法公布施行30周年大会上的讲话中指出，要"通过完备的法律推动宪法实施，保证宪法确立的制度和原则得到落实。"本条规定的"国家尊重和保障电影创作自由"，是以立法形式推动宪法实施、保障公民进行文艺创作自由的具体体现。

四是明确了国家倡导和鼓励的电影创作。贴近实际、贴近生活、贴近群众（"三贴近"），是实现文艺为人民服务，为社会主义服务的根本途径，反映了新时期党对文艺工作和文艺作品的要求。电影是一种源自生活实践、服务人民群众的艺术形式。创作人员只有坚持"三贴近"原则，求知于实践，植根于生活，在人民中汲取营养，才能创作出反映社会主义伟大实践、接地气、人民喜闻乐见的电影作品。同时，电影作为一种精神文化产品具有商品和意识形态的双重属性，必须坚持把社会效益放在首位，努力实现社会效益和经济效益相统一，这就要求电影在创作过程中坚持思想性、艺术性、观赏性相统一。电影创作人员要坚持用优秀影片感染人、教育人、引导人，宣传弘扬社会主义核心价值观，决不能为了单纯地追求票房而把电影完全商业化，这是对电影创作的一个根本要求，也是社会主义精神文明建设的现实需要。《中共中央关于深化文化体制改革 推动社会主义文化大发展大繁荣若干重大问题的决定》把贴近实际、贴近生活、贴近群众作为实现文化改革发展目标所必须坚持的一个重要原则，把创作生产出思想性、艺术性、观赏性相统一的优秀文艺作品作为文化建设的一项重要任务。《国务院办公厅关于促进电影产业繁荣发展的指导意见》提出，"确保每年推出一批贴近实际、贴近生活、贴近群众的精品力作""着力强化思想性、艺术性和观赏性的有机统一，充分发挥电影在振奋精神、增强信心、凝聚力量、促进和谐方面的积极作用。"本条结合电影工作实际，将党中央的有关决策部署转化为国家意志，把实践中的电影产业有关政策上升为法律规定，以规范和引导电影创作行为。

第五条 国务院应当将电影产业发展纳入国民经济和社会发展规划。县级以上地方人民政府根据当地实际情况将电影产业发展纳入本级国民经济和社会发展规划。

国家制定电影及其相关产业政策，引导形成统一开放、公平竞争的电影市场，促进电影市场繁荣发展。

● 释　义

本条分为两款，分别对电影产业纳入国民经济和社会发展规划和国家制定电影产业政策作出了规定。

国民经济和社会发展规划是国家加强和改善宏观调控的重要手段，也是政府履行经济调节、市场监管、社会管理和公共服务职责的重要依据。科学编制并组织实施国民经济和社会发展规划，有利于合理有效地配置公共资源，引导市场发挥资源配置的基础性作用，促进国民经济持续快速协调健康发展和社会全面进步。中国特色社会主义事业"五位一体"总体布局，在实践中要求政府全面推进经济、政治、文化、社会建设和生态文明建设，促进社会主义现代化建设各个环节、各个方面相互协调。文化建设是"五位一体"总体布局的重要组成部分，发展电影产业是文化建设的重要内容，应当成为政府的一个重要职责。为此，本条第一款对电影产业发展纳入国民经济和社会发展规划的问题作了规定。这一条款分为两个层面：一是在国家层面上把"将电影产业发展纳入国民经济和社会发展规划"明确规定为国务院必须履行的职责；二是考虑到各地经济社会发展情况和文化工作的侧重点不尽相同，实践中有些地方尚缺乏发展电影产业的条件，不宜强制性地要求所有地方政府都将电影产业发展纳入本级国民经济和社会发展规划，本条第一款因此规定，县级以上地方人民政府根据当地实际情况将电影产业发展纳入本级国民经济和社会发展规划，在这一问题上赋予了县级以上地方人民政府一定的自主权。

产业政策是一国为了一定的经济和社会目标，而对特定的产业领域主动实施干预的政策的总和，包括产业组织政策、产业结构政策、产业区域布局政策等。国家制定产业政策，在尊重市场规律发挥基础作用的前提下，通过采取相应的经济、行政、法律和纪律手段，对不同行业发挥扶持、保护、限制等不同的导向作用；通过财政、税收和信贷等资金手段调节、优化资源配置，推动产业结构演进；通过供给侧结构性改革，实现供需总量和结构平衡；通过采取各类行政管制、协调和指导等措施，弥补市场失灵缺陷，促进市场机制完善；通过打破地区封锁和市场分割，建立统一开放、公平竞争的市场；通过实施梯度开放，保护、培育国内市场主体，提高产业国际竞争力。对于电影产业而言，鉴于我国电影产业处于产业规模迅速壮大、产业水平亟需提升、从电影大国向电影强国转变的关键时期，需要国家制定明确的产业政策，扶持、保护民族电影产业的发展。同时，产业政策具有集合性，电影产业更是关联文化、出版、互联网等诸多产业领域的行业，对这些关联行业的产业政策也需纳入电影产业,以更好地发挥协同作用,从而引导形成统一开放、公平竞争的电影市场,破除行政壁垒、地方保护、市场封锁、限制竞争等不利于发挥市场配置资源的决定性作用的现象,推动产业要素依据经济规律的指导,在全国范围内自由流通和优化配置,保障不同资本结构和不同区域的主体能够在统一规则的规范下公平竞争,促进电影市场繁荣发展。本条第一款因此规定,电影及其相关产业政策由国家统一制定。

第六条 国家鼓励电影科技的研发、应用,制定并完善电影技术标准,构建以企业为主体、市场为导向、产学研相结合的电影技术创新体系。

● 释 义

本条对国家推动电影科技创新作出了规定,主要包括以下内容:

一是规定了国家鼓励电影科技的研发、应用。电影是一种依靠技术手段向公众呈现视听作品(或者视觉作品)的艺术形式,是科技和艺术联姻的产物,电影的发展史本身就是一部相关科技的发展史。从"默片"到"有声"影片,从黑白片到彩色片,从单声道到立体声,从普通银幕到宽银幕、IMAX、巨幕,从胶片摄制到数字制作,从普通影片到3D、4D影片……电影的每次重要发展轨迹都清晰地映射出科技力量推动的痕迹。在一定意义上讲,科技是电影产业发展的不可或缺的动力,相关科技是一个国家电影产业的核心竞争力,相关科技水平是一个国家电影产业整体实力的重要体现。要发展电影产业,就必须要充分发挥科技的支撑和推动作用。

我国电影科技曾经长期落后于西方国家,扮演了"技术买单者"的角色。改革开放、特别是新世纪以来,我国大力推动科技研发和电影产业紧密结合,努力提高电影相关科技、特别是数字和网络技术的研发和应用水平,为电影产业繁荣发展提供了强劲的科技动力。我国在电影数字化领域成绩卓著,迄今已实现胶片电影向数字电影的整体转换,我国电影科技发展已经进入系统设备与工艺流程数字化向全面网络化和信息化发展推进的关键时期。新兴视听技术和新一代信息技术在我国电影行业的应用范围与应用水平不断扩展和显著增强,不仅显著提升了电影的视听质量和观众的体验效果,而且加速推动了电影产业由传统产业向高新技术产业转型升级。经过多年努力,我国电影科技水平显著提升,在研发电影新技术方面具备了一定实力,一些自主研发的新技术不断得到应用。例如,"中国巨幕""中国多维声系统"等技术打破了国外的技术垄断,在电影放映环节搭建了较为完整的产品线,有力支持影院建设,虚拟特效、CG 动画、3D 转制等技术在国内得到越来越广泛的应用。又如,2005 年,原国家广播电影电视总局面向农村地区实施电影数字化战略，组织有关单位自主创新，成功研发了专门为农村流动放映服务的、拥有自主知识产权的0.8K数字电影放映一体机，解决了16毫米胶片放映成本高、声音画面不清晰、节目短缺等问题，将农村群众重新吸引到银幕之下，对于提升农村电影放映公共服务水平发挥了重要作用，胶片放映的"2131工程"也升级成为农村数字电影放映工程。同时也要看到，我国电影科技化水平整体还不高，在影片制作水平和技术含量、关键系统设备国产化研制及制作工具自主研发、电影产业信息化运营管理、信息技术创新型人才支撑等方面，与国际先进水平相比尚存较大差距。要改变这种状况，必须下大力气促进电影科技研发，形成自主的技术成果和知识产权并在实践中推广应用。《国务院办公厅关于促进电影产业繁荣发展的指导意见》把"积极推动科技创新"作为推动电影产业发展的一个重要举措，并作出了"鼓励开展电影产业领域基础性、战略性和前瞻性的新技术研发和应用……鼓励电影技术企业开展电影技术研发和基础设施设备改造。实施电影数字化发展规划，大力推广数字技术在电影制作、发行、放映、存储、监管等环节的应用"等工作部署。本条首先规定"国家鼓励电影科技的研发、应用"，将其作为国家发展电影产业的一项重要任务突出加以强调。

在比较法层面，意大利电影法第十二条明确规定，在文化部内成立专门的电影制作、发行、管理及技术基金会。

其中技术基金会用于对电影技术团队的十年期低息贷款抵押及利息提供资助，以对摄影棚、胶片冲洗室、剪辑室、后期工作室等进行制作、改造或结构技术调整。西班牙电影法第三十五条明确规定，将为影视音像企业在制片、发行、放映或者技术领域，在国家科学研究与技术开发创新计划内的Ｉ＋Ｄ＋ｉ活动的实施提供资助。该法并就资助重点、条件和程序予以明确规定。韩国振兴电影及影像产品法也明确规定，电影技术研发属于电影产业政策和电影振兴计划的涵盖范围，也是电影发展基金的用途之一。

二是明确了国家制定并完善电影技术标准的职责。标准化是电影技术发展的一个必然要求。近年来，我国电影技术标准不断健全完善，形成了覆盖电影摄制、发行、放映等环节，较为系统完善的电影技术标准体系。例如，国务院有关部门组织制定了"数字立体声电影院的技术标准""电影院计算机票务管理系统软件技术规范""数字电影流动放映系统技术要求和测量方法""电影后期制作素材的交换""室内影院和鉴定放映室的银幕亮度"等技术标准，有力地推动了电影技术的标准化建设。同时也要看到，电影产业有的领域还没有建立相应的技术标准，需要尽快补上这些"短板"。而且，科技进步的步伐不会停止，需要与时俱进地制定一些新标准以规范促进新技术的发展和应用。此外，在经济全球化的背影下，我国电影产业对外开放的步伐不断加快，需要研究借鉴国外有益经验，健全完善我国电影产业的技术标准，尽快形成与国际接轨的电影技术标准体系，推动国产电影走向世界。基于以上原因，本条规定"国家……制定并完善电影技术标准"，把电影技术标准化建设作为促进电影产业发展的一个重要内容。在比较法层面，韩国振兴电影及影像产品法明确了文化体育观光部协同知识产权部制定技术标准的职责。

三是规定了电影技术创新体系的主要内容。十八届三中全会《中共中央关于全面深化改革若干重大问题的决定》指出："建立产学研协同创新机制，强化企业在技术创新中的主体地位，发挥大型企业创新骨干作用，激发中小企业创新活力，推进应用型技术研发机构市场化、企业化改革，建设国家创新体系。"企业是市场的主体，也是技术创新的主体。在市场经济条件下推动电影技术创新发展，必须突出强调企业的主体地位，采取更加有力的政策措施，推动创新的政策、资源和人才向企业集聚，进一步激发企业的创新热情，引导企业根据市场需求加大研发投入，努力提高其技术创新能力，进而促进国家电影科技实力的整体提升。同时，国家也要鼓励和支持企业多渠道、多方式利用社会研究力量，特别是要广泛吸纳高校院所的创新智力资源，积极搭建产学研对接平台，促成校企联姻，实现高校院所的科研优势和企业的经济资源优势相互叠加，加快科技成果向电影产业现实生产力的转化，加大技术创新对电影产业发展的推动和支撑力度。本条在借鉴科学技术进步法的基础上,规定"构建以企业为主体、市场为导向、产学研相结合的电影技术创新体系",确定了电影技术创新体系的主体、导向和重要方式。

第七条 与电影有关的知识产权受法律保护,任何组织和个人不得侵犯。

县级以上人民政府负责知识产权执法的部门应当采取措施,保护与电影有关的知识产权,依法查处侵犯与电影有关的知识产权的行为。

从事电影活动的公民、法人和其他组织应当增强知识产权意识,提高运用、保护和管理知识产权的能力。

国家鼓励公民、法人和其他组织依法开发电影形象产品等衍生产品。

释 义

本条分为四款,主要对电影知识产权相关问题作出了规定。

第一款强调了国家保护与电影有关的知识产权。电影作为一种智力创作成果,是各国著作权法和相关国际条约中明确规定的受到保护的一类作品。电影中包含表演者的表演,有时还会涉及录音制品,它们也受到我国著作权法的保护。有些用于制作、放映、承载电影的设备和技术属于专利权的客体，受到我国专利法的保护。此外，电影在创作和传播过程中还可能涉及商标等其他知识产权方面的问题。目前，虽然与电影有关的知识产权根据著作权法、专利法、商标法等法律能够得到保护，但在促进电影产业发展的专门法律中有必要对此加以突出强调，这也有利于在社会上营造尊重电影创作和相关智力劳动的社会氛围，有利于社会公众及从业人员树立尊重和保护与电影有关的知识产权的意识。为此，本条首先规定了"与电影有关的知识产权受法律保护，任何组织和个人不得侵犯"，将其作为促进电影产业发展的一个重要内容写入总则。

第二款规定了政府执法部门保护与电影有关的知识产权的职责。长期以来，阻碍和困扰电影产业发展的一个突出问题是侵权盗版现象严重，损害了相关权利人的利益，挫伤了电影创作和传播人员的积极性。要激励电影创作，规范电影市场秩序，繁荣发展电影产业，就必须充分有效地保护与电影有关的知识产权，严厉打击侵权盗版行为，维护好相关权利人的利益。在我国，政府执法部门在打击侵权盗版行为方面发挥着十分重要的作用，著作权法和专利法等法律对行政执法机制和有关程序作出了明确规定，一些地方还结合当地实际出台了相关政策法规。本条款结合有关法律规定以及知识产权行政执法工作实际，规定"县级以上人民政府负责知识产权执法的部门应当采取措施，保护与电影有关的知识产权，依法查处侵犯与电影有关的知识产权的行为",明确规定了政府执法部门打击侵权盗版行为的职责。

第三款对电影从业者的知识产权相关行为作出了规定。知识产权是电影价值的集中体现,是电影实现经济效益的核心要素。对于电影从业者来讲,知识产权所涉及的工作是多方面的,不仅仅是保护,还涉及知识产权的运用和管理等诸多内容。电影从业者应当将知识产权相关工作视为一个综合的有机整体,积极创造、充分运用、有效保护、加强管理知识产权,使其成为一项重要的资源,在市场经济条件下全方位、多角度、充分地发挥出经济效益,如通过对电影的著作权进行质押等方式筹集摄制资金等。为此,本款规定"从事电影活动的公民、法人和其他组织应当增强知识产权意识,提高运用、保护和管理知识产权的能力"。需要指出的一点是,电影从业者的活动与知识产权密切相关,他们一方面是知识产权的创造者,在许多情况下同时也是知识产权的使用者,如使用他人创作的剧本摄制电影。因此,电影从业者既要增强对自己所有的知识产权的保护意识,在创作电影时也要尊重和保护他人的知识产权。

第四款规定了国家鼓励开发电影衍生产品。电影衍生产品是围绕电影而衍生出来的各类商业产品,它既包括将电影版权向电视台、视频网站、宾馆饭店、交通运输企业等非影院播映平台提供授权,向音像制作公司授权制作音像制品，也包括电影音乐、电影剧本等的出版发行，基于影片角色、场景、道具而产生的各类玩具、文具、服装、日常用品等形象产品，以及基于影片剧情改编而成的游戏产品、动漫产品和电视剧等广播电视节目。这些产品依托的主要是电影及其人物形象的知名度和影响力。开发电影衍生产品是深入挖掘电影价值的重要手段，是延伸电影产业链的重要举措。在有的国家，开发电影衍生产品所产生的经济效益已经超过了电影的票房收入，成为电影权利人的重要收入来源。据统计，衍生产品开发占据了美国电影总收入中超过70%的份额。我国发展电影产业，不能囿于电影的制作、发行、放映等方面，还要着眼于带动相关产业发展，积极延伸电影产业链条，发挥电影的综合经济效益。这对于我国成为电影产业强国，推动文化产业成为国民经济支柱性产业具有十分重要的意义。同时要看到，电影所包含的许多要素与知识产权密切相关，要使用这些要素开发衍生产品必须要尊重相关的知识产权，依法进行。为此，本条款规定"国家鼓励公民、法人和其他组织依法开发电影形象产品等衍生产品"，支持深入开发电影所蕴涵的丰富资源。

在比较法层面，西班牙电影法在总则部分规定，对违反知识产权的行为和活动进行干预也属于本法的范围。该法第十九条还规定，影视音像艺术研究院将加强各个相关主管单位防范控制侵害知识产权的工作，重点在于防范。

其也将与任何旨在保护知识产权的机关或者单位采取合作。侵害或者不尊重相关保护知识产权规定的作品不得享受本法规定的鼓励促进措施。

第八条 国务院电影主管部门负责全国的电影工作；县级以上地方人民政府电影主管部门负责本行政区域内的电影工作。

县级以上人民政府其他有关部门在各自职责范围内，负责有关的电影工作。

● 释 义

本条是对电影工作有关管理部门和职责分工的规定。其中，本条第一款是确认国务院电影主管部门的职责和县级以上地方人民政府电影主管部门的职责。第二款是确认县级以上人民政府其他有关部门对电影工作的职责。

我国电影工作的主管部门是国家新闻出版广电总局。国家新闻出版广电总局内设电影局，承担电影制片、发行、放映单位和业务的监督管理工作，组织对电影内容进行审查；指导、协调全国性重大电影活动；指导电影档案管理、技术研发和电影专项资金管理；承办对外合作制片、输入输出影片的国际合作与交流事项。

地方人民政府电影主管部门负责本行政区域内的电影工作。近年来，我国电影产业发展迅速，具备可持续发展的巨大潜力，中国电影已进入繁荣发展的关键时期。在这样的发展态势下，为更好地推动地方电影工作发展，仅依靠国家层面的电影主管部门是远远不够的，必须明确和强化地方人民政府电影主管部门的职责。近年来，为规范行政审批程序和环节，提高效率和服务水平，一些行政管理权力进行下放，如在电影审查环节，国产影片实行属地审查，将部分影片的审查权限下放省级电影主管部门。对于各省级电影主管部门，对本行政区域内所属的电影制片单位制作的影片，除重大革命和重大历史题材影片、重大文献纪录影片和中外合作影片外，其他影片在审查后即可直接发放影片审查决定书，并统一由国家新闻出版广电总局出具电影公映许可证。根据本法规定及其他行政法规、规章的规定，省级人民政府电影主管部门的职责主要包括：一般题材电影的剧本梗概备案和属地单位特殊题材电影剧本审查，一般题材电影片审查和部分种类电影片初审，对外商投资电影院提出意见，省内发行业务审批，地方性单一国家对等电影节（展）审批，地方性涉外节展和赴境外参展举办，中外合拍许可初审，电影艺术档案管理中的督促和处罚，电影农村公益放映等。

电影工作不仅涉及电影行业主管部门，也关联其他相关职能部门。为此，本法明确规定了县级以上人民政府其他有关部门在各自职责范围内，负责有关的电影工作。例如发展改革、财政、住房城乡建设、教育、公安、文物、旅游、民族、宗教等部门，都应当在其职责范围内配合电影主管部门，共同促进和规范电影产业的发展。

第九条 电影行业组织依法制定行业自律规范，开展业务交流，加强职业道德教育，维护其成员的合法权益。

演员、导演等电影从业人员应当坚持德艺双馨，遵守法律法规，尊重社会公德，恪守职业道德，加强自律，树立良好社会形象。

● 释 义

本条是对电影行业自律的规定。规则要形成为秩序，需要对法律的有效执行，更需要社会认同和自觉遵守。要使电影行业规范有序，来自法律的、行政的监管是一方面，行业组织、从业人员的自律也十分重要。

本条第一款是对电影行业组织的职责进行明确。电影行业组织是由电影行业的专业人士或从业主体组成的自我约束、自我管理的非营利性社会团体组织，一般通过组织章程、自律公约、行为准则等方式开展行业自律，在政府主管部门和电影从业主体间发挥沟通和协调的作用，也是行业主体利益主张和权利要求的代言人，是繁荣和规范电影行业的重要力量。发展现代电影产业，必须注重发挥电影行业组织的作用。电影行业协会等行业组织要按照现代电影产业发展的规律和要求，不断完善和调整行业组织的职责和运作机制，在反映诉求、提供服务、规范行为等方面积极发挥作用，成为联结政府和电影界的桥梁。

目前我国已登记的电影行业组织超过30家，涉及电影创作生产各个环节和电影行业各个方面，有电影制片人协会、电影发行放映协会、电影导演协会、电影文学学会、电影表演学会、电影评论学会、儿童少年电影学会等。其中既有成立于新中国成立之初、已具备相当影响力的人民团体，也有适应新兴电影业态而产生的各类行业协会，还有广东省电影行业协会等特定地域范围的行业组织。尤其是近年来随着我国电影行业的蓬勃发展，电影行业组织也在数量和规模上有了很大发展，涉及的领域更为广泛，在国家新闻出版广电总局的指导下，各行业协会为推动中国电影繁荣发展发挥着重要作用，主要表现在：

一是充分发挥专业社会机构的作用和影响，团结凝聚广大电影工作者，围绕党和国家中心大局，开展推动行业发展等工作。例如，中国电影家协会运作"百部农村电影工程"，并开展"制度化、规范化"进程，扶持以农村题材为主的电影剧本的创作和影片拍摄。

二是受政府委托，开展制定行业标准、建立行业规范、推动行业自律，强化电影从业人员的职业道德建设等工作。例如，为了提高电影放映质量、维护消费者权益，促进电影产业整体健康发展，2002年，电影行政部门开展了电影院星级评定工作。为了充分发挥电影行业协会作用，2008年起中国电影发行放映协会正式承办全国电影院星级评定工作，积极宣传贯彻星级评定标准并监督检查执行情况，组织全国电影院申报、检测和专家评审工作及复查工作等。该协会还将规范市场作为常规性工作，通过与制片人协会联合向社会通报违规电影院的方式，在遏制违规行为、维护行业利益方面发挥了积极作用。

三是以协会机构的身份，在电影文化对外交流合作中发挥着桥梁纽带的积极作用。

四是推动行业内部的专业理论建设、专业评优评选，以此激励行业内的创新创业。

五是不断整合资源，吸引社会各界力量参与电影发展，扩充电影队伍，壮大电影界实力，维护成员合法权益。

电影行业组织应当依据本法和《社会团体登记管理条例》等有关电影行业、民政管理方面的法律法规，以及其他一般性法律法规，制定行业自律规范，对会员的行为进行规范，对会员的职业道德进行教育和引导。通过组织学习、深入生活、采风创作、成果展示、开展理论研究、学术评论、人才培训、文艺志愿服务和对外交流等活动，有条件的组织还可以开展专业评奖和电影节（展）活动，提高本组织会员的业务水平，对会员进行业务指导，开展业务交流。按照法律和其他规定，反映会员的意见、建议和要求，维护会员的合法权益。例如，2016年12月，中国电影制片人协会发起制定中国电影制片人协会行业自律公约，从坚定文化自信、弘扬社会主义核心价值观，倡导多样化，对创作生产各环节的具体事项，以及行业团结互助、抵制恶性竞争，参与国际合作和国际同业规则制定等多个方面，对会员单位和会员提出要求，并通过设立会员诚信档案，对违反公约行为施行黑名单制度等措施，保障公约的有效实施。

为适应现代电影产业发展，规范行业组织运作机制，解决一些行业组织政会不分、管办一体、治理结构不健全和作用发挥不够等问题，2015年起，国务院实施相关方案，逐步推进行业协会商会与行政机关脱钩，厘清行政机关与行业协会的职能边界，去除行业协会的行政色彩，更好地发挥其作用。

本条第二款是对电影从业人员的道德自律进行规定。习近平总书记在文艺工作座谈会上的重要讲话指出，文艺是给人以价值引导、精神引领、审美启迪的，艺术家自身的思想水平、业务水平、道德水平是根本。电影作为具有独特魅力的艺术形式，对观众具有较强的影响力和感染力，是传播社会主义核心价值观的重要途径，在引导人民群众精神生活方面发挥着重要作用。电影从业人员的道德情操，直接影响着影片的质量和社会效益，尤其是知名导演和演员等，其言行对观众尤其是青少年观众有着较强的示范作用，在很大程度上对社会风气有所影响。在我国，"德艺双馨"是包括电影艺术家在内的艺术工作者共同遵循的优良传统。电影属于明星效应十分显著的行业,电影从业人员基于自身的职业特性,通过作品传播、媒体报道、舆论关注而获得了更多社会影响力和职业发展机会。相应地,电影从业人员也应当加强自律,对自身提出高于一般道德水平的要求,才能经受得住曝光台和舆论场的考验,才能承担得起电影从业人员这一职业所赋予的社会责任,利用其影响力进一步推动行业繁荣、社会进步、国家发展。近年来,曝光出个别电影从业人员出现吸毒、嫖娼、醉驾等违法犯罪行为,还有个别人存在生活作风等道德问题,在社会上造成了不良影响。因此,除依法对违法犯罪行为进行追究外,必须加强电影从业人员的法律意识和道德自律,引导其树立良好的社会形象。各有关部门、电影企业和行业组织,要注重对电影从业人员的职业道德教育和相关培训,提高其道德和专业素养,增强其传播社会主义先进文化、弘扬社会主义核心价值观的历史使命感和道德责任感,自觉维护良好的从业氛围,净化电影市场,构建有利于青少年健康成长的社会环境。

第十条 国家支持建立电影评价体系,鼓励开展电影评论。

对优秀电影以及为促进电影产业发展作出突出贡献的组织、个人,按照国家有关规定给予表彰和奖励。

● **释 义**

本条第一款是对建立电影评价体系和开展电影评论作出总体规定。习近平总书记在文艺工作座谈会上的讲话中指出,要坚守文艺的审美理想、保持文艺的独立价值,合理设置反映市场接受程度的发行量、收视率、点击率、票房收入等量化指标。《中共中央关于繁荣发展社会主义文艺的意见》中也明确提出,建立健全反映文艺作品质量的综合评价体系。电影作为人民群众喜闻乐见的文艺形式,在迅猛发展的同时,也存在一定的问题。如何看待成绩和问题,推动电影产业更好发展?这就需要建立健全电影评价体系,开展各种形式的电影评论。现实中,欣赏电影是一种较为个人化的审美体验,并不存在一种静态的、统一的标准,而是包括了意识形态、艺术审美、市场运作、媒体导向、受众趣味、评奖激励等综合性因素。观众在观看电影前后过程中,会受到有关评价的影响。因此,建立健全电影评价体系,对推动电影产业良性发展、引导社会健康审美、传播社会主义核心价值观和正能量、参与国际竞争,具有非常重要的作用。

从不同角度,可以将电影评价体系分为几种类型。一是根据评价主体不同,可以分为政府部门、新闻媒体、影评人和普通观众评价;二是根据评价导向,可以分为舆论导向、观影消费导向和专业学术导向;三是根据评价载体,可分为传统纸质媒体、视听载体和新兴网络媒体等;四是根据评价时间,可分为预评价、映期评价和后续评价。其中值得重视的是,随着互联网新媒体的兴起和迅速普及,网络评论和一些影评微信公众号等越来越成为电影评价的重要部分,掌握着重要的话语权。但是,部分评价质量良莠不齐,或者存在恶性攻击和炒作等现象,给电影产业发展带来不良影响。因此,国家必须引导建立健康的电影评价体系,鼓励导向正确的电影评论,建立有力量的、有权威性的影评队伍。

本条第二款是对电影行业表彰奖励的规定。其中,本款所称的"优秀电影"没有特指含义,需要结合有关规定的条件予以判定,既可以是思想性、艺术性、观赏性等综合表现突出的电影,也可以是在科技应用、艺术探索等方面做出杰出贡献的电影,还可以是重大题材、特殊题材以及农村、民族等限定题材的电影等。"为促进电影产业发展作出突出贡献的组织、个人"也需要结合有关规定的条件予以判定,既可以是优秀电影的创作、摄制主体,也可以是票房成绩突出、推广优秀电影得力的发行、放映主体,以及研发、运用电影关键、重大科技项目的主体,帮助国产电影有效开展境外推广的主体,和以捐赠、资助等形式支持电影产业发展的主体等。"表彰"是通过授予光荣称号、颁发奖章、证书、进行事迹宣传等形式予以表扬和嘉奖,是对特定主体精神层面的激励措施。"奖励"是通过给予奖金、奖品等形式予以肯定，是对特定主体物质层面的激励措施。本款所称的"国家有关规定"较为宽泛，在电影领域主要是指《中央级国家电影事业发展专项资金预算管理办法》《国产影片出口奖励暂行办法》和《中国广播影视大奖电影"华表奖"评选章程》等，另外也包括宪法、国家勋章和国家荣誉称号法、公益事业捐赠法、教师法、公务员法、《国家科学技术奖励条例》等其他规定。

对优秀影片和作出突出贡献的组织、个人进行表彰奖励，是国家引导、促进电影产业发展的重要手段，既体现了国家对电影产业的热情鼓励和大力支持的态度，也发挥了对电影创作"二为"方向、"双百"方针、弘扬社会主义核心价值观、坚持以人民为中心的创作导向作用。社会主义精神文明建设的主体是组织和个人，电影产业繁荣发展的重要表征是优秀电影，通过采取极具有权威性、荣誉感的表彰、奖励措施，有助于充分调动电影产业组织、个人的主动性、自觉性、责任感和奉献精神，激励创作、摄制、发行、放映和传播更多更好的优秀电影，从而推动电影产业的健康繁荣发展。目前，我国对电影领域的表彰、奖励主要有以下类型：

一是根据宪法第六十七条、第八十条以及国家勋章和国家荣誉称号法的规定，向那些对国家和人民作出特别突出贡献，包括在电影活动中为国家和人民作出特别突出贡献的电影从业人员授予国家勋章和荣誉称号。这是最高层次的表彰，对获奖的电影工作者是一种最高的荣誉。例如，1994年10月30日夏衍同志95岁生日时，国务院授予他"国家有杰出贡献的电影艺术家"称号。

二是国家新闻出版广电总局及地方电影主管部门通过举办华表奖、"夏衍杯"等评奖活动，以及组织制定、执行《国产影片出口奖励暂行办法》等规定，对优秀电影及作出突出贡献的组织、个人给予表彰、奖励。

三是其他政府部门开展表彰、奖励工作时也涉及电影领域。例如国家以科学技术奖的名义奖励电影业的科学技术成果和优秀人才，以奖励教师的名义对在电影人才教育培养工作中作出突出贡献的电影专业教师给予表彰、奖励，以及对行政机关工作人员的奖励，国务院政府特殊津贴等。

另外，其他主体也有相关的表彰、奖励。例如中宣部组织的精神文明建设"五个一工程"中的"一部好电影"，中国电影家协会组织的"金鸡百花奖"，以及政府或工会组织的"劳动模范""五一劳动奖章"，共青团组织的"新长征突击手"，妇联组织的"三八红旗手"等评选活动。

对优秀电影作品和优秀电影从业人员进行奖励，这也是世界电影界的通行做法，国际上一些著名的电影奖项在电影业界乃至全球范围均具有很大的影响力，对于提升电影自身的影响力、推动电影产业的发展具有积极意义。

在比较法层面，意大利电影法第十七条［奖项授予］规定，（一）根据1985年4月30日第163号令，依本法第十三条第七款，评委会进行审核评估后，进行奖项授予。……（四）依内阁法令根据如下属性对奖项进行设置：制片公司、导演、原作者、编剧、编曲、摄影师、布景师及剪辑师。

第十一条 国家鼓励开展平等、互利的电影国际合作与交流，支持参加境外电影节（展）。

● 释　义

本条是对鼓励开展电影国际交流作出的规定。电影是文化产品中最具有国际化特点的产品之一，是在世界上传播本国文化理念、提升本国文化软实力的重要载体和先锋力量，是国家的文化名片。以美国为代表的电影大国，历来将电影作为文化输出的重要途径。随着我国对外开放程度的日益提升，对外投资力度的日益扩大，特别是"一带一路"战略构想的贯彻落实，我国对电影国际交流的重视程度也日益提高，电影在文化外交工作中将具有更加重要的地位。

目前我国开展电影国际交流的形式主要有电影合作摄制、举办国际性电影节（展）、公益性电影文化传播活动和商业性海外推广营销，有关情况将在相关条文中予以说明。

此外，根据外交对等交流原则，电影主管部门、相关影视文化机构每年也在我国境内举办一定数量的境外电影展映活动。

我国支持优秀国产影片参加境外举办的电影节（展），扩大我国电影的国际影响力。本款所称的"境外电影节（展）"既包括各类综合性、地区性、专业性国际电影节（展），也包括双边对等举办的电影节（展），还包括附设有其他国家或地区电影单元的本土性电影节（展）。世界范围内电影节（展）数目难以计数，而据不完全统计，仅国际电影节（展）就在300个以上，其中由国际电影制片人协会批准认可的高质量国际电影节有50多个，并根据电影节的性质分为A、B、C、D四类（后文详述）。在这四类电影节中，国际A类电影节即综合竞赛类电影节是最具有影响力的电影节，包括上海国际电影节在内共有15个。对此，湖南、河南、江西、广东等地明确对入围或者获得特定境外国际电影节奖项给予奖励。例如，根据《江西省国家电影事业发展专项资金扶持电影创作生产实施细则（试行）》的规定，江西影视单位作为电影项目的第一出品方，取得电影公映许可证，入围或获得国际A类电影节及加拿大多伦多国际电影节、美国纽约电影节、亚太影展等重要电影节竞赛单元奖项的，可以给予奖励。

近年来，我国优秀电影和电影从业人员不断在国际电影交流中崭露头角，获得了一些成绩。但是同时，中国电影开展国际交流和参评还面临着由于文化差异和语言不通而产生的"文化折扣"过多、类型片过于单一等问题，需要政府的积极扶持和进一步引导。

第二章　电影创作、摄制

本章共十二条，对电影创作、摄制方面进行了规定，包括对创作原则、创作手段、创作摄制内容、摄制主体、备案或审查的程序、摄制时的注意事项、许可制度、合作对象和参与主体条件、合作摄制影片视同国产片条件等有关合作摄制的特殊规定、电影审查中摄制者送审、标识和提示、变更内容重新送审的规定，电影主管部门有关审查期限、标准和程序及专家评审的规定，以及未取得电影公映许可证电影不得传播的规定。

本章所称电影创作是指电影从创意产生、策划、拍摄到制作完成的一系列过程中艺术创作层面的工作。对不同的创作人员所指代的范畴不同。如导演创作、编剧的剧本创作、演员的表演创作、美术创作、作曲的音乐创作、后期特效的数字艺术创作等。电影摄制首先是一种经营性活动，这使其区别于家庭影像记录等其他影像摄制活动。同时，电影的摄制是一项系统工程，包括前期拍摄阶段和后期制作阶段，涉及演职人员的雇佣和组织，编剧、演员、导演和其他创作人员的创造性劳动，摄影、录音、照明、剪接等器材和场地的使用，拍摄活动和制作活动的组织和实施等等。

第十二条 国家鼓励电影剧本创作和题材、体裁、形式、手段等创新，鼓励电影学术研讨和业务交流。

县级以上人民政府电影主管部门根据电影创作的需要，为电影创作人员深入基层、深入群众、体验生活等提供必要的便利和帮助。

释　义

本条是对电影创作的规定。为了提高电影质量，不断满足人民群众对电影审美、娱乐等精神方面的需求，创作出社会效益、经济效益双赢的优秀作品至关重要，而电影剧本作为"一剧之本"，承担着电影成功与否的关键重任，需要不断推陈出新。电影学术研讨和业务交流则可以在多种思想的碰撞下，给电影创作提供更好的视角、理念、方法，从而促进电影质量的进一步提升。创作源于生活、高于生活，深入基层、深入群众、体验生活，与人民"同呼吸、共命运"，才能创作出人民喜欢的电影作品，否则就是"无源之水、无本之木"。

本条第一款规定，国家鼓励电影剧本创作和题材、体裁、形式、手段等创新，鼓励电影学术研讨和业务交流。其中，题材指表现的领域，如革命历史题材、现实主义题材、少年儿童题材、农村题材、工业题材等；体裁指剧本的种类和样式，如故事体裁、动画体裁、纪录体裁等；形式指呈现出来的构造和表现方式，多变的剧本形式可以更好启发思维空间；手段指为实现意图采取的方法和措施，如顺叙、倒叙、插叙等。题材、体裁、形式、手段从内容上、样式上、实现方法上给出了剧本创作创新的途径。随着电影产业的快速发展和电影影响力的日益提高，市场和社会对优秀电影剧本的需求很大。电影领域常有"好剧本可能拍成烂电影，但烂剧本绝对拍不成好电影"的说法。电影创作经验表明，必须在剧本阶段认真打磨、推陈出新，才能保证完成影片的质量和水平。习近平总书记在文艺工作座谈会上的讲话中指出，"推动文艺繁荣发展，最根本的是要创作生产出无愧于我们这个伟大民族、伟大时代的优秀作品""文艺工作者要志存高远，随着时代生活创新，以自己的艺术个性进行创新。要坚持百花齐放、百家争鸣的方针，发扬学术民主、艺术民主，营造积极健康、宽松和谐的氛围，提倡不同观点和学派充分讨论，提倡体裁、题材、形式、手段充分发展，推动观念、内容、风格、流派切磋互鉴。"故步自封没有未来，只有不断创新，不断开拓，才能勇攀电影高峰，以好作品赢得观众，赢得未来。

本条第一款提及的电影学术研讨和业务交流分别指学术层面的研讨会、业务层面的交流会，把理论与实践结合起来，用理论指导实践，再通过实践反作用于理论，相互促进、相互提高。电影事业的发展，需要有从事电影理论研究和电影评论的专家队伍，需要从电影学术层面进行研讨，以此进行理论研究和创新，从而为电影创作探索更多的可能性。同时，电影发展也需要业务交流，通过分享成功的经验、汲取失败的教训、碰撞不同的观点、探讨前进的方向，为创作更好的电影作品积累营养。习近平总书记在文艺工作座谈会上的讲话中就提到，要高度重视和切实加强文艺评论工作，运用历史的、人民的、艺术的、美学的观点评判和鉴赏作品，倡导说真话、讲道理，营造开展文艺批评的良好氛围。

本条第二款规定，县级以上人民政府电影主管部门根据电影创作的需要，为电影创作人员深入基层、深入群众、体验生活等提供必要的便利和帮助，是指从政府层面为电影创作人员扎根人民、扎根生活提供便利的条件，让创作人员心无旁骛、专心投入、积累素材、内化于心，其目的也是为了创作出真正为人民服务、为社会主义服务的优秀电影作品，满足人民群众的精神需求。

电影创作并非空穴来风，需要脚踩坚实的土地，需要与时代同频共振。因此电影剧本创作也好、演员表演也好、导演整体把控也好，事实上，全部的电影创作人员都要深入基层、深入群众、体验生活，这样创作出来的作品才能永葆生命力、才会历久弥新。习近平总书记在文艺工作座谈会上的讲话中还谈到，"人民是文艺创作的源头活水，一旦离开人民，文艺就会变成无根的浮萍、无病的呻吟、无魂的躯壳。要虚心向人民学习、向生活学习，从人民的伟大实践和丰富多彩的生活中吸取营养，不断进行生活和艺术的积累,不断进行美的发现和美的创造""文艺工作者要想有成就,就必须自觉与人民同呼吸、共命运、心连心。要深深懂得人民是历史创造者的道理,深入群众、深入生活,诚心诚意做人民的小学生。文艺创作方法有一百条、一千条,但最根本、最关键、最牢靠的办法是扎根人民、扎根生活""各级党委要把文艺工作纳入重要议事日程,贯彻好党的文艺方针政策,把握文艺发展正确方向。"因此,县级以上人民政府电影主管部门根据电影创作的需要,为电影创作人员深入基层、深入群众、体验生活等提供必要的便利和帮助,是基于电影创作规律的必要支持,只有创作出符合时代要求的好的电影作品,才能真正做到"为人民服务、为社会主义服务",才能增强民族文化自信,才能通过"努力创作更多无愧于时代的优秀作品,弘扬中国精神、凝聚中国力量,鼓舞全国各族人民朝气蓬勃迈向未来"。

第十三条 拟摄制电影的法人、其他组织应当将电影剧本梗概向国务院电影主管部门或者省、自治区、直辖市人民政府电影主管部门备案;其中,涉及重大题材或者国家安全、外交、民族、宗教、军事等方面题材的,应当按照国家有关规定将电影剧本报送审查。

电影剧本梗概或者电影剧本符合本法第十六条规定的,由国务院电影主管部门将拟摄制电影的基本情况予以公告，并由国务院电影主管部门或者省、自治区、直辖市人民政府电影主管部门出具备案证明文件或者颁发批准文件。具体办法由国务院电影主管部门制定。

● 释　义

本条是对电影剧本梗概、电影剧本备案立项公示程序、标准、机构等进行的规定。为了促进电影产业发展，该条通过明确各省、自治区、直辖市人民政府电影主管部门的职责，进一步降低了电影剧本梗概备案立项公示门槛，同时规定涉及重大题材或者国家安全、外交、民族、宗教、军事等方面的特殊题材应送交剧本审查，使得电影项目备案工作程序更清晰，标准更明确。

本条第一款中，法人、其他组织是指在县（区）级以上工商管理部门注册登记的影视文化类单位，或者在其他县（区）级以上政府机构注册登记的营利性影视文化类单位。由于电影带有明显的产业特征，作为市场运营的主体，其主要经营范围应该与影视、文化类有关。本款所指的电影剧本是电影文学剧本。电影文学剧本是运用电影思维及其表现手法，用文学语言描绘未来影片内容的一种文学形式。它是摄制电影的基础和依据，其思想内容决定着形象化电影的思想内容。剧本梗概，是以简短的文字（一般要求不少于1000字）描述剧本的主要人物和主干情节的材料。

根据本款规定，对一般题材电影实行电影剧本梗概备案管理。在国家工商总局、国务院相关主管部门、中央军委相关主管部门注册登记的"法人、其他组织"、中央一级"法人、其他组织"拟摄制的电影，应将电影剧本梗概交国家新闻出版广电总局电影局备案；在各省、自治区、直辖市工商管理部门、省级相关主管部门登记注册的"法人、其他组织"拟摄制的电影，应将电影剧本梗概交各省、自治区、直辖市新闻出版广电或行业主管部门备案。对于题材、内容涉及重大革命和重大历史、重大文献纪录片等重大题材，或者国家安全、外交、民族、宗教、军事等方面的电影实行剧本立项审查制度，须提交完整电影剧本，比照电影剧本梗概备案制度确立的属地管辖原则报送所属电影主管部门审查。

本条第二款中，电影剧本梗概备案、电影剧本立项审查及公示责任主体为国务院电影主管部门或者省、自治区、直辖市人民政府电影主管部门，前者指国家新闻出版广电总局，后者指各省、自治区、直辖市新闻出版广电局等行业主管部门。法人、其他组织拟摄制的电影，其电影剧本梗概或者电影剧本符合本法第十六条规定的，由国家新闻出版广电总局定期向社会进行公示，备案公示内容应包括备案编号、电影片名、申报备案单位、编剧、备案结果和备案地，立项审查公示内容与之相仿。备案或立项、公示后，按照属地管理原则，由国家新闻出版广电总局或者各省、自治区、直辖市人民政府电影主管部门发给用以证明备案或批准立项的文件。

按照本法要求，国家新闻出版广电总局将负责制定电影剧本梗概备案、电影剧本立项审查及公示的具体标准、办法。

电影剧本梗概备案或者电影剧本立项审查公示是我国电影管理制度中的重要环节，与每一个拟拍摄的电影项目密切相关，对我国电影创作生产繁荣发展有着直接影响。

电影产业化改革之前，我国电影管理体制还处于计划经济范畴，主要体现为：一是电影摄制出品权只属于国有电影制片单位，大量民营电影创作生产机构只能通过与国有制片单位合作的形式参与电影的创作生产；二是电影生产实行年度规划，由国务院电影主管部门统筹安排各地的电影生产数量；三是拟拍摄的电影须提交完整剧本，待国务院电影主管部门审查通过后方可投拍。这样的管理制度与改革开放的大环境严重不符，制约了电影生产力发展，国产电影的生产实力、创作活力受到不同程度的抑制。

2002年开始推行电影产业化改革，在创作生产方面取消了对民营电影生产机构的限制，准许民营电影生产机构独立出品摄制电影。准入门槛的降低，激发了中国电影的创作活力，国产电影生产数量逐年提升，故事影片产量由产业化改革前的每年不足100部增长至2016年的772部，电影生产力的再度活跃成为推动中国电影近年来快速发展的重要动力。

在文化体制改革的带动下，简政放权逐渐成为电影主管部门深化改革的主要内容，开始了以属地审查和电影剧本（梗概）备案为首的管理体制改革。2006年，为规范和改进电影剧本（梗概）备案和电影片管理制度，提高电影质量，繁荣电影创作，推进电影业健康发展，原国家广播电影电视总局发布了《电影剧本（梗概）备案、电影片管理规定》（国家广播电影电视总局令第52号），开始推行电影剧本（梗概）备案，并选择了六个省市进行电影属地管理的改革试点。2010年，为更好地履行电影管理职能，规范行政审批程序和环节，为电影制片单位提供更加便捷高效的服务，原国家广播电影电视总局发布了《广电总局关于改进和完善电影剧本（梗概）备案、电影片审查工作的通知》（广发〔2010〕19号），开始推行电影管理"一备两审制"。2014年，为贯彻落实党的十八届三中全会精神，进一步简政放权，深化行政审批制度改革，推进文化体制机制创新，更好地发挥地方广电主管部门的职能作用，在前期试点的基础上，国家新闻出版广电总局发布了《国家新闻出版广电总局关于试行国产电影属地审查的通知》（新广电发〔2014〕27号），开始在全国范围内全面试行国产影片属地审查。

实践证明，电影管理行政审批制度调整顺应深化改革的大政方针,打破了长期制约电影产业发展的制度性瓶颈,营造了公平公开的产业环境,为促进我国电影产业繁荣发展起到了重要的推动作用。简政放权也是本法的亮点之一。本条的规定是对上述电影管理体制改革经验的提炼、总结和升华,并进一步取消了摄制电影许可证、摄制电影许可证(单片),从而进一步激发市场主体活力。

● 实务要点

在执行中需注意的是,各级党政机关不得作为电影的出品单位进行电影项目的备案。

第十四条 法人、其他组织经国务院电影主管部门批准,可以与境外组织合作摄制电影;但是,不得与从事损害我国国家尊严、荣誉和利益,危害社会稳定,伤害民族感情等活动的境外组织合作,也不得聘用有上述行为的个人参加电影摄制。

合作摄制电影符合创作、出资、收益分配等方面比例要求的,该电影视同境内法人、其他组织摄制的电影。

境外组织不得在境内独立从事电影摄制活动;境外个人不得在境内从事电影摄制活动。

◪ 释　义

本条是对境内法人和其他组织从事中外合作摄制电影、聘用境外主创人员的规定。不同国家和地区之间合作摄制电影是国际电影交流合作的重要形式之一，中外合作摄制电影是中国电影繁荣发展的重要举措，不仅有利于民族电影产业的发展，也有助于中国电影走出去。

本条第一款规定了中外合作摄制电影的许可制度和合作对象要求，以及所聘用境外主创人员的要求。中外合作摄制电影片包括联合摄制、协作摄制、委托摄制三种情形。其中，联合摄制的形式最为普遍，也就是大家惯常所指的"合拍片"。我国对中外合作摄制电影片实行许可制度，包括摄制许可和公映许可。本条规定，法人、其他组织经国家新闻出版广电总局批准，可以与境外组织合作摄制电影，即中外合作摄制电影片的中方合作者是该项行政许可的申请主体。其中，法人、其他组织在申请中外合作摄制电影片拍摄前，要求应有出品过国产影片的经历，原则上是参与两部国产影片的出品，同时不在因违反本法而停止摄制电影片的处罚期内。"损害我国国家尊严、荣誉和利益，危害社会稳定，伤害民族感情"，所指包括但不限于发表和参与过反华、辱华，支持"台独""藏独""疆独"等有关言论和活动。对于有过上述言论和活动的境外组织和个人，不得参与中外合作摄制电影工作；上述境外个人也不得被聘用参与摄制国产影片。境内法人与其他组织在选择境外合作伙伴或者聘用境外主创人员时,应对上述情形充分知悉。

本条第二款对中外合作摄制电影视同国产电影的条件作出了规定。根据本款规定,"中外双方参与创作、出资、收益分配等方面比例符合要求"为合拍片认定标准,也就是说,中外合作摄制电影符合国家对于中外双方参与创作、出资、收益分配等方面比例的规定的,将被认定为中外联合摄制电影也就是合拍片,该电影也因此视同境内法人、其他组织摄制的电影,享受国产电影的各类待遇。其中,"创作"包括但不限于编剧、导演、摄影、表演、美术、音乐等流程和工种,其中对主要演员比例有明确要求,中方主演不得低于主演总数的三分之一。出资和收益分配等方面比例规定尚待完善,目前对于未与我国签订合拍协议的国家合作摄制电影的,秉持投资比例越高、话语权越大的原则,结合演员比例和影片内容等其他方面做综合评判,对于已与我国签订合拍协议的国家,则按照合拍协议明确的创作、出资、收益分配等方面的比例规定。

合拍片一直是中国电影制片的重要组成部分,在中外电影文化交流、产业合作、市场开拓等方面发挥着十分重要的作用,在我国境内的市场待遇、票房分成等各方面视同于国产片,享受高于进口片的分账待遇,在海外发行等方面亦享有不同程度的优势,并将与国产片一样享有本法规定的各类扶持、奖励等优惠政策。伴随着中国电影市场的日益扩大，境外电影制片机构越来越关注中外合拍电影，并积极与中国电影界合作开展合拍电影业务。近年来，我国已经与数十个国家和地区合作摄制过电影，与十余个国家签订了电影合拍协议。国家电影主管部门受理的合拍片立项、审查数量持续增长，2015年合拍片立项93部、审查62部，协拍片立项和审查各1部，2016年合拍片立项94部、审查73部，协拍片立项4部。其中，多数合拍片属于关注度较高、市场反馈较好的优质项目。如2016年春节档上映的合拍片《美人鱼》，创造了近34亿元人民币的中国电影市场票房最高纪录；2015年暑期档上映的《捉妖记》，也收获超过24亿元的优异票房。中外合作摄制电影应以传播中华文明优秀成果为己任，并努力兼顾他国观众的欣赏需求，表达人类共通的美好情感，为中国电影"走出去"开辟新的途径，创造新的经验。

本条第三款对境外主体在境内从事电影摄制活动作出了规定。其中，境外组织不得在境内独立从事电影摄制活动，如须在境内从事电影摄制活动，须通过境内合作方依法向国家新闻出版广电总局进行申报。境外个人不得在境内从事电影摄制活动，即不能作为电影摄制主体在境内开展活动，如该个人参与国产电影或中外合作摄制电影工作，须由该电影境内第一出品方依法向国家新闻出版广电总局进行境外主创人员的申报。

在比较法层面，意大利电影法第六条［联合制片］规定：（1）除本法第五条及第七条第（2）款外，以特殊的国际互惠协议为基础并符合本条规定的与海外公司联合制作的长片和短片，均可被视作国产影片。（2）与欧盟国家的联合制作不受第（3）款制约，可召开会议具体进行商定。（3）与非欧盟国家进行联合制作时投入的经费，不应少于整部电影成本的20%。（4）属于第（3）款中与海外公司签订的国际互惠协议的审批，应由法律授权。（5）国际合作协议中具有重要的文化或企业意义的重要影片，对于第（3）款规定的比例，经委员会建议并依法令第八条的规定，允许例外情况存在。（6）如未签订国际协议，而进行文化与企业活动的，意大利公司与海外公司的伙伴关系可依法令第八条由内阁法令授权并受委员会的监督。（7）小份额参与联合制作时，除去在单次会议上达成的决议，通常应在收到电影底片起的30日之内将全部余款结清，以供影片在意大利境内发行的拷贝；如有困难，无论如何都应在该影片于任何一联合制片国首映120天之内到款。小份额伙伴方的失信将对联合制作产生严重影响，主要合作方将依法提出剥夺影片的意大利国籍资格。（8）有关司长根据意大利制片公司呈递的申请书对联合制作影片进行审核认定；公司应在电影开拍前至少30日提交有关申请。巴西对合拍片的管理政策综述如下：外国公司到巴西境内开展电影拍摄活动，必须与巴西制片公司合作。该巴西公司将代表该外国公司向国家电影委员会提交申请，保证拍摄活动符合巴西法律要求，并为该外国公司提供报关等协助。合拍电影分为两种情形，并有不同的法律要求。一是相关主体所在国与巴西签订有合拍协定，相关活动需遵守协定的规定。目前已有 10 个国家与巴西签订了有关合拍的协定。二是相关主体所在国未与巴西签订有合拍协定，此时无论巴西合作方实际投入多少，其在影片中的原始权益需不低于 40%，巴西籍演员和剧组/技术人员（或在巴西居住超过三年的外国人）的人数不得低于三分之二。

● 实务要点

为进一步做好合拍电影管理工作，由于合拍影片的管理规定对影片题材、主题、情节及主创比例等方面有明确要求，为了获得这一资质，境外制片机构可能会试图以多种方式应对。有的在纯粹的外国电影基础上或浮光掠影地使用中华文化元素，或强行塞入与电影主题不甚相干的中国地理符号或人物形象加以点缀，企图以片面化的改装来满足合拍影片的有关规定；还有的影片虽然涉及中华文化及中国主题，但由于其主创人员均来自外国，以外国人的角度对中华文化、中国形象、中国国情进行不准确甚至歪曲的诠释和展现。以上情形不能有效承载弘扬中华民族优秀文化传统的功能，均不符合合拍片的认定标准。对此，国家电影主管部门应当立足实际，坚持开放公平、为我所用、互利共赢的合拍电影管理原则，在合拍片认定工作中做到既积极鼓励符合国家规定、有益民族产业发展和国家形象传播的合拍片摄制工作,也严把"文化安全"关,坚决制止"假合拍"电影。

第十五条 县级以上人民政府电影主管部门应当协调公安、文物保护、风景名胜区管理等部门,为法人、其他组织依照本法从事电影摄制活动提供必要的便利和帮助。

从事电影摄制活动的,应当遵守有关环境保护、文物保护、风景名胜区管理和安全生产等方面的法律、法规,并在摄制过程中采取必要的保护、防护措施。

● 释 义

本条是对电影摄制活动与环境保护、安全生产等方面关系的规定。为了达到预定的艺术效果,电影摄制主体往往会选取风景名胜区等特定场景、采取爆破等特定手段从事拍摄活动,这一方面需要地方政府有关部门的协调,取得相应许可。另外也需要摄制主体严格遵守有关法律、法规,规范操作,并采取必要的保护、防护措施。

根据本条第一款,县级以上人民政府电影主管部门应当采取设立统一服务窗口、建立联席机制、特定项目具体协调等协调方式,协调公安、文物保护、风景名胜区管理、宗教事务等部门，对合法电影摄制活动提供必要便利和帮助。例如，为了落实《关于促进上海电影发展的若干政策》中"建立和完善上海电影摄制服务机制"的要求，2014年10月27日，上海市成立了上海影视摄制服务机构，为各类主体来沪拍摄影视剧提供包括政策信息咨询、政府沟通、拍摄协调、信息服务、人才中介、宣传推广等方面的服务。其中，对在上海摄制影视剧时涉及政府管理的事项，如设备入关，交通管制，烟火及爆炸品、枪支弹药租赁、运输等方面的事务，上海影视摄制服务机构都可以出面帮助摄制机构与相关政府部门联络。

根据本条第二款，电影摄制主体要认真遵守和严格执行环境保护法、环境影响评价法、文物保护法、安全生产法、文物保护法实施条例、自然保护区条例和《风景名胜区条例》，在自然保护区核心区和缓冲区、风景名胜区核心景区内，禁止进行拍摄活动；在自然保护区实验区、风景名胜区核心景区以外范围、各级文物保护单位保护范围内，严格限制拍摄活动。因特殊情况，确需在上述限制类区域内搭建和设置布景棚、拍摄营地、舞台等临时性构筑物的，电影摄制主体必须严格按照有关法律法规的规定，履行报批手续。拍摄活动结束后，应当及时拆除临时搭建和设置的布景棚、营地等构筑物，对生态环境进行恢复，并由所在地主管部门负责组织验收。电影摄制主体在其他自然环境和人文景观处进行拍摄活动，也要做好保护和恢复工作。

另外，电影摄制主体还应当遵守安全生产法、消防法、《民用爆炸物品安全管理条例》的规定，在常规摄制活动以及采取烟火、爆破、高空威亚、飞车追逐等具有一定危险性的作业中，加强安全方面的保护、防护措施，防止和减少安全事故，避免生命财产损失。

电影摄制不仅是艺术创作的过程，也是各类技术活动的集合。在三维动画、电脑特效技术发达的今天，实景实物拍摄仍然具有其独特的艺术魅力，并受到很多电影创作团队的青睐。根据影片题材、主旨等方面的要求，在各类影视基地、摄影棚之外，电影创作团队可能会选取其他合适的拍摄地点，如风景名胜区，历史文化名城、名镇、名村，城镇公共场所，甚至是高速公路、文物保护单位等具有特定意义，需要特别管理的区域，使用烟火、爆破、打斗、飞车追逐、高空威亚等具有一定危险性、需要采取特殊的保护、防护措施的手段，动用群众演员、街拍等涉及人群管理的方式，以及搭建实景、修建营地、临时道路施工等辅助措施，以营造视觉特效、银幕奇观，或者达到其他特定的艺术效果。对于上述情形、地点，要么法律、法规设定了严格的行政许可，要么规定了明确的行为规则，甚至对于特定区域、行为采取完全禁止的态度。例如，根据《风景名胜区条例》《历史文化名城名镇名村保护条例》等规定，在风景名胜区内和历史文化名城、名镇、名村核心保护范围内进行电影摄制活动的，应当依照有关法律、法规的规定报有关主管部门批准。某些地方性法规、地方政府规章针对电影摄制活动也有特别规定,例如北京市政府制定《北京市利用文物保护单位拍摄电影、电视管理暂行办法》,对电影拍摄活动设置了行政许可,确定了禁止拍摄的类别和拍摄时应当遵守的活动准则。对于境外组织拍摄电影问题,一些法律、法规还有针对性规定。例如,根据野生动物保护法第四十条,外国人在我国对国家重点保护野生动物进行野外考察或者在野外拍摄电影、录像,应当经省、自治区、直辖市人民政府野生动物保护主管部门或者其授权的单位批准,并遵守有关法律法规规定。

改革开放以来,电影摄制主体在宣传保护生态环境、自然资源和文物古迹方面做了大量工作,推出了一批相关的精品力作,为自然环境和文物保护,为推进人与自然和谐相处,为和谐社会发展做出了积极贡献。但是,近年来在电影拍摄活动中,也出现了一些风景名胜区的植被、水体等自然生态和个别文物被破坏的情况,引起了社会各界的广泛关注。对此,电影摄制主体应当坚持保护优先、拍摄服从保护的原则,自觉执行国家有关法律法规和规定,接受有关环保、建设、文物等相关主管部门的监督和管理,并切实采取有效措施,在拍摄活动中严格保护生态环境、自然资源和文物古迹的原始性、真实性和完整性。

在比较法层面，许多国家或其地方政府均十分重视吸引制片公司特别是来自外国的电影摄制活动，对于影片摄制不断简化相关程序、优化摄制环境。例如，根据美国夏威夷地方法律，制片公司在夏威夷商业、经济促进和旅游局，土地和自然资源局，公共安全局，交通局等部门所管理的设施、土地、森林、海滩、保护区等区域内进行摄制活动的，应当向夏威夷商业、经济促进和旅游局下属的夏威夷电影办公室提交包括拟拍摄的所有景点和计划拍摄时间等内容的申请，通过后者的一站式许可程序取得标准许可或者开放现场许可。拍摄中采取爆炸等特定措施的还要向有关部门取得特别许可。制片公司应保证完全守法，特别是要遵守有关噪音、空气和水污染以及公共卫生安全方面的法律规定，并通过采取各种安全措施、购买保险、聘用政府监督员等方式保障拍摄活动依法、安全进行。又如，为了吸引外国制片公司取景，2013年以来匈牙利外景地拍摄许可费用降低了三分之一，许可期限也控制在5天以内。

第十六条 电影不得含有下列内容：

（一）违反宪法确定的基本原则，煽动抗拒或者破坏宪法、法律、行政法规实施；

（二）危害国家统一、主权和领土完整，泄露国家秘密，危害国家安全，损害国家尊严、荣誉和利益，宣扬恐怖主义、极端主义；

(三)诋毁民族优秀文化传统,煽动民族仇恨、民族歧视,侵害民族风俗习惯,歪曲民族历史或者民族历史人物,伤害民族感情,破坏民族团结;

(四)煽动破坏国家宗教政策,宣扬邪教、迷信;

(五)危害社会公德,扰乱社会秩序,破坏社会稳定,宣扬淫秽、赌博、吸毒,渲染暴力、恐怖,教唆犯罪或者传授犯罪方法;

(六)侵害未成年人合法权益或者损害未成年人身心健康;

(七)侮辱、诽谤他人或者散布他人隐私,侵害他人合法权益;

(八)法律、行政法规禁止的其他内容。

☛ 释 义

本条是对电影内容的规定,明确了电影片禁载的有关内容,同时也是对电影创作、摄制、发行、放映及其他传播活动提出了底线要求。

文艺是铸造灵魂的工程,电影作为一种广大人民群众喜闻乐见的艺术形式,在给观众带来视听享受、带来娱乐的同时,也作用于观众的心灵,在潜移默化中影响人们的思想观念、道德情操和价值取向等,尤其是青少年观众更容易接受电影的影响。因此,电影作为社会主义文艺事业的重要组成部分,在加强社会主义精神文明建设中有着特殊作用。因此，电影必须坚持为人民服务、为社会主义服务的方向。广大电影工作者要高扬社会主义核心价值观的旗帜，充分认识肩上的责任，把社会主义核心价值观生动活泼、活灵活现地体现在电影创作中。电影要对社会负责，对人民负责，坚持思想性、艺术性和观赏性的统一，以优秀的作品鼓舞人、教育人，要培养人们高尚的道德情操和健康的审美情趣。当然，电影也要揭露生活中的某些消极现象，但这并不是为了展示丑陋，而是通过揭露和鞭挞，引导人们追求真善美。基于以上考虑，必须对电影的表现内容有所限制和规定。

本条规定的电影片的禁载内容包括以下几个方面：

一是违反宪法确定的基本原则的，煽动抗拒或者破坏宪法、法律、行政法规实施的。本项是从法律实施角度作出的规定，是对宪法第五条的贯彻落实。宪法第五条规定了依法治国基本方略，国家维护社会主义法制的统一和尊严，以及一切组织和个人都必须遵守宪法和法律的内容。宪法是国家的根本大法，规定了国家的根本制度、根本任务以及一系列基本制度，具有最高的法律效力，是一切组织和个人的根本活动准则。宪法确定的基本原则主要是一切国家权力属于人民的原则、保障公民权利和义务的原则、民主集中制原则和社会主义法治原则。宪法是国家法的基础与核心，法律则是国家法的重要组成部分。法律是从属于宪法的强制性规范，是宪法的具体化。行政法规是国务院为领导和管理国家各项行政工作，根据宪法和法律，并且按照《行政法规制定程序条例》的规定而制定的政治、经济、教育、科技、文化、外事等各类法规的总称。宪法、法律和行政法规都是中国特色社会主义法律体系的重要组成部分，遵守宪法、法律和行政法规对于实行依法治国，建设社会主义法治国家具有极其重要的意义。维护法律权威、树立法律信仰、确保法律实施、稳固法律秩序，是所有电影从业人员应当谨记于心的职责。因此，本法将其作为首要保护的价值。

二是危害国家统一、主权和领土完整，泄露国家秘密，危害国家安全，损害国家尊严、荣誉和利益，宣扬恐怖主义、极端主义的。本项是从国家利益层面作出的规定，是对宪法第五十一条至第五十四条关于公民义务规定的贯彻落实，以及反恐怖主义法有关规定的呼应。国家利益是以国家为主体的利益，更是处理国际关系、决定我国对外行为的最高准则。个人、集体利益的有效保护以国家利益的切实维护为前提，国家利益最终服务于个人、集体利益。电影具有强烈的意识形态属性，电影的主题、情节和导向对于社会公众能否塑造正确的国家概念、维护好国家利益具有极其重要的影响。

本项中，国家统一是一国主权对本国全部领土有效行使管辖权的状态。从现实情况看，我国是一个民族众多、地域辽阔的国家，既存在香港、澳门回归后的特别行政区制度安排，还有国家尚未统一特殊情况下的两岸政治关系，搞好民族团结、维护边疆稳定、实现国家统一大业的任务重大而艰巨。主权作为国家区别于其他实体的固有属性，具体体现为不受任何其他国家控制的独立处理本国对内、对外事务的权力。国家领土是指出于国家主权管辖和支配下的地球的特定部分，包括领陆、领水、领陆和领水的底土以及领陆和领水以上的空气空间四个组成部分。国家秘密是关系国家的安全和利益，依照法定程序确立，在一定时间内只限一定范围的人员知悉的事项。保守国家秘密是中国公民的基本义务之一。保守国家秘密法对这一问题作了规定。国家秘密的密级分为"绝密""机密""秘密"。"绝密"是最重要的国家秘密，泄露会使国家的安全和利益遭受特别严重的损害。"机密"是重要的国家秘密，泄露会使国家的安全和利益遭受到严重损害。"秘密"是一般的国家秘密，泄露会使国家的安全和利益遭受损害。根据国家安全法规定，国家安全是指国家政权、主权、统一和领土完整、人民福祉、经济社会可持续发展和国家其他重大利益相对处于没有危险和不受内外威胁的状态，以及保障持续安全状态的能力。虽然和平是当今世界的主旋律，但是国家安全问题依然是各国切实面临也高度重视的问题。传统安全问题尚未得到根本解决，非传统安全问题却日益突出。就我国而言，面临的安全形势更是复杂而严峻，需要切实维护好政治、经济、军事、文化和社会安全等各方面的安全。国家尊严包括党和政府的尊严，领袖的尊严，民族与人民的尊严，领域、领空、领海的尊严，政策法令的尊严，法律道德的尊严等。例如，电影中出现中华人民共和国国旗、国歌、国徽时应当规范使用，并体现尊重与爱护的价值取向。国家荣誉就是属于国家的名誉和尊荣。国家利益就是满足或能够满足国家以生存发展为基础的各方面需要并且对国家在整体上具有好处的事物。

恐怖主义，是指通过暴力、破坏、恐吓等手段，制造社会恐慌、危害公共安全、侵犯人身财产，或者胁迫国家机关、国际组织，以实现其政治、意识形态等目的的主张和行为。极端主义是指以歪曲宗教教义或者其他方法煽动仇恨、煽动歧视、鼓吹暴力等的主张和行为。宣扬恐怖主义、极端主义，激发恐怖活动，将严重损害国家安全、公共安全和人民生命财产安全，是被反恐怖主义法所明确禁止的行为。

三是诋毁民族优秀文化传统，煽动民族仇恨、民族歧视，侵害民族风俗习惯，歪曲民族历史或者民族历史人物，伤害民族感情，破坏民族团结的。本项是从民族利益层面作出的规定。我国是统一的多民族国家，宪法明确规定各民族一律平等，国家保障各少数民族的合法的权利和利益，维护和发展各民族的平等、团结、互助关系。各民族都有自己优秀的文化传统，应该得到尊重和保护。各民族的历史以及历史人物，也要得到尊重，不得任意歪曲。禁止对任何民族的歧视和压迫,禁止破坏民族团结和制造民族分裂的行为。电影片中出现违反民族政策,破坏民族团结,不尊重民族风俗习惯,损害民族尊严,宣扬种族、民族歧视的,应予禁止、删剪、修改。

新中国成立以来,我们的电影主流是维护祖国统一,弘扬民族团结,构建中华民族一体多元文化,尊重中华历史和群族历史,但是也出现了个别电影由于对民族历史、文化、风俗习惯等错误或者歪曲表现而导致的民族纠纷案例。例如,一些取材于黄帝、蚩尤传说的电影将蚩尤作为反面角色进行丑化和贬损,而我国苗族等少数民族是把蚩尤奉为祖先的,因此电影里对蚩尤形象的丑化会伤害苗族等少数民族的感情,破坏民族团结。

四是煽动破坏国家宗教政策,宣扬邪教、迷信的。本项是从宗教管理层面作出的规定,是对宪法第三十六条的贯彻落实。根据宪法第三十六条规定,我国国家宗教政策主要包括:公民有宗教信仰自由。任何国家机关、社会团体和个人不得强制公民信仰宗教或者不信仰宗教,不得歧视信仰宗教的公民和不信仰宗教的公民。国家保护正常的宗教活动。任何人不得利用宗教进行破坏社会秩序、损害公民身体健康、妨碍国家教育制度的活动。宗教团体和宗教事务不受外国势力的支配。邪教是指冒用宗教、气功或者其他名义建立,神化首要分子,利用制造、散发迷信邪说等手段蛊惑、蒙骗他人,发展、控制成员,危害社会的非法组织。迷信是非理性地认为鬼神论的存在以及某种行为、仪式或者事物具有超自然的力量。

我国是一个多宗教国家，据不完全统计，现有各种宗教信徒一亿多人，主要信奉佛教、道教、伊斯兰教、天主教和基督教；宗教与主权、民族、教育、安全等问题密切相关。国家根据我国国情制定的宗教政策，是确保公民宗教信仰自由顺利实现，宗教活动自主有序进行的有力制度保证，对于实现宗教和谐、民族团结、国家安定具有极其重要的意义。20世纪80年代以来，中国部分地区出现了一些邪教组织，打着宗教旗号进行违法犯罪活动。邪教组织的为首分子或歪曲宗教教义，制造邪说，蒙骗群众，抗拒国家法律、法令的实施，煽动推翻政府；或利用迷信，装神弄鬼，致人死伤；或聚众淫乱，诈骗钱财，严重危害人民正常的生活和生产秩序。电影内容应当与国家宗教政策相一致，并坚决抵制、批判邪教、迷信等乱象。

五是危害社会公德，扰乱社会秩序，破坏社会稳定，宣扬淫秽、赌博、吸毒，渲染暴力、恐怖，教唆犯罪或者传授犯罪方法的。本项是从社会利益层面作出的规定。为了讲述故事、展现主题，电影中的一些情节会对不良言行或者犯罪情节进行一定程度的描写和展现。其中不良言行包括危害社会公德的言行、扰乱社会秩序的言行以及破坏社会稳定的言行。犯罪情节包括淫秽、赌博、吸毒、教唆犯罪等情节。

对于以上内容的展示，电影须严格把握尺度，在必要的情况下有节制地展现，不可一味或者过度渲染；同时不可进行过于详细的展现，以至于出现教唆犯罪或者传授犯罪方法的倾向。同时影片还须对不良言行或者犯罪情节表达出明确的批判态度，坚持正面的价值导向。

近年来，一方面随着电影社会关注度和影响力的提升，电影内容造成的社会效应越来越强，从电影植入广告中的品牌知名度越来越高可见一斑。另一方面，电影中对于社会负面以及不良行为的渲染也引发了社会争议。还有一些犯罪类型影片，也曾因过于详细展示犯罪情节、有教唆犯罪嫌疑而引发争议。基于电影广泛的传播力和受众群，电影审查部门在影片审查时，严格把握对不良言行和犯罪情节的展示尺度，杜绝出现危害社会公德、扰乱社会秩序、破坏社会稳定的情节出现。

六是侵害未成年人合法权益或者损害未成年人身心健康的。本项是从未成年人保护层面作出的规定。根据未成年人保护法的规定，保护未成年人是国家机关、武装力量、政党、社会团体、企业事业组织、城乡基层群众性自治组织、未成年人的监护人和其他成年公民等所有主体的共同责任，也是电影创作、摄制时应当谨记的原则。其中"侵害未成年人合法权益"是指侵害包括未成年人的生命健康权、人身自由权、姓名权、肖像权、名誉权、荣誉权、财产所有权、财产继承权、著作权、专利权、批评、建议、申诉、控告、检举权、取得国家赔偿权、宗教信仰自由权、民族风俗习惯自由权、通信自由及通信秘密权、受教育权等所有相关权利。影片中如果有情节展现以上权利受到侵害，并且对此展现过多，或者对此并无明确的否定和批判态度，此内容应当进行删改。

"损害未成年人身心健康"是指，渲染各种违法行为、以及含有渲染暴力、凶杀、恐怖、色情、吸烟等不良行径，对未成年人有明显错误导向，影响未成年人身心健康成长的相关情节内容，需进行删改。

随着互联网和新媒体的发展普及，电影的传播渠道更为广泛。从保护未成年人健康成长出发，严格审查国内制片单位送审的各类电影更为必要。在电影片审查方面，国家新闻出版广电总局成立了由国家电影行政主管部门、电影工作的专家和国家相关部委特别是由教育部、团中央等方面的代表以及大、中、小学教师共同组成的电影审查委员会。严格依据《电影管理条例》和国家相关法律法规，特别是从保护未成年人健康成长出发，严格限制渲染暴力、凶杀、恐怖、色情等低俗内容的电影片出现，严把剧本审查和影片审查关，剧本修改不到位的不允许拍摄，完成片删剪不彻底的不能获准公映，为广大青少年提供有益于身心健康的电影作品。

七是侮辱、诽谤他人或者散布他人隐私，侵害他人合法权益的。本项主要是从公民人格尊严保护层面作出的规定，并同时保护法人名誉，是对宪法第三十八条规定的贯彻落实。其中，侮辱是指以言语或者行动等形式恶意贬损他人人格，损害他人尊严。诽谤是指故意捏造、散布虚构的事实，贬损他人人格，损害他人尊严。隐私是自然人享有的、与社会公共利益无关的私人生活安宁与私人秘密，散布他人隐私是未经他人同意，将该人私密信息公开的行为，将干扰该人的私人生活安宁，甚至可能造成该人社会评价的降低。"侵害他人合法权益"的规定是对上述情形的限定，即电影对人物原型的描写或者外景拍摄到的群众镜头已构成"侮辱、诽谤他人或者散布他人隐私"的行为，且这一行为没有社会公共利益优先等阻却违法事由，从而构成侵犯他人名誉权、隐私权，应当承担侵权责任的违法行为。

人格尊严是一个人所享有的最基本社会地位和国家、社会和他人对该人最基本的尊重，是人格利益中的核心利益，保护公民人格尊严也是我国宪法明确规定的内容。电影主管部门对电影内容的管理，主要是在保障公民艺术创作自由的同时维护国家利益、社会公共利益。但是鉴于人格尊严的极端重要性和电影作品的社会影响力，本法将个人人格尊严也纳入本法的保护范围。

电影特别是现实题材类影片无论是取材于真实生活，还是直接根据特定的真实人物、真实事件进行改编，为了更有效地表达主题，影片经常都会对近现代真实人物形象、性格、事迹等方面进行艺术加工，虚构一些原本并不存在的人物、故事。特别近年来，中国电影产量不断增长，电影创作空前繁荣。电影题材类型丰富，内容取材广泛，包罗万象，其中根据真实人物改编而成的人物传记类影片和根据真实事件改编而成的故事影片也明显增多。电影既有教育功能，也有娱乐功能，有其自身的创作规律和创作空间，既不能对创作者提出完全遵循事实的要求，也不能任凭影片对人物原型形象进行无底线的改造。某些影片可能会拔高、美化人物原型的形象，有些又可能会不恰当地矮化、丑化人物原型的形象，既损害了公民的人格尊严，引发纠纷，也容易混淆公众认知，不利于发挥电影人文关怀的社会效益。而电影作为一种向全社会公开放映的内容载体，影响范围广、持续时间长，从故事情节到人物原型都有可能成为社会讨论的热点，从而放大这种不利影响。

对于电影主管部门而言，在电影完成片审查这一行政许可过程中，符合本法规定的电影内容标准是准予行政许可的重要条件，其中也包括不得含有侮辱、诽谤他人或者散布他人隐私，侵犯他人合法权益的内容。根据行政许可法第三十六条、第四十七条的规定，行政许可事项直接关系他人重大利益的，利害关系人有权通过陈述、听证等方式发表意见。结合本项规定及国家新闻出版广电总局管理职责的有关规定，有关名誉权益、隐私权益的适格保护主体即人物原型本人或者其三代以内的直系旁系亲属，构成影片完成片审查过程中的"利害关系人"。相关利害关系人可通过关注电影主管部门有关电影梗概备案、剧本立项审查公示信息等方式及时行使自己的程序参与权利,电影主管部门在审查过程中也应当充分保障利害关系人的权利。对于制片主体而言,为避免程序复杂化和可能发生的纠纷,对于存在人物原型(无论主角、配角,正面、反面人物)的影片宜尽量取得适格保护主体的豁免侵权协议,对于实地取景的影片应当设置片场警示牌对现场公众予以提示。另一方面,基于名誉权、隐私权属于被动保护型人格权的特性,如果某影片对人物原型的描写未涉及侮辱、诽谤或侵犯隐私情形,未侵犯他人名誉权、隐私权,即使制片公司等主体未获得适格主体的"授权书"等豁免侵权协议,也不影响电影公映行为的合法性。例如,某功夫电影整体以弘扬爱国主义和中华武术精神为主线,同时对主角个人经历、家庭遭遇也作了一定的艺术加工,并因此被主角后人起诉侵犯主角及其后人名誉权,法院审理后认为,虽然影片有夸张和虚构之处,但并未侵犯上述主体的名誉权。至于肖像权、姓名权等其他人格权利不在本项规范范围之内。

需要注意的是,在不违反公序良俗的前提下,隐私权当事人可通过签署授权协议等方式自愿公开或允许他人披露隐私,名誉权则不得自由处分或放弃。因此,对于电影是否含有"侮辱、诽谤他人,侵犯他人合法权益"的内容,有无豁免侵权协议仅属于电影主管部门对内容难以定性时的辅助判断条件,相关审查决定应当按照客观标准独立作出。

八是法律、行政法规禁止的其他内容。该项是兜底性规定，即除上面列举的七项内容电影片不得含有外，其他凡是法律、行政法规明确禁止的内容，电影片也都应当不得含有。

在立法过程中，有意见认为我国应当实行电影分级制度。对此立法者经研究后认为，从世界范围看，采取分级制还是审查制取决于国情。根据我国的实际情况，从电影繁荣发展的角度出发，重点不在于是否采取分级制度，而是如何进一步完善审查制度。因此，本法对完善电影审查的具体标准和程序以及专家审查等问题作了规定，使审查标准更加公开，审查程序更加透明，审查机制更加科学合理。很多人主张电影分级制度的目的是为了更好地保护未成年人，对此，本法也从未成年人题材电影创作摄制支持、电影片内容禁载事项、放映提示、优秀影片推荐及组织观看等方面，着重加强对未成年人权益的保护。

在比较法层面，印度电影法第五条 C［指导影片审查的原则］规定：（一）如果有权颁发许可证的部门认为，影片或影片中的任何部分不利于印度主权与完整、国家安全、印度与外国的友好关系、公共秩序、行为和道德准则，或者涉及诽谤法庭或蔑视法庭，或者可能引起违法犯罪行为的，不予批准公开放映。（二）根据本条第（一）款的规定，联邦政府可以根据需要制定实施细则，规定批准影片进行公开放映时所应遵循的原则。

● 实务要点

（一）对于刑侦题材影片，由于不可避免地需要对犯罪行为进行描写和展现，不仅电影审查中有相关规定，公安部门在协助审看时也有相应标准，即不可过于详细的展示犯罪细节。同时，影片还需相应的增加公安干警等正面人物的积极内容，以确保整部影片的价值导向。

（二）对于影片存在问题情节较多，故事的整体价值导向存在偏差，修改难度较大的情况，审查中一般不予通过。对于影片存在部分问题情节，有修改可能，同时价值观和主题无原则问题的情况，一般要求进行修改后通过。

第十七条 法人、其他组织应当将其摄制完成的电影送国务院电影主管部门或者省、自治区、直辖市人民政府电影主管部门审查。

国务院电影主管部门或者省、自治区、直辖市人民政府电影主管部门应当自受理申请之日起三十日内作出审查决定。对符合本法规定的，准予公映，颁发电影公映许可证，并予以公布；对不符合本法规定的，不准予公映，书面通知申请人并说明理由。

国务院电影主管部门应当根据本法制定完善电影审查的具体标准和程序，并向社会公布。制定完善电影审查的具体标准应当向社会公开征求意见，并组织专家进行论证。

● 释　义

　　本条是对电影完成片审查的机构、期限、程序、标准等进行的规定。我国实行电影完成片审查制度，包括内容审查和技术审查两方面。从长期的实践和国情来看，电影审查制度是符合电影行业发展规律、有助于促进电影产业发展的，并有利于维护国家文化安全和意识形态安全。本条通过明确审查的主体和期限，便利制片主体提请完成片审查；通过制定审查的具体标准和程序，使得审查工作可以量化、更具可操作性。

　　根据第一款的规定，电影审查主体为国家新闻出版广电总局或者省、自治区、直辖市人民政府电影主管部门。在国家工商总局、国务院相关主管部门、中央军委相关主管部门注册登记的法人、其他组织，以及中央一级的法人、其他组织摄制完成电影后，交前者审查；在省、自治区、直辖市工商管理部门、省级相关主管部门注册登记的法人、其他组织摄制完成电影后，交后者审查。报送材料包括电影影片素材及相关材料，具体规定由国家新闻出版广电总局制定。

　　根据第二款的规定，电影主管部门应当自受理报送审查的电影及相关材料之日起三十个工作日内，将审查决定告知送审单位。根据行政许可法第四十二条，一般行政许可期限为二十个工作日，但是基于电影审查工作的复杂性和审慎性，电影审查需要相对而言更长的期限。与此同时，由于电影在审查期间可能产生"审查通过""修改后通过""修改后重新报审""不准予公映"等不同结果，送审的法人、其他组织需要在此期间保留摄制团队及其他相应人员。审查时间越长，则电影的制作周期和摄制成本会相应增加，因此，在确保审查工作质量、保障影片内容合法的前提下，尽可能提高审查效率、缩短审查时间十分必要。基于上述考虑，立法者将审查时限限定为不超过三十日。需要指出的是，这里的三十日是对电影主管部门对影片审查时间的限定，其中不包括送审的法人、其他组织提出影片修改方案、修改影片、制作母版以及相关部门协助审查影片的时间。应当注意的是，审查决定应该在受理电影及相关材料的三十日之内做出。凡要求修改的电影，送审的法人、其他组织应按要求提出修改实施方案，报电影主管部门同意后进行修改，修改后应重新报审的，审查时间重新计算。审查不予通过的，应当将不予通过的理由书面告知送审的法人、其他组织。

在审查实践中，如果影片存在的问题较多，修改方案经过同意后，电影主管部门一般会要求报送修改后的电影，继续进行审查；如果修改幅度不大，经同意，送审的法人、其他组织可以直接报送按照审查意见制作的电影。

在内容审查和技术审查通过后，通知送审的法人、其他组织领取电影公映许可证。电影公映许可证由国家新闻出版广电总局或者省、自治区、直辖市人民政府电影主管部门颁发，是电影经过电影主管部门审查通过，表明其内容和技术合格的凭证，是电影进行公开发行放映的前提。报送电影的法人、其他组织应将电影公映许可证标识印制在电影片头处。

根据第三款的规定，国家新闻出版广电总局负有制定完善电影审查的具体标准和程序的职责。相关制定完善工作应当包括向社会公开征求意见环节，应当组织专家论证。制定完善的审查具体标准和程序应该符合产业发展的规律和特点，尊重电影产业发展的实际情况，在减轻送审主体负担的同时，使得电影审查更加便捷、高效、公开、透明。

随着电影产业的发展和本法的颁布实施，《电影管理条例》《电影剧本（梗概）备案、电影片管理规定》《广电总局关于改进和完善电影剧本（梗概）备案、电影片审查工作的通知》《国家新闻出版广电总局关于试行国产电影属地审查的通知》《广电总局电影局关于规范影片片头的通知》《关于规范电影片署名相关事项的通知》《关于切实加强公安题材影视节目制作、播出管理的通知》《国产电影片字幕管理规定》中很多条款已经不适应时代发展的需要和法律的要求，将以本法为依据进行相应修改。

在比较法层面，印度电影法第四条［影片审查］规定：（一）放映影片，应当依照本法规定向委员会申请颁发影片放映许可证；经审查拟放映的影片或者影片进行审查后，委员会可以：1. 批准该影片可不受限制的公开放映；如果委员会认为在影片内容上有必要提醒家长或监护人慎重考虑是否允许其12岁以下儿童观看，则委员会可批准该影片用于不受限制的公开放映，同时说明前述情况；2. 批准该影片仅限于向成人进行公开放映；3. 在考虑影片的性质、内容与主题后，批准该影片仅限于向特定行业的成员或特定类型的人员进行公开放映；4. 根据前述条款批准该影片进行公开放映前，指导申请人对影片进行其认为必要的删节或修改；5. 拒绝批准该影片用于公开放映。（二）根据本条第（一）款第1、2、3、4、5项的规定作出决定前，委员会应当给予申请人就相关事项陈述意见的机会。爱尔兰电影审查法案规定，未经许可，任何电影不得在公共场所放映。据此，分级办公室有权对影片作出禁止放映、删剪片段或者分级放映的决定。根据1970年修正法案，一部影片在禁止放映决定的7年以后，可重新提交放映申请。

☛ 实务要点

（一）送审电影时，除了需要提交电影片之外，还应当提交电影行政部门要求提交的其他相关材料。

（二）电影在送审之前，需要经过备案或者审批环节。

（三）电影审查主体为国家新闻出版广电总局电影局和省级广电部门，"法人、其他组织"应当依据属地管理原则，根据注册地情况向相应的电影主管部门提交材料。

（四）电影审查时限是指从电影及相关材料受理之日起至做出电影审查决定时止，但是期间涉及电影修改、电影制作的时间，不计入审查时限。

第十八条 进行电影审查应当组织不少于五名专家进行评审，由专家提出评审意见。法人、其他组织对专家评审意见有异议的，国务院电影主管部门或者省、自治区、直辖市人民政府电影主管部门可以另行组织专家再次评审。专家的评审意见应当作为作出审查决定的重要依据。

前款规定的评审专家包括专家库中的专家和根据电影题材特别聘请的专家。专家遴选和评审的具体办法由国务院电影主管部门制定。

● 释　义

本条是对电影审查中专家评审机制的规定。明确专家评审在电影审查中的地位和作用，将有利于电影审查决定更加客观、公正、权威和与时俱进，为电影的创作提供更大的空间，充分释放电影创作的生产力，从而进一步促进电影产业的繁荣发展。

根据第一款的规定，组织专家评审属于电影审查的必经环节。为保证电影审查的公正性、权威性，每部影片的专家评审人数应当等于或者多于五人，如果数量过少则无法确保审查的客观性,如果对专家数量的最低人数要求过高,则在实际操作中可能很难实现,进而影响到审查效率。专家审看电影后应当出具书面的评审意见,汇总后提交国家新闻出版广电总局或者省、自治区、直辖市人民政府电影主管部门,后者应当及时将专家评审意见转交作为申请主体的法人、其他组织。如果法人、其他组织对该专家评审意见存有异议的,国家新闻出版广电总局或者省、自治区、直辖市人民政府电影主管部门可在对专家评审意见和异议情况进行分析的基础上,决定是否另行组织其他专家再次审查。但为保证审查的权威性和可操作性,法人、其他组织对专家评审意见的异议有且只能有一次,不能够无限次提出异议。上述程序完结后,国家新闻出版广电总局或者省、自治区、直辖市人民政府电影主管部门将根据评审意见、异议情况或者再次评审意见作出审查决定。专家意见是协助相关电影主管部门作出审查决定的重要依据,但不是唯一的衡量标准。审查决定是电影主管部门依法做出的最终决定,不受其他因素的影响而改变。

第二款中所指的"专家库中的专家"是国家新闻出版广电总局或者省、自治区、直辖市人民政府电影主管部门设立的,由来自电影、文化、教育、民族、宗教等领域和部门的专家组成的人才数据库中的专家。主要指编剧、导演、演员等电影主创人员,评论、历史、文学、艺术等领域的学者,国家安全、外交、民族、宗教、军事等领域的相关负责人员或者权威，以及思想、教育、妇女儿童等领域的相关负责人员或专业人员。"根据电影题材特别聘请的专家"是指，电影创作题材所涉及的领域极为广阔，其中一些领域具有专业性、专门性、保密性和特殊性，除电影艺术以外，需有该领域的专家做出准确的特别判断，因而需要根据电影题材特别聘请相应的专家。例如，少数民族题材影片中对民族风俗、语言、习惯、传统的不当描写，可能引发民族矛盾，这就需要少数民族专家加以甄别，及时纠错；又如，公安题材影片中对于某些犯罪手段的描写可能形成教唆犯罪，对于某些侦查手段的描写可能造成泄密，这就需要公安专家予以把关等。电影主管部门建立专家库或相应的电影审查委员会，审查时安排相应的专家进行审查工作。如涉及重大题材或者国家安全、外交、民族、宗教、军事等方面特殊题材的，则根据电影题材特别聘请专家进行审查。国家新闻出版广电总局将根据本法制定完善专家遴选和评审的具体办法，以指导、规范专家评审工作。

在具体实践中，电影主管部门已经开始进行专家评审，分别建立了国家新闻出版广电总局电影审查委员会和省级电影审查委员会，由包括电影行业的编剧、导演、演员、评论家、制片人和相关部门的负责人以及相关领域的专家组成。这种操作方式既保证了电影审查的覆盖范围，又保证了电影审查的客观、公正、权威，在一定程度上推动了电影创作，为电影产业的繁荣发展奠定了基础。

在比较法层面，新加坡电影法第四条 A［咨询委员会］规定：（一）部长可以指定一个或者多个咨询委员会，为委员会履行电影相关职能提供建议。（二）委员会在做出有关电影的决议前，可就相关问题咨询相应的咨询委员会，但此决议作出时不应受此类建议的约束。

第十九条 取得电影公映许可证的电影需要变更内容的，应当依照本法规定重新报送审查。

● 释 义

本条是关于影片内容变更的程序规定，是对行政许可法第四十九条规定的具体化。法人、其他组织在取得电影公映许可证后，发现影片中有的镜头存在艺术或技术缺陷，从而提出进一步完善影片，提高影片艺术性、观赏性，这种情况在实际工作中时有发生。这种变更影片内容的行为，是为了让影片更符合其创作思想，同时也是为了让影片更加完善。国家允许影片创作方变更影片内容，但这种变更须依法进行，变更后的内容须符合本法第十六条的规定。而且这种变更是有条件的，原则上要求该影片取得电影公映许可证后，还没有正式公映，即如果该片已正式公映，包括在电影院、互联网和广播电视网等途径进行了播放，则影片创作方就不能提出变更影片内容的申请。

法人、其他组织在取得电影公映许可证后，影片内容就已通过审查而固定下来，该行政许可作出后，未经作出行政许可的机关即发放电影公映许可证的机关许可不能变更影片内容，如随便变更影片内容，将损害行政许可权威、破坏行政管理秩序，按照行政许可法第十条第二款"行政机关应当对公民、法人或者其他组织从事行政许可事项的活动实施有效监督"的规定，相关电影主管部门将依据本法第四十九条的规定进行处罚。

　　因此，法人、其他组织拟变更影片内容，需向原负责审查的国家新闻出版广电总局或者省、自治区、直辖市人民政府电影主管部门提出申请，报送一套完整的影片送审材料，同时将原取得的电影公映许可证及相关材料一并交回。实际操作中，如果影片剧情发生较大变化，应按本法第十七条的规定重新送审影片。如果仅对影片个别镜头进行调整，影片剧情变化较小，法人、其他组织可向国家新闻出版广电总局或者省、自治区、直辖市人民政府电影主管部门提出申请，说明修改的内容和理由，得到确认即可。国家新闻出版广电总局或者省、自治区、直辖市人民政府电影主管部门按相应的程序进行审查，变更后的影片符合本法规定的，准予公映，重新颁发电影公映许可证，并予以公布；对变更后的影片不符合本法规定的，不准予公映，书面通知申请人并说明理由。申请人可以修改变更后的影片，重新报审，也可以撤回变更申请，继续公映变更前的影片。

第二十条 摄制电影的法人、其他组织应当将取得的电影公映许可证标识置于电影的片头处；电影放映可能引起未成年人等观众身体或者心理不适的，应当予以提示。

未取得电影公映许可证的电影，不得发行、放映，不得通过互联网、电信网、广播电视网等信息网络进行传播，不得制作为音像制品；但是，国家另有规定的，从其规定。

● 释 义

本条是对电影传播活动的规定。

本条第一款中，电影公映许可证是电影片经电影主管部门审查通过，表明其内容符合规定、技术质量合格的凭证，是电影片发行、放映、进口、出口的前提。为了公告广大电影观众，规范监督电影市场，防止违法影片流入市场，本款对电影摄制主体提出了在电影片头处标明电影公映许可证标识的明确要求。

本款还规定，电影放映可能引起未成年人等观众身体或者心理不适的，应当予以提示。其中，"电影放映"是指在影院放映取得电影公映许可证的电影，"未成年人"是指未满十八周岁的公民，"予以提示"是指由国家新闻出版广电总局作出决定，并通过文字在影片宣传资料、影院阵地海报、电子屏、售票柜台、电商售票端口等的显著位置对此项内容进行提示。2017年3月公映的进口影片《金刚狼3：殊死一战》，被要求需在线上线下售票窗口显著位置标明以下提示："小学生及学龄前儿童应在家长陪同下观看。"从而成为本法实施后第一部设置观影提示的影片。

电影融合了文学、戏剧、摄影、绘画、音乐、舞蹈、文字、雕塑、建筑等多种艺术形式，题材和表现形式多种多样，除了给予观众视听享受和娱乐，也作用于观众的心灵，潜移默化地影响人们的思想观念、道德情操和价值取向等。对于未成年人而言，他们正处于世界观、人生观、价值观形成过程中，生理和心理发育尚不成熟，更容易接受电影的影响。近年来，随着我国电影产业的高速发展，电影创作数量、上映数量激增，题材和内容更加多样化，除了老少皆宜的影片之外，以娱乐为主的商业片、探索人性的艺术片、反映社会问题的现实主义题材影片要求成年人具备相应的分辨能力和鉴赏能力；电影中的暴力和性等内容不宜未成年人观看的内容一旦被未成年人过早地接触，有可能对其身心发育和成长造成消极影响，甚至诱发未成年人的犯罪行为。个别类似案例引起社会广泛关注，国家和社会都非常关心在电影领域如何保护未成年人等观众的问题。另外，如果以未成年人的理解和分辨能力为标准无差别地对待所有电影作品，将严重束缚电影的创作空间和艺术表现力，不利于电影艺术的发展和电影市场的繁荣。因此，我国实施的电影审查制度在确保国家、民族和社会根本原则和重大利益的同时，要求含有特定内容的电影应当予以提示。另外，有些3D、动感等电影放映形式，一些特殊题材电影的声音效果，以及情节冲突过分剧烈、情绪影响过分强烈的内容对于未成年人和老年人等成年观众，以及心脏病、高血压病患者都可能造成身体或心理不适，也应当予以适当提示。因此，现阶段采取对观众予以提示的做法，既是履行保护观众尤其是未成年人的义务，也是保护电影艺术和产业健康发展的积极举措。

本条第二款中，"未取得电影公映许可证的电影"，是指符合本法第二条有关"电影"定义，以在国内外公开放映为主要目的摄制的电影。对于国内电影而言，一是指未经过备案、立项、审查的违法影片；二是指虽经备案、立项，但尚未审查通过，未取得电影公映许可证的电影。对于外国电影而言，是指已在或即将在本国或其他国家公开放映，尚未引进、审查并取得电影公映许可证的电影。对于上述电影，既不得发行、放映，也不得通过互联网等信息网络进行传播，不得制作为音像制品。同时，本款也作了例外规定，符合这些例外规定的电影可以进行特定方式的传播。目前，相关例外规定主要有：《电影管理条例》第三十二条关于进口供科学研究、教学参考的专题片和中国电影资料馆进口电影资料片的规定；《音像制品管理条例》第四章关于进口音像制品的规定。

随着传播科技和文化产业的发展，电影的传播方式日益多样化，除了传统的院线发行、影院放映外，电影版权方还可以选择音像制品形式发行，通过互联网、电信网传播，通过电视台播出或者广播电视视频点播等，而不同的传播方式对应于不同的管理体制，不同的管理体制在管理方式、内容标准、监管难度方面存在着或多或少的不一致。尤其是近年来随着互联网视频产业的兴起，互联网等信息网络成为消费者观看电影的重要渠道，也成为大量未经审查电影尤其是各类外国电影非法播出的渠道，对未成年人的身心健康产生不良影响，甚至对国家的文化安全带来潜在威胁。在此背景下，本法以禁止性规定的方式，对通过传统影院、互联网等信息网络和音像制品等方式传播的电影，提出了获得电影公映许可证的要求。

第二十一条 摄制完成的电影取得电影公映许可证，方可参加电影节（展）。拟参加境外电影节（展）的，送展法人、其他组织应当在该境外电影节（展）举办前，将相关材料报国务院电影主管部门或者省、自治区、直辖市人民政府电影主管部门备案。

● 释 义

本条是关于影片参加境内外电影节（展）的规定。国产影片只有在获得电影公映许可证的前提下，并履行了相关的备案程序，才能参加境内的电影节（展）和涉外电影交流活动。

根据本条规定，摄制完成的电影取得电影公映许可证后，才可以参加境内外举办的各类电影节（展）。在实际工作中，由于一些影片后期制作周期长，且考虑到电影节（展）时限的问题，一般情况下，电影主管部门审查通过后的影片也可参加电影节（展）。其中境内电影节（展）又分为涉外和非涉外两类。其中涉外电影节（展）既有上海国际电影节、北京国际电影节、丝绸之路国际电影节等全国性电影节（展），还包括在我国境内举办的外国电影节（展）。非涉外电影节（展）既有金鸡百花电影节、长春电影节等全国性电影节（展），也包括数量众多的地方电影节（展）。境外举办的国际电影节数量繁多，根据 2016 年国际电影制片人协会的分类，电影节主要为四类：一是综合竞赛类电影节，如戛纳国际电影节等。全世界得到国际电影制片人协会认可的综合竞赛类电影节有 15 个。二是竞赛专门类电影节，如韩国的釜山国际电影节（参赛影片需为导演的第一、第二部故事片）、土耳其的安塔利亚国际电影节（参赛影片需为欧洲、中亚、中东国家出品的影片）。三是非竞赛类电影节，如多伦多国际电影节、维也纳电影节。四是纪录片和短片电影节，如芬兰的坦佩雷电影节、德国的奥伯豪森短片电影节。

根据本条规定，参加境外电影节（展）需要履行备案手续，而境内电影节（展）不需要。上述备案属于事前备案，即在境外电影节（展）举办前进行备案；送展法人、其他组织需要将备案报告、影片公映许可证复印件或影片通过审查的决定书等相关材料送准备参展影片公映许可证的原颁发部门，即国家新闻出版广电总局或省、自治区、直辖市人民政府电影主管部门备案。备案报告中需注明拟参加电影节展的日期、地点和其他相关情况，如需电影片临时出入关的手续，须在备案报告中注明出入海关的名称及时间。

参加涉外电影节展和中外电影交流活动有利于对中国历史、社会、文化和现代化建设的宣传。自2003年中国电影产业化改革以来，中国电影市场连年保持高速增长，国产影片数量、质量都得以提升，电影对外交流合作的积极性逐渐增多。与此同时，个别未取得电影公映许可证或未经审查通过的国产影片，为博取关注，故意歪曲中国社会问题，丑化中国国际形象，通过境外电影节（展）平台损害中国的国家形象。为推动中外电影交流健康有序开展，避免未取得电影公映许可证的电影在境外产生不良影响，因此在本法中规定这一条文。

从历史角度看，2002年2月1日施行的《电影管理条例》第三十五条中"提供电影片参加境外电影展、电影节等，应当报国务院广播电影电视行政部门批准"的规定，在当时全国影片数量不足百部、全国电影企业多为国有的背景下，对赴境外影片实行审批制，做到了严格把关，基本阻止了未取得公映许可证的影片赴境外参赛参展，但是也在一定程度上抑制了国产影片赴境外交流的积极性。

2004年9月7日《广播影视节（展）及节目交流活动管理规定》（原国家广播电影电视总局令第38号）将审批制改为备案制，第十四条规定，赴境外参展的国产电影片由出品单位报国务院电影主管部门备案，合拍电影片由各方出品单位共同报送备案。据统计，2004年有153部次影片参加境外的58个电影节，而2005年有263部次影片参加了101个电影节。由此可见，备案制极大促进了国产影片参与国际交流的主动性和积极性。

第二十二条 公民、法人和其他组织可以承接境外电影的洗印、加工、后期制作等业务，并报省、自治区、直辖市人民政府电影主管部门备案，但是不得承接含有损害我国国家尊严、荣誉和利益，危害社会稳定，伤害民族感情等内容的境外电影的相关业务。

释 义

本条是对承接境外电影的洗印、加工、后期制作等业务的规定，并对相应的行政备案手续、业务内容作了规定。

本条所称的"洗印、加工"是指将电影胶片的冲洗、剪接和印片复制工作，主要包括工艺查验与质量控制、洗片加工、半成品与成品鉴定、印片与配光、剪接合成、翻正片和翻底片制作、制作发行拷贝等环节，另外根据创作需要也可能存在光学合成、模型制作等加工环节；"后期制作"是指对拍摄完成的电影素材或者电脑动画，通过增加特效、剪接编辑、调光调色、拟音配音等方式进行后期处理，从而形成完整影片或者特定镜头的过程。根据本条规定，可以承接境外电影洗印加工、后期制作等业务的主体不限，既可以是法人和其他组织，也可以是公民。承接上述业务应当履行向省、自治区、直辖市人民政府电影主管部门备案的程序，备案是取消《电影管理条例》规定的"承接境外电影洗印、加工、后期制作审批"后的后续监管措施，有助于管理部门及时发现和制止违法行为，并掌握相关行业的整体状况，为行业管理提供数据支撑。承接上述业务的主体还负有一定的注意义务，即不得承接含有损害我国国家尊严、荣誉和利益，危害社会稳定，伤害民族感情等内容的境外电影的相关业务。

在胶片时代，电影的洗印、加工水平直接决定用于发行放映的电影拷贝质量，并因而在很大程度上影响着电影作品的最终表现效果。而随着数字时代的来临和信息技术的发展，后期制作在电影工业体系中占有越来越高的地位，对于电影视听效果的表现发挥着越来越大的作用，许多电影在拍摄时即通过蓝（绿）幕、模型等方式，为后期制作预留足够空间。不仅是不同成本预算的电影，即使同一部电影中的动态镜头、大场景镜头、特效镜头等不同镜头对于后期特效等环节质量都存在不同的要求。电影本身是一个资源配置高度国际化的产业，后期制作更是较少受到地理、文化、语言等方面影响的环节，电影制片公司往往在全球范围内寻找性价比最优的后期制作公司。基于以上因素，后期制作市场一方面行业门槛较低，价格竞争十分激烈，作为劳动密集型行业对于人力成本较为敏感，另一方面不同的需求也为不同规模类型的公司创造了生存空间，形成了工业化流程操作的大中型公司和小作坊生产的小微企业并存的局面。目前，中国后期制作行业尚处于起步阶段，在队伍建设、技术研发等方面与美国等其他国家尚存在较大的差距，尤其需要鼓励和扶持。

在比较法层面，意大利电影法第二十一条［技术执行］规定：国产电影的冲印及拷贝应在意大利或欧盟成员国境内进行。有关司长可对例外情况予以特批，如在意大利或欧盟成员国境内缺乏必要的特殊体系或设备，又或国际互惠条款另有规定。西班牙电影法第五条［电影作品和音像作品的国籍］规定：电影的拍摄、除因剧本的特殊要求外，在后期制作工作应当在西班牙或者在其他欧盟成员国的领土上完成。

第二十三条 国家设立的电影档案机构依法接收、收集、整理、保管并向社会开放电影档案。

国家设立的电影档案机构应当配置必要的设备，采用先进技术，提高电影档案管理现代化水平。

摄制电影的法人、其他组织依照《中华人民共和国档案法》的规定，做好电影档案保管工作，并向国家设立的电影档案机构移交、捐赠、寄存电影档案。

● 释　义

本条是对电影档案工作的规定。这是为了更好地保护和利用电影艺术档案，更好地为电影创作、生产、教学、研究和普及服务。

本条第一款规定了国家设立的电影档案机构的职责。电影档案是指在电影创作、生产、发行、放映过程中形成的文字、图片、标准拷贝、数字母版、影片素材等具有保存价值的资料。国家设立中国电影资料馆等电影档案机构，负责依法收集、整理、保管和利用电影档案等工作。电影档案机构应当依法接收有关组织或者个人通过移交、捐赠等方式提供的电影档案，积极收集散失的国产影片档案，并采取定期检查档案保存状况，确保易燃片基的安全等保管工作，做好电影档案编目研究工作，并定期向社会公布电影档案目录，为电影档案公益性利用创造条件，提供便利。

本条第二款是对国家设立的电影档案机构自身建设的规定。电影档案机构应当具有适宜长久保存、合理利用电影档案的场所、设备、条件和专业人员，用于保存电影艺术档案的库房温度、湿度等应当符合国家规定的标准，并应当加强防火、防盗、防虫、防霉、防光、防尘、防水

（潮）、防有害气体等安全保卫工作，从而更稳妥、更有效、更安全地保护档案。电影档案机构所存电影档案要采用先进技术进行保管，应当逐步将电影档案进行数字化开发和保存，并做好安全备份工作。电影档案机构要建立健全管理制度，逐步实现保存与管理的科学化、标准化，提高电影档案管理的现代化水平。

本条第三款是对电影摄制主体档案工作职责的规定。本条所指摄制电影的法人、其他组织是指在中国境内从事电影摄制活动的单位。档案法第十条第一款规定，对国家规定的应当立卷归档的材料，必须按照规定，定期向本单位档案机构或者档案工作人员移交，集中管理，任何个人不得据为己有。第十一条规定，机关、团体、企业事业单位和其他组织必须按照国家规定，定期向档案馆移交档案。据此，电影摄制单位应当设立专门部门或者指定专人负责电影档案管理工作，切实履行电影档案保管义务。电影摄制组应当指定专人负责电影档案资料的收集工作，并在影片摄制完成后将属于电影档案归档范围的资料及时移交电影摄制单位档案部门归档。电影摄制单位应当在取得电影公映许可证后三个月内向中国电影资料馆移交影片及文字、图片类档案。电影摄制单位还可以采取捐赠、寄存等方式提供其他电影档案，电影档案机构可以根据电影档案的保存价值，作出是否接受捐赠、寄存的决定。

电影是见证社会发展进步的媒介，正是由于有了电影的存在，我们才能够正确地了解过去的历史，也为将来的人们了解我们当下的生活夯实了基础。电影档案是人类文明的共有财富。电影档案作为国家档案的重要组成部分，与人民的生活息息相关，肩负着人们通过影像了解历史的重大责任。为了有效地保护和利用电影艺术档案，更好地为电影创作生产、教学研究和普及服务，国家专门设立了中国电影资料馆等机构从事电影档案的管理工作。以中国电影资料馆为例，该馆由北京电影资料库和西安电影资料库分别承担电影档案收藏职能。截至 2016 年 12 月，北京电影资料库存有国产影片拷贝 18500 余部，数字母版 6300 余部，外国影片拷贝 13900 余部。同时，北京电影资料库还藏有电影文字艺术档案 31900 余卷，图片艺术档案 14500 余卷，图书期刊 50000 余册。西安电影资料库存有国产影片素材 13900 部，外国影片素材约 5100 部，共计 21 万余本。自 2007 年起，中国电影资料馆启动"电影档案影片数字化修护工程"，在中国内地率先开始了发现、收集、拯救、保存中国胶片电影的工作。修复资金主要来自政府财政拨款，平均每年 3500 万元人民币。大约每年精致修复影片 150 部，普通修复 300 部左右。目前已经完成了近 7000 部电影的数字化修复和 300 多部精致修复，包括中国现存最早的故事片《劳工之爱情》，以及《梁山伯与祝英台》《一江春水向东流》《小兵张嘎》《鸡毛信》等名作。2014 年 12 月，电影资料馆还启动"中国老电影修复基金"，通过社会资本捐资加快老电影修复进程。

近年来，随着电影技术的日新月异特别是数字化的普及，电影摄制单位准入门槛不断降低。当前电影摄制单位从业人员存在着专业素质良莠不一、流动性大、缺乏传帮带等问题，造成许多摄制单位电影档案管理混乱。一些电影摄制单位只注重追求经济效益而忽略了对社会责任的承担，送缴电影档案积极性不高、责任心不强，或者不主动上缴电影档案，或者只送缴影片类档案，不送交文字、图片类电影档案，或者在填写影片档案信息时，未严格按照影片的实际内容进行填写，给国家电影档案事业造成了很大的损失。上述问题的存在，造成现有电影档案收缴困难，许多影片缺乏相关电影档案，不利于国家电影档案事业的发展。为此，本法就电影档案问题专设一条规定，表明了国家对电影档案工作的重视，也有助于督促、监督电影档案机构、电影摄制单位更好地履行各自的档案管理职责。

在比较法层面，德国电影产业促进法第21条［存档］规定：（一）根据本法规定受资助电影的制片商有义务向联邦德国以可存档的形式无偿转让其无技术瑕疵的电影拷贝件，只要没有理由反对该义务。其他规定由联邦档案馆以规定的形式做出。（二）依据本法资助电影的目的，拷贝件由联邦档案馆保存。这些拷贝件可被以电影研究为目的提供使用。

第三章 电影发行、放映

本章共 12 条,对电影发行、放映进行了规定,包括对取得相应业务许可或备案、行政许可期限、如实统计、提供票房数据等电影发行放映活动普遍性义务,符合放映技术标准、保障放映质量、对特定群体观影提供便利等电影放映普遍性义务,放映国产影片时间比例、安装计算机售票系统、对非法录音录像者的制止、放映广告、对观众安全与健康的保障等电影院的特定要求规定。

本章所称电影发行指电影发行权拥有者为满足公众的合理需求,向社会提供一定数量电影拷贝用于放映的行为和过程。电影放映是电影作品制作完成后,由发行商向电影放映单位提供复制拷贝,电影放映单位通过放映设备将电影画面和声音通过电影银幕、音箱还原以供观众欣赏的行为和过程,是电影作品进入社会的终端环节。

第二十四条 企业具有与所从事的电影发行活动相适应的人员、资金条件的,经国务院电影主管部门或者所在地省、自治区、直辖市人民政府电影主管部门批准,可以从事电影发行活动。

企业、个体工商户具有与所从事的电影放映活动相适应的人员、场所、技术和设备等条件的，经所在地县级人民政府电影主管部门批准，可以从事电影院等固定放映场所电影放映活动。

● 释　义

本条是关于电影发行活动、电影放映活动许可的规定。对电影发行活动、电影放映活动设立许可，建立电影发行放映行业准入制度，有利于从源头上对电影发行、放映行业加强管理。根据本条规定，从事电影发行活动、电影放映活动应当事先取得许可。

本条第一款是对电影发行活动许可的规定。关于电影发行活动许可的申请主体，本条限定为企业。"企业"是一个综合性概念，既包括股份有限公司、有限责任公司等享有民事权利能力和民事行为能力、依法独立享有民事权利和承担民事义务的公司法人，也包括个人独资企业、合伙企业等不具有独立法人资格的非法人企业。关于电影发行活动的许可条件，本条仅简单列举了人员、资金两项条件。在立法过程中，对于是否在本法中详细规定许可条件的规定问题，经过慎重研究，最后决定仅在本法中做原则性规定，今后在行政法规、部门规章中将作进一步规定。另外需要注意的是，根据《国务院关于印发注册资本登记制度改革方案的通知》（国发〔2014〕7号）和《国务院办公厅关于加快推进落实注册资本登记制度改革有关事项的通知》（国办函〔2015〕14号）的要求，电影发行活动许可中对于最低注册资本额不再做出要求，但基于国家文化安全考虑，资金来源和性质仍需具备一定条件。关于电影发行活动许可的许可主体，本条规定有两类，一是国务院电影主管部门，即国家新闻出版广电总局，二是所在地省、自治区、直辖市人民政府电影主管部门。按照现行电影发行活动许可管理职责分工，各省、自治区、直辖市人民政府电影主管部门负责对本辖区从事电影发行活动的许可，国家新闻出版广电总局负责对跨省、自治区、直辖市从事电影发行活动的许可。本款的规定方式不影响现有管理体制和职责分工的延续，有利于做好宏观管理和具体监管的结合，避免地方保护主义。

电影发行在电影产业链中占有重要地位。电影发行是电影作品有效进入市场的流通环节，是联通电影生产端和放映端的中间阶段。随着我国电影产业化程度的不断提高和专业分工的日益精细，电影发行已经成为电影产品营销的重要环节。电影发行主体具有市场策划、宣传推介能力和特定的分销渠道，还负有票房统计和市场监察等责任，可以根据影片的不同情况采取有针对性的发行策略，从而以合理的成本实现影片最大的市场价值，电影发行主体则通过电影票房分账或者出售、出租电影拷贝等方式收取一定费用。根据2016年统计数据，全年共有197家发行公司参与了国产影片的发行,其中年发行量在 10 部以上的发行公司有 7 家,仅发行 1 部影片的发行方有 112 家。目前,电影发行主体主要有制作发行一体型、宣传发行一体型、院线联盟型、产业链型、线上到线下(OTO)平台型等不同类型,并且围绕发行主业务,衍生出了宣传营销、预告片制作、影片拷贝分发、票房结算、票务监管等周边特色服务公司。

院线体制是由一个发行主体和若干影院组合形成院线,实行统一品牌、统一排片、统一经营、统一管理的电影发行放映体制。院线的英文是 theater chain,是国际上通行的一种影片发行放映方法,它意味着一个发行放映的连锁企业或机构。院线一方面对接电影制片方或者发行方,一方面通过资产连接或者契约连接的方式对接电影院等电影放映终端。一般而言,电影院等放映主体都是相对独立于院线公司的主体。院线制之所以能够成为一种成功的运营模式被广泛借鉴,是因为它具有品牌统一、资源共享、连锁经营等优势,使影院能够在放映期间获得更好的利润,也有利于形成影院之间良性的竞争体系。院线可以是影院与影院的联合,发行与影院的联合或制片与影院的联合,可以是以资产为纽带的紧密型院线,也可以是以供片签约为主的松散型院线。

经过十余年的改革,我国初步形成了覆盖全国主流市场、二级市场、农村市场和其他媒体终端市场的梯次发行放映网络和以院线公司为主的发行放映机制。院线公司也在向多元化方向稳步发展，在主流商业院线之外，校园院线、农村院线、艺术院线等特色院线尝试也取得了很大成绩。以艺术院线为例，2016年10月，中国电影资料馆联合华夏电影发行有限责任公司、万达电影院线股份有限公司、百老汇电影中心、北京微影时代科技有限公司共同发起全国艺术电影放映联盟，以有效应对市场分层化、创作多样化、观众需求个性化的新态势。北京"惠民特色影院"和上海艺术电影联盟也已具有艺术院线的雏形。

电影发行行业在取得巨大成绩的同时，也面临着一些亟须解决的问题，需要进一步产业化、专业化。一是就电影产业链整体而言，电影发行环节还较为薄弱，上下游整合营销运作能力和院线公司对加盟影院的管理能力均有待加强。二是某些电影发行活动也存在着过度营销、低俗炒作等问题。三是电影发行主体数量较多，规模化、集约化水平有待提高。除单片发行公司外，目前我国共有48家商业院线公司，2015年排名前六的院线公司票房占比为50.46%，而2016年这一数字为50.44%；2015年票房不足一亿的院线公司有11家，而2016年这一数字为12家。与发达国家相比，我国院线公司数量较多，部分院线公司业务不活跃，需要通过优胜劣汰、兼并重组等方式进一步提升行业集中度，为院线公司等发行主体的规模化、集约化提供必要条件。

本条第二款是对电影放映活动许可的规定。关于电影放映活动的申请主体，本条限定为企业、个体工商户。立法过程中，有建议在电影放映活动主体中增加"其他组织"，主要是考虑除了企业、个体工商户外，还有其他类型主体从事电影放映活动，例如博物馆、图书馆（含大学图书馆）、天文馆等事业单位以及某些社会团体等。《电影管理条例》允许企业、事业单位和其他社会组织以及个人投资建设、改造电影院，实践中确实也存在企业、个体工商户之外的主体从事电影放映活动的情形。经过研究，维持了原有的规定方式，主要考虑是：电影放映领域是产业投资最活跃、市场竞争最激烈的电影产业环节，也是电影行政监管的重点和难点，宜通过行政许可方式予以管理；企业、个体工商户之外的主体也有从事固定放映场所电影放映活动的，但市场化程度较低，在参与市场竞争时处于劣势地位，难以维系市场存在，往往以满足所在单位、社区或特定群体精神文化需求为经营目的，具有较强的封闭或者公益属性，宜视同流动电影放映活动，由电影主管部门予以备案管理。关于电影放映活动的许可条件，本条简单列举了人员、场所、技术和设备等条件。关于电影放映活动的许可主体，本条确定为所在地县级人民政府电影主管部门审批，是基于如下考虑：固定放映场所主要表现为电影院等专业电影放映场所，以及文化活动场所、政治活动场所乃至其他商业经营场所等非专业场所，遍及人民群众的各种生活区域，并具有强烈的地域属性；电影放映活动与人民群众日常文化生活密切相关，电影固定放映场所的质量、数量及布局，对于满足人民群众精神文化需求具有重要意义。为此，本条采取了就近申请原则，为当事人申请该项许可提供了便利。

在立法过程中，曾经为了体现电影产业方向，对电影放映环节的许可制度明确为"电影院审批"，对此有意见认为，电影院设立行为可完全由市场主体自由决定，应当取消这一许可。对此经过慎重研究，保留了电影放映环节的许可制度，同时为了避免引发误解，将"电影院审批"修改为"电影放映活动许可"。在电影放映环节设定许可的考虑为：电影放映场所是弘扬社会主义核心价值观和社会主义精神文明建设的重要阵地，也是电影作品呈现给观众的最后关口，作用重大，需要有相对严格的管理措施，也为打击内容违法、侵权盗版、偷瞒票房等行为提供重要的行政监管抓手；电影放映单位必须具备相应的场地、设备、人员等准入条件，以保障观众权益；意大利等诸多国家电影法也实行电影放映单位许可制度。

电影放映是电影作品进入社会的终端环节。电影作品制作完成后，由发行商向电影放映单位提供复制拷贝，电影放映单位通过放映设备将电影画面和声音还原在电影银幕上供观众观看。

电影院是固定放映场所的主要形式。据统计数据显示，在发展中国家，银幕数量的增减与年度人均观影次数呈明显的正相关关系，新增银幕能够有效带动票房增长。为了进一步加强电影放映终端基础设施建设，扩大观影市场空间，国家出台了一系列政策，鼓励兴建电影院。近年来，我国影院建设发展迅速。2016年新开影院1612家，新增银幕9552块。截至2016年12月31日，国内放映市场银幕数已达41179块，超过美国成为世界第一银幕大国。全国银幕数中3D银幕占比达85%，多厅化影院已成为影院建设的主流。北上广深等一线城市虽然票房所占比例有所下降，但在观众规模、观影习惯和消费水平仍具有明显优势，具有举足轻重的地位，也是保障票房稳定增长的中坚力量。而三、四线及以下中小城市"小镇青年"的观影习惯也在逐渐养成，电影市场逐渐壮大。影院建设覆盖面也不断扩大，乡镇成为投资的新目标。总体而言，我国人均银幕数和发达国家相比还有较大差距，随着人民群众对精神文化生活需求的不断提升，影院建设仍有较大空间。

在电影院建设快速发展的同时，也逐渐积累了一些亟待解决的问题。一是随着城市区域电影院分布趋于饱和，"影院空白区"逐渐被填补，局部甚至出现了过度饱和的问题，城市影院建设由之前的爆发期进入平稳增长期。这既需要政府有关部门做好市政规划，优化影院布局，更需要投资主体谨慎选址、冷静决策。二是影院数量的激增没有带来产品的多元化和运营能力的提升，经营效率和模式有待改进。放映市场同质化竞争加剧，2016年全国年度放映场次比2015年上升37.5%，但是总票房增长幅度与之无法匹配，全国单幕产出率出现较大幅度回落，部分影院盈利能力下降，某些影院甚至出现经营难以为继的困难，需要影院通过内部挖潜升级、外部并购重组等方式提升运营能力。三是在现代化影院建设开展的同时，尚有部分老旧影院，需要妥善安置既有职工，并通过改制、设备更新、转型公益放映服务等方式探索生存之道。据有关机构统计，目前全国还有大约千余家老旧影院，包括工人俱乐部、青年文化宫、大剧院等。另外，在客厅影院之外，视频网站观影消费逐渐成熟，网络播出与影院放映的窗口期缩短甚至同步播映，也分流了部分影院观众，需要影院通过优化观影环境、加快设备更新等方式提升观影体验，加大对观众的吸引力度。

自2002年以来，电影发行放映体制的改革重点是减少发行层次，增加发行渠道，促进影片流通，合理分配制片发行放映利益；改革的核心是实行以院线为主的发行放映机制。2001年12月，原国家广播电影电视总局、文化部联合发布《关于改革电影发行放映机制的实施细则》，实行影片进口与发行分离，组建中影进出口公司，建立两家进口影片发行公司，实行以院线为主的发行放映机制，加强对国产影片发行放映的考核。2003年11月，原国家广播电影电视总局电影局发布《关于进一步推进电影院线公司机制改革的意见》，加强电影院线公司整合，扩大电影院线公司投入。2004年10月，原国家广播电影电视总局、商务部发布《电影企业经营资格准入暂行规定》（原国家广播电影电视总局 商务部令第43号），极大地激发了社会资本参与电影发行和院线建设的积极性，涌现出博纳影业和北京万达院线等优秀民营电影企业。

随着数字电影的快速发展与应用，2005年7月，原国家广播电影电视总局发布了《数字电影发行放映管理办法（试行）》，并于2008年5月发布了有关补充规定，有力地促进了城乡数字电影院线和数字放映厅的建设，推动了农村电影放映工程。

2008年4月，原国家广播电影电视总局电影局印发《国产影片发行放映考核奖励办法》，通过明确考核标准，采取奖励措施，切实保障国产影片的放映时间和场次。2008年12月，原国家广播电影电视总局电影局发布了关于调整国产影片分账比例的指导性意见，平衡和维护市场各方主体的利益。2011年11月，原国家广播电影电视总局电影局发布了关于促进电影制片发行放映协调发展的指导意见，对于分账比例、影院地产租金、影院与院线关系等问题进行了较为全面的指导。

2016年，财政部、国家新闻出版广电总局发布《中央级国家电影事业发展资金预算管理办法》，其中对电影发行、放映活动奖励、资助予以了规范。该办法第八条规定，中央级电影专项资金奖励优秀国产影片的发行和放映，对发行政府推荐的重点影片、工作成绩突出的单位予以奖励，每部影片奖励金额不高于150万元；对放映国产影片成绩达标的影院予以奖励，每家影院奖励金额不高于其因放映国产影片而上缴的国家电影事业发展专项资金的40%。该文件第九条规定，中央级电影专项资金资助文化特色、艺术创新影片的发行和放映，对经专家推荐并经国家电影专项资金管理委员会审定的传承中华文化、具有艺术创新价值的国产影片发行、放映单位予以适当资助，资助金额不高于发行、放映支出的50%。

在比较法层面，为了培育本国电影发行产业，加拿大就电影发行政策作了特别规定，主要内容为：一是禁止外资收购加拿大人所有或控制的发行公司。允许外商投资设立新的发行公司，但只限于进口和发行其拥有权益的影片（如拥有影片世界范围内的版权或者是影片的主要投资者）。二是制片公司要取得加拿大故事片基金的资助和享受税收优惠，必须由加拿大发行商发行该影片。三是加拿大发行商发行加拿大电影时将给予资助，每年金额约为300万加元。

在电影放映方面，法国电影和动画法第二十二条规定，没有许可证或者违反许可证规定的条件地点发行或者展示电影作品，将被没收电影作品并处以罚款。第三十条规定，考虑到电影作品的特殊性，面对公众创办、扩建、重新开放电影院应当保证电影的多样性,发展本国文化,保护环境和城市生活质量。创办、扩建、重新开放电影院应有助于电影院的现代化,有助于从服务质量上和电影的多样化上满足观众的需求。特定类型的兴建、改造或者扩建电影院行为应当事先提交省级电影工业促进委员会批准。

意大利电影法规定,各大区根据自己的法律,对作电影放映厅用途的房地产建造与改造,现有设施的扩建与装修以及对管辖范围内不同影视设施的上映规划等的授权程序进行规定,主要根据以下基本原则:(1)省级管辖范围内居民人口与影院设施之间的比例关系;(2)影院与放映厅的地理位置,及其与周边市同类设施的关系;(3)设施与设备的质量水准;(4)保证相对于同省其他区域的影院与放映厅的优先权。

韩国电影产业促进法规定,经营影院必须向电影振兴委员会和特别自治道知事、市长、郡守、区厅长提出申请,并配备文化体育观光部令所规定的设施,并向当地政府办理注册手续。

印度电影法设立了电影放映活动许可,明确规定,除本法另有规定外,任何人均不得于本法许可的场所以外的场所、不得在不符合该许可规定的条件与限制的情形下通过电影放映机放映影片。

第二十五条 依照本法规定负责电影发行、放映活动审批的电影主管部门,应当自受理申请之日起三十日内,作出批准或者不批准的决定。对符合条件的,予以批准,颁发电影发行经营许可证或者电影放映经营许可证,并予以公布;对不符合条件的,不予批准,书面通知申请人并说明理由。

● 释 义

本条是关于电影发行、放映活动审批的程序、期限的规定。电影主管部门在对电影发行、放映活动进行审批,应当按照一定的程序并在明确的期限内完成,同时也要履行相应的通知当事人、向社会进行信息公开的义务。

鉴于电影发行、放映活动审批的程序、期限高度相似,本法对此作了合并规定。行政许可是一种要式行政行为,电影主管部门在实施行政许可时必须遵循法律、法规等有关权限、范围、条件、程序和期限的规定。

在电影发行、放映活动审批主体方面,鉴于本法第二十四条已作了较为明确的规定,本条未作重复规定,而是作了转引性、衔接性规定。在审批期限方面,本条明确将电影发行、放映活动审批的期限确定为三十个工作日。这一期限的规定综合平衡了规范监管和优化服务两方面的价值考虑:一方面,电影发行、放映活动审批具有一定的专业性和文化管理的严肃性,需要较长的审批期限。行政许可法将行政许可期限规定为二十个工作日,这一期限难以满足电影发行、放映活动审批的期限要求,需要通过本法另行规定的方式予以调整。另一方面,出于简政放权、优化服务的考虑,本法也未延续《电影管理条例》所确定的六十个工作日的期限规定,而是缩短了一半的期限。一般而言,法律、法规等规定的行政许可条件均较为明确,申请人只要符合上述行政许可条件,电影主管部门即应做出准予行政许可的决定,其自由裁量权较为有限。与此同时,电影主管部门还应当以正式书面文书的方式,将载有行政许可主体、对象、准予行政许可的具体业务范围、有效期、发证主体印章、发证日期等格式信息的电影发行经营许可证或者电影放映经营许可证颁发给行政许可对象。与此同时,电影主管部门还应当将有关电影发行放映许可的信息进行公布,这不仅是信息公开、满足公众知情权的重要途径,也是建立市场信用体系、方便社会监督的有效方式。国家新闻出版广电总局大力开展电子政务体系建设,在其官方网站上开通了电影电子政务平台,有关电影发行、放映活动行政许可的申请及公示均可通过该平台开展,极大便利了行政许可申请和信息获取。

对不符合条件的申请,电影主管部门应当依法作出不予许可的决定,并且同时还要书面通知申请人并说明理由。这一制度要求主要有如下考虑:一方面,对于电影主管部门而言,通过设定说明理由的要求,可以促使其事先充考虑有关行政许可的事实基础和法律依据，从而作出合法的、慎重的决定，推动行政权力自我设限，防止行政专断。另一方面，对于行政许可申请人而言，通过不予许可理由的告知，可以了解自身的行政许可申请存在的问题，据此判断自身是否确实符合行政许可条件，从而做出是否选择行政救济、司法诉讼的决定。

另外，除了本条所明确规定的事项外，其他有关电影发行、放映审批程序和期限方面的事项，应当遵循行政许可法的一般性规定。需要注意的是，按照行政许可法有关期限的规定，本条所称的"日"是指工作日，不含法定节假日。

第二十六条 企业、个人从事电影流动放映活动，应当将企业名称或者经营者姓名、地址、联系方式、放映设备等向经营区域所在地县级人民政府电影主管部门备案。

● 释 义

本条是关于流动放映活动备案管理的规定。在农村、社区、厂矿、学校等流动、非专业固定场所开展的电影放映活动，满足了农村居民、工人、学生等特定群体的基本观影需求，具有较强的公益属性，且容易受到气候、天气、交通等外部客观条件的限制和约束，应予以鼓励和支持。

根据本条规定，从事电影流动放映活动的企业、个人不必申请行政许可，可以直接办理工商登记手续，并在向经营区域所在地县级人民政府电影主管部门备案企业名称或者经营者姓名、地址、联系方式、放映设备等信息后，即可在该经营区域从事电影流动放映活动。不同于《电影管理条例》中在一地进行备案后即可在全国农村范围进行流动放映的规定，本法明确赋予了县级人民政府电影主管部门对所在地电影流动放映活动的备案管理权，有利于加强属地管理，较好地兼顾了行政管理和公益保障的关系。

在广大农村地区，固定电影放映点建设正在有序开展，在北京、上海等经济发达区域，固定电影放映甚至成为农村电影放映的主要方式。但是，流动放映、露天放映仍旧是满足农村地区、偏远地区等特定区域人民群众观影需求的主要方式。同时，在电影院建设高速发展的城镇地区，通过在军营、厂矿、学校、养老院、儿童福利院等特定群体所在场所以及在社区等居民点开展有针对性的电影流动放映活动，对于丰富群体文化、活跃群体生活、凝聚群体人心，也具有十分积极的作用。为了鼓励流动放映活动，国家新闻出版广电总局采取了简化管理措施、加大扶持力度等多种措施。在简化管理措施方面，《广电总局关于印发〈数字电影发行放映管理办法（试行）〉的通知》（广发影字〔2005〕537号）明确规定，在县以下（不含县城）从事农村、厂矿、社区和学校等范围数字电影放映业务，可以直接到所在地工商行政管理部门办理登记手续，并向所在地县级电影行政管理部门备案，备案后可以在县以下（不含县城）的农村、厂矿、社区和学校等范围从事数字电影放映业务。有关电影流动放映活动的扶持措施方面，将在下文中提及，此处不予赘述。

在比较法方面，越南电影法第三十四条规定，国家制定向由省级人民委员会和省辖县、郡、城镇、城市人民委员会（以下简称为县级人民委员会）、武装力量成立的流动影片放映队投资影片放映设备、运输工具的政策并下发活动经费，服务于农村，山区，海岛，边远、偏远地区，少数民族地区和人民武装力量的影片放映。国家财政向流动影片公映队在山区，海岛，边远、偏远地区，少数民族地区及人民武装力量放映影片提供全部经费，为在农村地区放映影片提供50%至80%的经费。对于私人流动影片放映单位根据省级人民委员会、县级人民委员会的要求在农村，山区，海岛，边远、偏远地区，少数民族地区及人民武装力量提供影片流动放映电影的情况，可按国家影片放映单位的标准进行放映开销结算。

● 实务要点

（一）本条所提及的"备案"属于事前备案。备案一般是指行政主管部门或法定授权组织依据法律、行政法规的规定，对公民、法人或其他组织按照法定程序和格式提交的报备材料予以接收，并在法定时间内对报备材料予以形式审查,对合法的报备材料予以存档、公示以备事中事后监督,对非法的报备事项及时纠正的行政管理行为。不同于行政许可事项需满足一定条件、经过行政主管部门或法定授权组织审批同意后方能开展的要求,备案事项只需按照法定要求,在事前、事中或事后向行政主管部门或法定授权组织提交报备材料即可。履行备案手续与否并不影响该备案事项的合法性,但不备案也会有相应的法律责任。在具体实践中,某些地区将备案作为对电影流动放映活动给予政府补贴的前提条件,如不按照有关要求及时履行备案手续,将无法纳入农村电影放映工程管理体制内,也就无法获得相应的政府补贴。

(二)需要明确认识电影流动放映与农村电影放映之间的关系,二者之间是交叉而非包含关系。电影流动放映是相对于固定场所放映的一种放映模式概念,主要存在于农村地区,但在厂矿、社区、学校乃至养老院、儿童福利院、进城务工人员集聚区等范围内也有其存在的土壤。为了不断完善电影公共文化服务体系,不断扩大放映活动的覆盖范围,国家新闻出版广电总局与各中央部委、各级地方人民政府合作,把公益放映从覆盖农村扩大到工厂、社区、学校,使进城务工人员等流动人口也能享受到电影公共文化服务。而农村电影放映是相对于城镇电影放映的一种放映区域概念,目前正由流动放映向固定场所放映、室外放映向室内放映转变。

第二十七条 国家加大对农村电影放映的扶持力度,由政府出资建立完善农村电影公益放映服务网络,积极引导社会资金投资农村电影放映,不断改善农村地区观看电影条件,统筹保障农村地区群众观看电影需求。

县级以上人民政府应当将农村电影公益放映纳入农村公共文化服务体系建设,按照国家有关规定对农村电影公益放映活动给予补贴。

从事农村电影公益放映活动的,不得以虚报、冒领等手段骗取农村电影公益放映补贴资金。

● 释 义

本条是对农村电影公益放映的规定。保证基本公共文化服务的标准化、均等化是政府的责任。近年来,我国农村数字电影放映工程取得了很大成绩,但与城镇电影产业发展相比,农村电影公共服务体系尚不健全,部分农村地区和群体观赏电影的需求尚未得到有效保障,需要将农村数字电影放映工程进一步制度化和法制化,进一步提高服务质量和水平,从而更好地满足农村地区人民群众文化需求。

本条第一款明确了农村电影放映的原则和目标,明确肯定了"企业经营、市场运作、政府购买、农民受惠"农村电影放映工程的运作原则,将公共目标和社会力量用市场的方式结合起来，以最高效、最经济的方式为农村地区群众提供更好的观影条件、更多的观影选择，从而更好地满足农村地区群众的观影需求。公共资金投入是农村电影放映运作的关键。目前，农村电影放映工程取得了较好的成绩，但是与农村地区群众日益提高的观影需求仍有较大差距，需要国家进一步加大扶持力度，推进农村公益性电影放映服务网络建设和体制改革。农村电影公益放映服务网络是由国家农村数字电影服务平台的建设和运营、数字电影流动放映设备的购置和维护、影片公益版权的购买以及节目的加工制作等功能模块组成，为农村电影放映活动的顺利开展提供运作平台和技术支撑的系统性工程、基础性工作和前提性条件，具有很强的公益属性，其顺利开展运作的关键是公共资金的持续投入，运作成效的大小则是公共资金投入力度的多少。在依托国有农村数字电影院线公司、农村放映队开展电影放映活动的同时，国家也积极引导社会资金、民营资本投资农村电影放映，在确保公益放映场次的前提下，通过采取包场放映、广告经营等市场方式，不断增加商业化放映的场次和影片，从而推动农村电影放映市场化经营、规模化运作、可持续发展。农村电影放映工作还要通过进一步缩短商业影片尤其是"大片"从城市院线到农村院线的窗口期，为农村地区观众提供更多更好的影片片源，通过开展标准化放映稳定和提高放映质量，进行固定放映点建设优化观影环境等措施，在国家出资、市场运作的体制框架内统筹保障农村地区群众观看电影需求。

本条第二款是对县级以上人民政府在农村电影公益放映方面的责任规定。农村公共文化服务体系建设规划是农村文化建设发展的专项规划,是农村公共文化服务体系的重要组成部分。按照《中共中央办公厅、国务院办公厅关于加强公共文化服务体系建设的若干意见》的明确要求,各级党委和政府要切实将农村公共文化服务体系建设纳入当地国民经济发展规划,纳入新农村建设总体规划,纳入城乡建设整体规划,其中农村电影放映工程属于需通过农村公共文化服务体系建设规划实施的重大公共文化服务工程。农村电影公益场次补贴是指国家财政为保障农民群众观看公益电影,对放映活动进行的补贴。公益服务场次补贴,应本着对国有、集体、民营、个体放映队一视同仁的原则,按照既定的场次统计标准和补贴办法进行,保障和规范场次补贴公平合理、足额发放、及时到位,这对于确保农村电影放映工作的顺利实施具有极其重要的意义。

本条第三款是对虚报、冒领等手段骗取农村电影公益放映补贴资金的禁止性规定。鉴于政府补贴资金对于农村电影公益放映健康发展的重要意义,有必要单独制定条款,对于补贴资金的发放、使用问题予以严格规范。总体而言,农村电影公益放映补贴资金使用较为规范,但也存在着一定的问题。一是场次统计弄虚作假。目前，农村公益电影放映补贴按场次计算，场次是否准确直接影响到补贴资金的使用效率。对此，一方面需要加强技术监管，以监管平台信息回传的方式确定具体放映场次。另一方面，鉴于有关技术监管平台尚未实现全面覆盖，而且在实践中也存在空放、不按规定时间放映、放映双场等问题，人工统计、审核等也不可或缺。对此，各地也在探索有效的行政监管手段，如湖南省在加强公益放映监管平台建设的同时，也注重人工审核，有效场次的判定需要满足时间、片名、照片、片长、地点等五个条件。二是未能实现专款专用。主要表现在未按规定严格审核农村公益电影放映场次，或者在发放途中截留农村公益电影放映补贴等问题。

1998年10月，全国农村电影工作会确定了农村电影放映"2131"目标，即到21世纪初，基本实现全国农村电影三个一的目标：一村一月放映一场电影，即"2131工程"，后又称为农村电影放映工程。该项工程实施以来，农村电影持续下滑的趋势得以扭转，农村电影放映活动和放映队伍逐步恢复，特别是建设发展至今，其内涵逐渐丰富、规模不断扩大、影响日益广泛，在满足农民群众精神文化需求、推动社会主义新农村建设、加强农村中小学生爱国主义教育以及维护边疆稳定等方面发挥了积极作用，已成为农村精神文明建设的重要载体和公共文化服务的重要品牌。2015年1月，国家发布《关于加快构建现代公共文化服务体系的意见》，并一同发布《国家基本公共文化服务指导标准（2015-2020年）》，对"观赏电影"明确提出了两项具体指标，其中一项就是为农村群众提供数字电影放映服务，每年国产新片（院线上映不超过2年）比例不低于三分之一。总体而言，农村电影放映工程开展了以下工作：一是不断完善、提升农村公共文化服务体系；二是加强放映服务监管，深化市场机制；三是增强市场联动机制，丰富片源供给；四是改善观影条件，提高观影质量，扩大公共服务范围；五是积极利用社会资源，探索市场化道路。

为了规范农村电影放映工程，国家出台了一系列文件。2007年5月，国务院办公厅转发了原国家广播电影电视总局、发改委、财政部和文化部起草的《关于做好农村电影工作的意见》，从重要性和必要性、总体要求和目标任务、具体政策措施以及长效机制等方面对农村电影工作作出了全面部署。2010年，国务院办公厅下发关于促进电影产业繁荣发展的指导意见，其中对农村电影放映工程作出了进一步要求。国家新闻出版广电总局也先后出台了《广电总局关于推动农村电影放映工程持续健康发展的通知》《农村电影公益放映场次补贴管理实施细则》和《农村数字电影发行放映实施细则》等文件，对农村电影放映工程的具体实施予以了详细规定。2015年12月，财政部《中央补助地方公共文化服务体系建设专项资金管理暂行办法》，将"为农村群众提供数字电影放映服务"纳入"中央补助地方公共文化服务体系建设专项资金"中基本公共文化服务项目的支出范围。2017年3月《国务院关于印发"十三五"推进基本公共服务均等化规划的通知》，明确将"进一步改善农村电影放映条件"作为重点任务，将"实施农村电影放映工程，继续巩固'一行政村一月放映一场电影'成果"作为保障措施，并具体要求为农村群众提供数字电影放映服务，其中每年国产新片（院线上映不超过2年）比例不少于1/3。地方也十分重视农村电影放映工程的开展。例如浙江省是"深化农村电影发行放映体制改革试点省"，重点实施了农村电影室内固定放映点建设、城镇多厅数字影院建设和农村电影院线整合三项工程，为此浙江省新闻出版广电局也出台了大量规范性文件，主要有《关于做好政府向社会力量购买农村电影放映服务的通知》《关于推进农村电影发行机制改革的通知》《关于推进农村电影室内固定放映点建设的通知》《省新广局、省财政厅关于深化农村电影发展放映体制改革的通知》《关于加强实行农村电影放映统一供片的通知》等。

在比较法方面，西班牙电影法规定，为促进电影院在小城镇或者乡村地区的覆盖率，以及保持在上述范围内稳定文化供给，将对放映欧盟区和拉丁美洲电影有困难的独立电影院建立资助机制。越南电影法第三十四条规定（前文已引）。

第二十八条 国务院教育、电影主管部门可以共同推荐有利于未成年人健康成长的电影,并采取措施支持接受义务教育的学生免费观看,由所在学校组织安排。

国家鼓励电影院以及从事电影流动放映活动的企业、个人采取票价优惠、建设不同条件的放映厅、设立社区放映点等多种措施,为未成年人、老年人、残疾人、城镇低收入居民以及进城务工人员等观看电影提供便利;电影院以及从事电影流动放映活动的企业、个人所在地人民政府可以对其发放奖励性补贴。

释 义

本条是对学生、未成年人、老年人、残疾人、城镇低收入居民以及进城务工人员等观看电影提供便利、支持和保障的规定。未成年人等社会群体因身心尚未成熟、收入水平较低、生理心理障碍等原因而处于社会弱势地位,在观看电影、接触优秀精神文化产品方面存在困难,为了让上述群体能够平等地充分参与社会生活、共享社会物质文化成果,有必要在法律中规定特别的优惠措施和扶持手段。

本条第一款是对接受义务教育学生观看电影进行保障的规定。该款确立了电影推荐制度,即由有关部门遴选合适的影片并推荐学生观看。一是明确规定电影推荐主体是国务院教育、电影主管部门,即教育部、国家新闻出版广电总局,从专业性角度而言,前者对于教育规律和学生身心发展特点较为熟悉，后者对于儿童电影、校园电影等有利于未成年人健康成长电影的创作生产情况较为了解；从权威性角度而言，由国家行政管理部门组织拟订推荐影片目录，供地方教育部门、学校组织电影观看活动时选用，既具有高度的权威性，又避免了商业利益的嫌疑。二是明确规定推荐电影应当有利于未成年人健康成长，即有利于中小学生树立报效祖国、服务人民的远大志向，培养崇尚先进、追求崇高的美好情怀，形成积极向上、勇于进取的人生态度。某些电影含有可能引起未成年人等观众身体或者心理不适的，例如有过多的血腥镜头等，这样的电影就不宜推荐给中小学生观看。三是明确规定接受义务教育的学生免费观看，为此教育部、国家新闻出版广电总局主要采取了以下措施：（1）从2008年开始，进入农村义务教育阶段学校为学生放映的爱国主义电影所需经费从公用经费中开支，城市义务教育阶段学生的影视教育经费纳入公用经费开支范围；（2）发行放映机构为中小学开展影视教育提供便利和支持；（3）鼓励社会各界为中小学开展影视教育提供多方面的支持。四是明确了组织主体为学校。由学校组织安排影视教育活动，保障了学校在教育教学计划安排上的自主性。

本条第二款是对未成年人、老年人等观看电影提供便利、支持的规定。目前，我国观影主体以"都市白领""小镇青年"为主，其在消费能力、观影习惯等方面较其他群体具有明显优势，也相应地成为电影制作、发行、放映等各产业链环节关注的重点群体，在很大程度上影响到了影片题材、影片档期、票价制定、观影环境等电影产业的各个方面。与此同时，尽管未成年人保护法和老年人权益保障法明确规定影剧院应当对未成年人和老年人免费或者优惠开放，残疾人保障法也明确规定文化等公共活动场所为残疾人提供方便和照顾，实践中电影院等电影放映场所对未成年人、老年人、残疾人、城镇低收入居民以及进城务工人员等弱势群体的观影需求照顾尚有不足，需要加大政策引导和财政补贴力度。根据本款规定，为保障未成年人、老年人、残疾人、城镇低收入居民以及进城务工人员的基本观影权益，电影放映主体被鼓励采取以下便利措施：1. 针对未成年人等特定群体采取凭证免费、常规折扣、特定节日折扣、家庭观影特定成员免费等票价优惠措施；2. 在满足电影院建设基本技术要求的前提下，建设针对未成年人、老年人等心理生理特点的，在灯光、音响、通风、座椅、通道等方面进行针对性设计的放映厅，以及适应残疾人特定需求的无障碍环境放映厅；3. 在居民聚居点、进城务工人员聚居区等人群密集区，充分利用社区活动中心、市民广场、公园等场所进行免费公益电影放映，丰富社区群众业余文化生活。对电影院以及从事电影流动放映活动的企业、个人提供便利的上述措施，所在地人民政府可以发放奖励性补贴。补贴一般是指政府部门或者公共机构对从事某项活动的主体提供的财政资助或者价格及收入上的支持，本款的奖励性补贴区别于扶持特定产业发展的产业政策补贴，是人民政府从鼓励、支持各类电影放映主体开展公益电影放映活动出发，采取的体现奖励态度、不与成本收益挂钩的财政资助措施。

少年儿童的健康成长关系到国家和民族的未来。义务教育法第三十七条规定，学校应当保证学生的课外活动时间，组织开展文化娱乐等课外活动。社会公共文化体育设施应当为学习开展课外活动提供便利。1996年，国家教委、广电部、文化部联合下发关于做好中小学生教育影视片推荐和发行工作的通知，成立了由三部委共同组成的"全国中小学生影视教育协调工作委员会"，负责全国中小学生影视教育工作。2001年，国务院颁布的《电影管理条例》（国务院令第342号）提出，国家鼓励、扶持儿童电影片的制片、发行和放映。

2008年，教育部、原国家广播电影电视总局、发改委、财政部、文化部联合印发了关于进一步开展中小学影视教育的通知（教基〔2008〕15号），要求将影视教育纳入中小学教学计划，各地教育行政部门和中小学保障学生至少每学期观看2次优秀影片，鼓励各地将农村中小学影视教育纳入农村电影放映工程。2010年，国务院办公厅颁布《国务院办公厅关于促进电影产业繁荣发展的指导意见》，指出"确保每个学期为中小学生放映两场爱国主义教育影片";"将观看爱国主义教育影片纳入中小学、中等职业学校教育教学计划。"2012年,国务院印发的《国家基本公共服务体系"十二五"规划》中,再次明确"将观看爱国主义影片纳入中小学教育教学规划"。2017年发布的《国务院关于印发"十三五"推进基本公共服务均等化规划的通知》和文化部、国家新闻出版广电总局等部门于2015年制定的《国家基本公共文化服务指导标准(2015—2020年)》,均明确要求为中小学生每学期提供两部爱国主义教育影片。为做好中小学生影视教育工作,自1996年开始,国家新闻出版广电总局联合教育部等部委以及中国儿童少年电影学会,每年向全国中小学生推荐两批优秀少儿影片和爱国主义教育的优秀影片。为充分发挥优秀影视作品对社会主义核心价值观教育和素质教育的重要作用,2015年教育部、国家新闻出版广电总局举办了全国中小学生首届电影周,并商定每两年举办一次,2017年将要举办第二届电影周,拟安排影片推荐、影片展演、评选中小学生影评文章、播放微电影、举办论坛等一系列活动,切实丰富实施影视教育的载体。

国家新闻出版广电总局还协调院线公司合理安排少儿电影的放映档期,特别是做好寒暑假和儿童节等节假日的放映安排。充分利用电影频道的播放平台,在寒暑假和儿童节等节假日安排在黄金时段播出优秀少儿影片。

除此之外,其他主体也采取多种措施,切实保障未成年人的观影权益：一是组建校园院线，将更多更好的电影引入校园。二是通过开展针对青少年的电影放映活动，为青少年提供集体观看适当题材电影、参加电影相关活动的机会。三是通过采取票价优惠，降低青少年的观影成本。以身高、年龄等标准以及以学生证为依据对儿童、青少年提供票价优惠，一般是诸多影院的自觉行为，某些地方也有行业协会或院线公司联合制定相应的行业标准。这不仅有助于提高青少年的电影文学修养，也有利于培养青少年的观影习惯、培育电影潜在市场。

在对农村地区群众、中小学生、少数民族等特殊群体电影权益保障的同时，我国也未忽视其他特殊群体的观影保障。盲人、聋人等残障人士在欣赏电影这一视听艺术形式时存在生理障碍，需要借助字幕、手语等辅助手段理解电影内容，提高电影素养，对此有关部门、地方开展了积极的探索。例如中国儿童少年电影学会、中国盲文图书馆等发起"关爱盲童，助梦成长"无障碍电影公益行动，帮助盲人和聋人完整地欣赏电影作品。

进城务工人员是一个特殊的社会群体，他们远离家乡和亲人，在城市艰苦创业，为城市建设贡献力量，需要城市的接纳、理解和尊重，更需要接受现代文明的熏陶。近年来，随着进城务工人员的不断增加，解决他们看电影的问题也成为社会关注热点。2005年以来，国务院电影主管部门探索把进城务工人员看电影问题纳入农村电影公共服务范围，并通过多种方式送电影到工地、矿区及进城务工人员集聚区，建设适合进城务工人员群体看电影的服务体系。

积极应对人口老龄化关系到国计民生、民族兴衰和国家的长治久安。自1999年始，中国60岁及以上老年人口占总人口比例超过10%，标志着中国正式迈进老年型国家的行列。保障老年人享受社会服务和社会优待，参与社会发展和共享发展成果是老年人权益保障法规定的老年人权益，也是国家和社会应负的义务。对此，电影放映主体一般针对老年人观影偏好、身心状况和经济条件，分别为老年人群体提供老年题材影片、早期修复影片等特色主题专场，对于惊险刺激的影片予以事先提示，以及凭借老年证免费或者优惠的便利措施。

比较法方面，西班牙电影法第十八条规定，为了履行银幕分配率，放映以下种类影片的次数的百分比以两倍分配率计算……5. 在字幕或者音频描述等各个方面有对身体或者智力残障人士提供便利的系统设置的欧盟影片。第二十九条规定，将对电影院进行资助，使之为残障人士提供便利的音频或者字幕技术设备。

法国电影和动画法第五十三条规定，由文化部依法指定人员组成的评审委员会拟定的清单上的儿童电影作品不缴纳发行税。

韩国振兴电影及视听产品法第二十五条之一规定，电影发展基金的用途之一是保障残疾人等弱势群体的电影观赏权。第三十八条规定,为了保护儿童和青少年,促进电影艺术的发展,文化体育观光部部长可以向提供青少年观看的电影等电影类型放映日期占全年放映日期的60%的影院提供资助。

俄罗斯联邦电影业国家扶持法第十七条第一款规定,专门放映儿童电影的电影业组织不得私有化。

第二十九条 电影院应当合理安排由境内法人、其他组织所摄制电影的放映场次和时段,并且放映的时长不得低于年放映电影时长总和的三分之二。

电影院以及从事电影流动放映活动的企业、个人应当保障电影放映质量。

释 义

本法是对电影院以及从事电影流动放映活动的企业、个人放映方面的义务规定。对境内法人、其他组织所摄制电影(国产电影)放映时长设立比例要求,是有效培育和发展中国电影市场和民族电影产业的措施。从保护观众权益、促进产业良性发展的角度出发,有必要对电影放映质量提出特别要求。

本条第一款是对电影院放映国产影片的标准要求。电影具有教育和引导功能,不同国别的影片,往往反映一国不同的文化特质，体现一国特有的价值观念。通过放映配额方式保护本国民族电影产业，进而延续本国文化特性和维持世界文化多样性，是国际公认并为国际法确认的规则。本款的规定分为两部分，关于国产电影放映场次和时段的规定仅具有倡导性、鼓励性，体现了国家的政策导向，但是没有进行明确具体的义务性规定，而对于国产电影放映时长却进行了明确规定。本款所针对主体仅为电影院，即专门为放映电影目的而建造或改造并符合国家规定技术标准的公共商业场所，既不包括其他固定放映场所，也不包括流动放映情形。从市场规律角度而言，电影院这一放映终端对国产电影场次、时段和时长的安排将直接决定国产电影的票房表现和投资回收生命线；从产业链角度而言，电影院这一市场主体与国产电影票房表现、民族电影健康发展息息相关，是一荣俱荣、一损俱损的关系；从技术角度而言，安装计算机售票系统是电影院的法定义务，对电影院放映各类电影的时长信息可以充分掌握。由此，对电影院放映国产电影的场次、时段和时长予以立法既是可行的，也是必要的。而在农村电影公益放映及其他流动放映场合，有关监控技术平台尚不能实现完全覆盖，而且在这些场合，国产电影本身更受欢迎，因此目前并无必要予以规定。

　　立法过程中，有意见认为，应当进一步明确电影院放映国产片的法定要求，授权政府对电影院放映国产片时段、场次安排、票价等给予必要的干涉和督导，鼓励放映者拿出更多的黄金时段放映优秀的国产片。也有意见认为，关于电影院放映国产影片时间的比例下限的规定，有悖市场经济基本原则，也不利于满足人民群众观影需求，建议删除。对此，立法者认为，上述规定是从文化安全角度作出的，既未超出现行规定的保护力度，对进口影片形成新的限制，也符合世界贸易组织有关规则，并为国内外各方所普遍接受。同时，对国产电影的保护应当是适度的、有限的，既能够保证本国文化安全，又可以保障国内观众欣赏世界优秀电影作品，还可以发挥优秀进口电影的"鲶鱼效应"，刺激国产电影提高创作质量和发行效率。如果对国产电影放映场次、时段和票价进行过多干涉，将超出世界贸易组织确立的政策框架范围，可能引发不必要的贸易纠纷，也将大大缩减电影发行、放映活动主体进行市场决策的自由度，不利于自立自足自洽市场体系的形成和发展。

我国电影市场在遵照WTO规则要求，吸收和借鉴各国电影艺术、技术成果的同时，始终把坚持国产影片占我国电影市场的主导地位作为核心工作来抓，为此，总局出台了一系列支持国产影片创作生产和促进国产影片市场繁荣的政策，还安排国家电影事业发展专项资金对放映国产影片成绩优秀的影院予以奖励。根据财政部、国家新闻出版广电总局《国家电影事业发展专项资金征收使用管理办法》（财税〔2015〕91号）及《中央级国家电影事业发展专项资金预算管理办法》（财教〔2016〕4号）规定，对放映国产影片成绩达标的影院予以奖励，每家影院奖励金额不高于其因放映国产影片而上缴的国家电影事业发展专项资金的40%。在我国电影市场受到美国影片的强烈冲击，特别是在2012年进一步增加高科技规格电影进口情况下，经过努力，除2012年外，2003年至今国产片市场份额均超过50%，国产影片市场主导地位得到保障。2016年，国产影片票房287.47亿元，占票房总额的58.33%。此外，每年在农村、社区、学校流动放映国产片的时长约1000万小时，整体时长远超进口影片时长。

对国产影片放映比例问题的规定，是建立在明确的国际法依据基础上的。对于世界贸易组织而言，"贸易自由化"是其关注的重点，但其货物贸易协定（GATT1994）第IV条"与电影有关的特别条款"体现了一定的文化保护的价值观。该条款是从保护成员国民族电影的目的出发，对外国影片的国民待遇作出的例外规定，也是世界贸易组织货物贸易协定中唯一一个直接针对电影产业的条款，对于缓解贸易与文化的冲突具有积极意义。随着电影作品表现形式的不断多样化，该条款在实践中也面临着新的挑战，但是这一条款在世界贸易组织框架下在保护成员国电影产业方面仍发挥了积极的作用。该特别条款规定："缔约方在制定或保留有关电影片的内部数额规定时，应当采取符合下列要求的放映配额的方式：（a）放映配额可以要求，在不短于一年的特定时段内,国产电影的放映时间应在该国全部的商业性电影放映所实际使用的总时间内占有一定的最低比例,放映配额应当以每个电影院每年或其相当期间内的放映时间作为计算基础;(b)除根据放映配额为国产电影保留的放映时间外,其他放映时间,包括原由行政当局为国产电影保留后又放开的放映时间在内,不应正式地或实际上依照电影片的不同来源之间进行分配;(c)虽有本条(b)项的规定,任何缔约方可以保留符合本条(a)项规定的放映配额,为该缔约方以外的其他国家或地区的电影保留最低比例的放映时间;条件是,这种最低比例的放映时间不得增加至1947年4月10日已实施的水平之上;(d)放映配额的限制、放宽或取消应当通过谈判确定。

在比较法方面,西班牙电影法规定,各个电影院应当在每一自然年度内安排上映欧盟成员国内的任何版本的电影,在每个自然年年末,在所有上映的电影中应当有25%的是欧元区电影。在每年的计算中,放映除本国和欧盟成员国之外的原版字幕电影不计入内。该法同时还规定,为给广大观众进影院观赏丰富多彩的文化产品提供便利,可以在法律规定的范围内建立与各个自治地区的合作,用对每一年放映超过40%欧盟国家或者拉丁美洲出品的原版长影片以及最低数量的原版短片的独立电影院进行资助。与此相同,也可以资助那些连续至少3个周末以上放映欧盟国家或者拉丁美洲国家出品的原版长片的电影院。

巴西实行银幕配额制度，以总统令的形式每年确定具体数额，它参考上年度巴西国产电影的票房成绩，并综合考虑每周放映量、总放映量和本国影片数量三个参数，并根据影院所拥有银幕数的不同而设定不同的要求。现行规定主要为，单银幕影院播放国产影片的总天数和总部数分别为不低于28天和3部，五银幕影院为280天和7部。

本条第二款是对电影放映质量的规定。有关电影放映质量保障的义务主体是电影院和从事电影流动放映活动的企业、个人，其中电影院是城镇区域主要的商业电影固定放映场所，并且具有相应的电影院技术标准体系，观众一般属于购票入场的消费者，对于电影放映质量具有较高期望，也期望获得较好的观影体验。因此，从维护消费者权益的角度，应当对电影院电影放映质量提出要求。从事电影流动放映活动的企业、个人一般被纳入农村电影公益放映体制，其放映质量对于确保农村公益电影放映工作的健康可持续发展，保障农村、进城务工人员、社区等特殊群体的观影权益具有重要意义，因此相关主体也应保障电影流动放映质量。

电影放映质量关系到电影艺术与技术相结合的效果呈现，关系到影院运营状态和可持续发展的能力，更关系到广大观众和相关主体的权益。保障电影放映质量，既是保护消费者观影权益的重要举措，也是吸引观众、提升票房、维护制片方和发行方等相关主体权益的重要手段。影响电影放映图像质量的因素很多，如图像分辨率、银幕亮度、亮度均匀度、亮度对比度、图像影调、色彩还原、图像几何失真、帧速率、解压缩质量等等。电影放映质量问题本应通过市场调节、优胜劣汰予以解决，但在目前激烈的放映市场竞争格局下，部分电影院却存在忽视电影放映质量、漠视消费者观影体验的问题。根据国家新闻出版广电总局调研结果，电影院放映质量问题主要表现在：2D格式影片放映时银幕中心亮度超标；3D影片放映时银幕亮度偏低、中心亮度不达标或者银幕均匀度不达标；放映设备保养和放映环境维护不足，特别是对镜头、光学玻璃等光路环节清洁保养不够，不及时更替灯源导致光效衰减等问题。上述电影放映质量问题与电影数字化发展带来的技术成果不相匹配，也与观众的观影体验期待不相符合，长此以往，不仅将导致涉事影院在市场中失去信誉，也不利于电影产业的持续发展。

为了规范电影放映秩序，明确电影放映质量标准，国家新闻出版广电总局电影局连续下发《关于进一步提高放映质量的通知》（影字〔2014〕722号）、《关于加强影院放映技术管理、提高电影放映质量的通知》（影字〔2015〕45号），对电影放映质量提出严格要求：一是重申了相关技术标准，要求加强电影院放映技术标准的学习、宣传与贯彻；二是要求各影院须加强对放映员的管理，严格操作规程和岗位职责；三是在保证影片画面完整性的同时，画面亮度、清晰度、音量、频响等感观指标要达到技术标准所规定的放映要求。有关行业协会、地方电影主管部门也采取了诸如将电影放映质量指标纳入电影放映经营许可证年检制度、对电影院进行星级评定等措施，督促电影院提高电影放映质量。某些地方、院线所属电影院也采取签订自律公约等方式，加强电影放映质量的自律管理。

农村电影公益放映质量问题多是由于对设备维护、保养不当，设备超期服役等原因造成的。为了满足农村居民日益提高的观影需求，实现从"看的到"向"看的好"的转变，各地纷纷固定电影放映场所建设和农村电影公益放映标准化工作，前者通过建设室内固定放映场所和室外固定银幕架等方式，在保障观影环境的同时也提升了放映质量，后者则通过要求从事农村电影公共服务的放映人员必须经过放映技术培训，数字电影放映设备必须是通过国家新闻出版广电总局入网认定的型号，并经总局电影数字节目管理中心注册等方式，在人员和设备方面为放映质量的提升给予了有力支撑。

◖ 实务要点

值得注意的是，对国产电影放映时间的要求，是以该电影院所有影厅自 2017 年 3 月 1 日本法正式施行之日起或该影院营业之日起一年内总放映时长为基础所提出的比例性要求。该影院所有影厅放映的所有国产电影时长总和应不低于这一比例,"时长"的单位可以按照具体时间长度的总和来计算,也可以按照场次标准计算。另外,根据本法第十四条的规定,合作摄制电影符合创作、出资、收益分配等方面比例要求的,该电影视同境内法人、其他组织摄制的电影,在计算国产电影放映时间时也应当将上述合拍电影计算在内。

第三十条 电影院的设施、设备以及用于流动放映的设备应当符合电影放映技术的国家标准。

电影院应当按照国家有关规定安装计算机售票系统。

● 释 义

本条是对电影放映硬件标准和软件系统的规定。本条第一款是关于电影放映设施、设备技术管理的规定。观众观影权益保护是电影产业促进立法的重要目的,明确规定电影放映单位应当使用符合技术标准要求的设备、设施,是保证观众看好电影,维护消费者合法观影权益的必要条件。

本款规定"电影院的设施、设备以及用于流动放映的设备应当符合电影放映技术的国家标准"。电影院的设备、设施范围很广,包括售票、放映、观众观影设施,还有消防、通风、休息等设备设施。本款所称"电影院的设备、设施"仅指电影院中用于放映的设备、设施。如放映厅内的银幕、观众座椅、过道设置；放映机房内的放映、还音、倒片、配电等设备和设施，以及其他用于放映的设备设施。"用于流动放映的设备"是指用于农村电影放映工程的放映设备。随着视听技术的不断发展和突破，3D、4K、高帧率、巨幕、多平面立体声等新技术已经脱下了神秘的外衣，电影院及流动放映的设施设备也在不断更新改变，要求也在不断提高，与此相适应，国家也制定了相应的放映技术标准对其进行规范。

本款所称"电影放映技术"是指针对不同放映方式，如数字放映、流动放映、3D、巨幕等，通过一定的操作规范，以确保影片画面完整性的同时，正确设置影院放映设备的通道、画幅尺寸、声音制式等相应设备参数，调整影院银幕亮度、清晰度、色温、均匀度、平整性，以及影厅还音响度与频响的技术指标符合标准要求，达到让观众满意、舒适的视听效果。

本款所称"电影放映技术的国家标准"是指国家相应主管部门发布的现行有效的，带有"GD"字样的规范使用电影放映设备、设施的技术标准。如《数字影院暂行技术要求》（GD/J017—2007）《数字电影巨幕影院技术规范和测量方法》（GD/J040—2013）《数字影院立体放映技术要求和测量方法》（GD/J047—2013）等。

本条第二款是关于影院终端应当安装计算机售票系统的强制性规定。影院计算机售票是电影行政主管部门监管市场的重要措施，是影院放映信息化管理的基本手段，是规范电影市场，倡导诚信经营，保护权利人合法权益的客观需求。本款所称的"国家有关规定"，是指国家电影管理部门依法颁布的关于计算机售票系统的技术和管理方面的法规和文件。为了使计算机售票系统安全可靠，形成计算机售票系统软件开发规范发展、竞争有序的局面，原国家广播电影电视总局于2005年颁布了《电影院计算机票务管理系统技术规范》，并规定在国内市场使用及销售的计算机售票系统软件产品应送经行业主管部门认证的专业检测机构检测通过，并在全国影院计算机售票领导小组备案。2013年对该技术规范进行修改，颁布新的《电影院票务管理系统技术要求和测量方法》（GY/T276—2013）。

本款所称"计算机售票系统"是指影院在日常经营中使用的利用计算机出售电影票，并能够按照要求统计报送票房数据的影院票务系统。影院计算机售票是电影主管部门监管市场的重要措施，是影院放映信息化管理的基本手段，是规范电影市场，倡导诚信经营，保护权利人合法权益的客观需求。为了使计算机售票系统安全可靠，形成计算机售票系统软件开发规范发展、竞争有序的局面，原国家新闻出版广电总局电影局于2005年颁布了《电影院计算机票务管理系统技术规范》，并规定在国内市场使用及销售的计算机售票系统软件产品应送经原国家广播电影电视总局认证资格的专业检测机构检测通过，并在全国影院计算机售票领导小组备案。近年来，为建立和完善"公开、公正、公平和透明"的电影市场体系，营造全国统一开放、竞争有序的电影市场环境，杜绝电影市场违法违规及各种不规范经营行为，结合电影市场的实际情况，2014年国家新闻出版广电总局出台了《国家新闻出版广电总局关于加强电影市场管理规范电影票务系统使用的通知》，提出了严格完善影院票务软件产品市场准入制度，切实加强票务软件产品市场应用管理，严格规范影院经营行为，大力加强行业监督，加大对违法违规行为的打击力度等多项要求。

● 实务要点

（一）关于电影放映技术的国家标准。对此需注意以下几点：一是要分清国家标准和行业标准。与前述带有"GD"字样的国家标准不同，电影技术领域还有一些行业标准，在行业内推荐使用，但不是强制应用。如原国家广播电影电视总局在2011年9月发布的《数字电影流动放映系统用投影机技术要求和测量方法》和《数字电影流动放映系统技术要求和测量方法》的标准编号分别为GY/T250—2011和GY/T251—2011。这是推荐性的行业标准。二是技术标准一般指有相当技术含量的规范操作。在电影放映过程中，除了要严格遵守国家技术标准外，还要加强放映机房管理，保持机房环境与放映设备处于清洁状态，避免因温度、湿度、静电、尘土等因素造成放映设备故障。要保证放映机镜头及放映窗口玻璃的洁净，避免因灰尘和污染导致的放映质量受损。而这些实践中虽然需要遵照执行，但是不属于技术标准。三是这些国家标准不是一成不变的，会随着技术发展，人民的需求不断修订完善。由于技术发展速度快，其效果亦需一定时间的实践来检验，因此技术规范的制定会相对落后。并且为了谨慎起见，有些标准需要先"暂行"，如《数字影院暂行技术要求》（GD/J017—2007），但是只要是"GD"字样的技术标准，都是国家标准，必须遵照执行。

（二）关于计算机售票系统。对此需注意以下几点：一是计算机售票系统的应用软件要符合国家和行业标准。目前现行《电影院票务管理系统技术要求和测量方法》（GY/T276—2013）是在2005年标准基础上修订的，2014年5月后，影院不得新安装不符合新标准的影院票务软件。影院同一时期只能安装和使用一套符合国家颁布标准、通过备案准入的影院票务软件产品。二是影院售出的电影票必须是通过经备案许可的计算机售票系统打印的电脑票，符合技术规范的要求，标明影院名称、影片片名、放映时间、票价、影厅名称、座位号及售票软件生成的影票信息二维码等必要信息。电脑票上打印的影片片名必须与观众实际观看的影片一致。影院售票系统只用于打印、出具电影票，其它费用均须单独出具票据并予以公示。三是本条规定适用于包括汽车电影院等各类经营性放映场所。

第三十一条 未经权利人许可,任何人不得对正在放映的电影进行录音录像。发现进行录音录像的,电影院工作人员有权予以制止,并要求其删除;对拒不听从的,有权要求其离场。

● 释 义

本条是对在电影院非法摄录电影作品行为的禁止性规定,也是对本法第一章第七条有关电影知识产权规定的具体化。保护电影作品的著作权是任何单位和个人应当遵守的法定义务。电影院作为电影放映单位,发现侵犯电影著作权的行为应当及时制止,这也是规范电影市场秩序,保证电影产业持续健康发展的必然要求。

本条规定,未经权利人许可,任何人不得对正在放映的电影进行录音录像。其中,所称的"权利人"是指对电影作品享有著作权或专有使用权的主体,"任何人"是指权利人以外的任何自然人,既包括在现场观影的观众,也包括电影院工作人员,"录音录像"是指用录音笔、摄像机等设备将影片全部或部分音像内容连续固定在特定载体上或直接进行远程传输的行为。本条还规定,发现进行录音录像的,电影院工作人员有权予以制止,并要求其删除;对拒不听从的,有权要求其离场。据此,对于非法进行录音录像的行为,电影院工作人员有权采取制止、要求删除侵权录音录像内容,甚至可以采取强制其离场等措施。

在立法过程中,有意见认为该条规定禁止了合理使用,违背了著作权法的规定,可以通过其他途径对非法使用录制内容进行规制。对于有非法录音录像并进行传播的,权利人可依据侵权责任法、著作权法主张民事侵权责任,电影主管部门可以对相关行为进行行政处罚。经过深入研究,立法者认为,电影作品不同于一般作品,具有投入大、风险高、投资回报周期长的特点,一旦被非法录音录像并进入传播渠道,在现有网络环境下,权利人的合法权益将受到不可逆转、难以估量的损失。因此,及时制止非法录音录像行为,有效切断非法传播电影作品的源头,对于维护权利人合法权益、规范电影市场秩序十分必要。实践中,电影院作为放映终端,发现侵权录音录像的行为,现场电影院工作人员予以制止并要求其删除,最为便捷有效。

近年来,在国家大力发展文化产业政策的推动下,在全体电影人的共同努力下,中国电影市场连年保持高速增长。国产影片数量、质量、影院建设、观影人次、票房和口碑均呈现良好态势。在中国电影产业蓬勃发展的背景下,进一步规范电影市场秩序迫在眉睫。从 2010 年开始,电影票房回暖之后,开始偶尔出现影院盗录电影片情况,随着电影票房升高,这种情况愈演愈烈,近年来甚至出现影片刚刚上映即在影院被盗录并通过网络非法传播的侵权违法行为,严重影响了中国电影正在建立的投资回报良性循环体系，损害了投资者对中国电影市场的信心和投资热情，伤害了创作人员的创作热情，长此以往，必将严重影响中国电影行业的整体利益，阻碍电影产业健康、持续发展。

为了打击盗录盗播行为，维护行业正常发展秩序，国家新闻出版广电总局电影局下发《国家新闻出版广电总局电影局关于严厉打击在影院盗录影片等侵权违法行为的通知》，要求地方电影主管部门将盗录行为纳入电影放映经营许可日常监管范畴，对于查证有盗录行为的影院应由《电影放映经营许可证》的核发机构根据情节轻重做出暂停或吊销该证的处理，省级电影主管部门还要对该影院在全省范围内进行通报；协调各电影院线公司、中国电影制片人协会、中国电影发行放映协会要加强和完善电影技术检测手段，利用数字电影水印技术追踪盗录影院及盗录时间；强调盗录影片及非法传播盗版节目是触犯刑法和著作权法的严重犯罪行为，鼓励、支持影片版权方依法追究盗录者及非法传播盗版节目者的法律责任；要求各院线公司要进一步加强版权保护意识，加强对所属影院的规范管理，各影院要加强对员工职业教育和培训，提高员工法律意识，影院在工作中发现有盗录影片行为时，必须及时制止。情节严重的应及时报案。

2016年9月6日，湖北省某地人民法院做出判决，被告人卫某因盗录、非法放映、转卖影片等不法行为，被法院以"侵犯著作权罪"判处有期徒刑十个月，并处罚金人民币 5000 元。这是国内首例因"影院盗录"行为而被判侵犯著作权罪追究刑事责任的案件。

在比较法层面，禁止盗录影片的规定在很多国家电影立法中比较常见。西班牙《电影法》中就有类似规定，该法第十五条第（三）项规定："禁止在任何电影院或者公开的电影放映场所（包括免费观影场所）偷录电影。电影院或者电影公开放映场所的负责人负责避免上述偷录行为，需要警告观众此项禁令并禁止观众带入摄像机或者任何可以录制视频影像或者声音的设备。负责人应当向作品的所有者报告企图偷录影片的行为。"日本还制定有单独的《影片反盗录法》，其立法背景与我国相似，在电影院等场所盗录电影并大量传播给日本电影产业带来巨大损失，为了电影文化振兴和电影产业发展，有必要制定相应法律，防止盗录电影作品。该法明确规定《著作权法》中有关合理使用制度的规定不适用于盗录电影作品（电影作品上映 8 个月后除外），并要求在电影院等场所上映电影作品的组织者以及电影产业中相关从业者必须努力采取措施防止盗录电影作品。

实务要点

本条不适用于在影院的私人拍照行为。电影是利用人眼视觉暂留原理而产生的艺术形式，一定时间内连续的图像是其存在的最基本条件。相比较于连续性录音录像行为的侵权活动，单独拍照的方式对电影作品商业经营顺利开展的影响较小。从最小限度影响当事人权益原则出发，本条只是对连续性录音录像行为作出规范，不适用于个别的、单独的拍照行为，只是对观众这一消费者群体的合理使用范围作了部分限制。当然，在电影院里拍照的行为可能影响到其他观众的观影体验，扰乱电影院的观影秩序，从加强秩序管理、维护观影环境的角度，电影院可以按照合同法的有关规定，通过提前告知等方式予以提示、加以管理。

另外还需注意的是，在本法"法律责任"一章中并未明确规定非法盗录人员及未履行制止义务的电影院工作人员的法律责任，对这两类主体法律责任的追究，应当按照著作权法及合同法等法律法规的规定进行。

第三十二条 国家鼓励电影院在向观众明示的电影开始放映时间之前放映公益广告。

电影院在向观众明示的电影开始放映时间之后至电影放映结束前，不得放映广告。

● 释 义

本条是对电影院放映广告的规定。电影放映之前的广告，不论公益广告还是商业广告，把持着"第一印象"的关口位置，分担着树立行业形象的责任，是影响电影产业链发展的双刃剑。如发展得当，广告能通过影院这一重要产业端口较好地实现其对电影产业链的重要补充作用，获得社会效益和经济效益的双丰收。

本条第一款是鼓励电影院在合理时间段放映公益广告的倡导性条款。电影院作为公共娱乐场所，可以作为广告发布场所，电影院有责任也有能力通过放映公益广告来承担社会责任，实现社会效益。本款所称的"公益广告"，是指传播社会主义核心价值观，倡导良好道德风尚，有利于促进公民文明素质和社会文明程度提高，维护国家和社会公共利益的非营利性广告。政务信息、服务信息等各类公共信息以及专题宣传片不属于本法所称的公益广告。

本条第二款是电影院在明示放映电影的时间段不得播放商业广告的禁止性条款。这是旨在维护消费者合法权益，对电影院设定的保证电影持续、完整放映的义务性条款。电影院和作为消费者的观众通过电影票达成提供电影观看服务的合同，并通过电影票明确了提供服务的内容和时间，应当在向观众明示的电影开始放映时间之后至电影放映结束前，切实履行放映义务。期间如插映广告，不管是否为营利性行为，都会导致放映中断而影响受众观感，侵害了观众权益，既属于违约行为，也扰乱了电影市场秩序，应当为法律所禁止。本款所称"广告"，是指观众进入电影院后，在放映电影之前，开灯或者不开灯的情况下，银幕上放映的商业广告。一般分为贴片广告和映前广告。贴片广告是指将企业产品广告直接注入影片拷贝或者与电影内容打入同一个数据包内,在电影放映前播出的广告。主要由制片方或发行方进行贴片,贴片广告还包含以推广电影为目标的推片广告,即俗称的预告片。映前广告是电影院或者院线与广告客户合作,在放映影片贴片广告前放映的、推广产品的广告。贴片广告与映前广告相比,贴片广告随着影片进入各家院线和影院;而映前广告仅限于在部分影院或者院线放映。

立法过程中,有建议提出本法应当对在电影放映之前的广告时长作出规定,经过专题研究,我们了解到确实有相当多的国家和地区对放映贴片广告与映前广告的时长进行规范管理。如美国为15~35分钟(其中预告片10~15分钟,占用影片放映时间);法国为10~15分钟(另行公告影片放映时间);我国台湾地区为12分钟;英国为10分钟;日本不超过20分钟(其中预告片最长为10分钟,占用影片放映时间);印度为30分钟(分上下半场,各占15分钟)。但是上述规定大部分是通过行业协会对影院广告时长进行的自律性约束。经过研究认为,关于广告时长的限制不宜通过法律进行规制,今后可以视情况通过规范性文件或者行业自律的方式予以适当管理,并随着电影市场发展情况适时作出灵活调整。

近年来,国内电影广告市场高速增长,广告市场规模扩大，形式内容创新，对于完善电影产业链、增加影院等主体收入具有重要意义。有机构统计指出，2016年影院映前广告收入或达30亿。在中国传统广告的降幅再次加剧的态势下，电影商业广告与新媒体广告对市场的向上拉动力不断增强。2016年电影市场广告刊列收入同比增加77.2%，而这一数字2015年已达63%。

此外，如果广告质量和服务失范，势必损害消费者和电影版权方的合法权益，干扰正常的广告经营秩序，甚至造成观众因为反感广告而拒绝进入影院，并影响广告商选择投放渠道，进而影响电影行业的健康协调发展。

2003年，某律师状告杭州某电影院在影片放映前放映过长贴片广告，成为全国首例电影广告侵权纠纷。法院审理后认为影院侵犯消费者权益，判决其向原告书面赔礼道歉。此后，观众反映影片贴片广告"很长很过分"的消息时见报端。2016年12月，中消协联合北京、天津等地的消费者维权单位，在北京、上海、重庆、南昌、合肥等9个城市开展电影院贴片广告状况体验调查，发现一些电影院在放映电影映前广告时存在未提前告知、播放时间过长等问题。

电影广告纠纷所反映的问题集中在以下几个方面：一些影片贴片广告时间过长，电影放映中间随意插播广告，影响了观众正常观看电影；有的影片贴片广告内容庸俗，格调不高；一些单位不经电影版权方同意随意搭载、删减广告。

为促进电影广告业健康发展，维护广大消费者和电影版权方的合法权益，国家电影管理部门先后颁布多个有关电影广告方面的规范性文件，如2004年和2009年先后发布《关于加强影片贴片广告管理的通知》《关于进一步规范电影贴片广告和映前广告管理的通知》。通知要求对电影放映前的贴片广告和映前广告进行规范管理。影片贴片广告、映前广告的广告经营者、广告内容必须严格执行我国广告管理的法律法规规定；影片贴片广告、映前广告一律加在电影公映许可证画面之前，并在电影票面上标注的放映时间前放映，不得在电影放映中播放广告；电影院要对放映的影片贴片广告时间予以公告。

● 实务要点

根据消费者权益保护法第四十八条规定，经营者提供服务的内容和费用违反约定的，除本法另有规定外，应当依据有关法律、法规的规定，承担民事责任。因此违反本条第二款的规定，应当承担相应的民事责任。

需要提醒的是，如果在电影院播放的广告内容有违法内容，例如违反广告法的规定，包含虚假信息，对消费者构成欺诈的，应当由工商行政部门依据广告法规定予以处理。而影院在应当放映电影的时间段不放映电影而放映广告的行为，才是县级人民政府电影主管部门根据本法做出处罚的情况。

第三十三条 电影院应当遵守治安、消防、公共场所卫生等法律、行政法规，维护放映场所的公共秩序和环境卫生，保障观众的安全与健康。

任何人不得携带爆炸性、易燃性、放射性、毒害性、腐蚀性物品进入电影院等放映场所，不得非法携带枪支、弹药、管制器具进入电影院等放映场所；发现非法携带上述物品的，有关工作人员应当拒绝其进入，并向有关部门报告。

● 释 义

本条是对电影放映场所公共秩序和环境卫生问题的规定。

本条第一款是关于电影院在维护电影院内公共秩序方面的义务性规定。本款所称"法律、行政法规"是指治安管理处罚法、消防法、公共场所卫生管理条例等。电影院作为公共娱乐场所，有责任和义务保护以观赏电影为目的而经常性聚集于此的公众安全和健康。国家为了保障人民群众安全，对于公共娱乐场所、人员密集场所制定了一系列的法律法规，电影院应当遵照执行。维护公共秩序主要包括两方面内容，一是电影院要加强自身制度建设、人员配备、设施设备完善，符合有关消防通道、消防设施、用电、施工等消防管理规定，以及安全生产防护、治安等规定，二是对于在电影院场所内发生的不当或者违法行为，如随地吐痰，乱扔废弃物，大声喧哗，打架斗殴，寻衅滋事等要及时制止、纠正或报警，保证电影院的正常秩序。保持环境卫生主要是指电影院场地的清扫，空气的净化，座椅的清洁等方面的内容，保持影院的清洁卫生。通过对电影院的管理，保证观众安全、卫生、有序、舒适地观赏电影。

本条第二款是对携带爆炸性、易燃性、放射性、腐蚀性等危险品和非法携带枪支、弹药、管制器具进入电影放映场所作出的禁止性规定。为了更好地保证观众观影安全，赋予电影院等放映场所有关工作人员面对非法携带上述物品人员一定的现场执行权力，可以拒绝其进入，并向有关部门报告。本款中，"任何人"既可以是以观看电影为目的进入影院的人，也可以是因其他目的如游玩、路过等原因进入电影院的人员。"电影院等放映场所"包括影剧院、礼堂等放映电影的固定、非固定场所。"爆炸性物品"是指雷管等各种起爆器材，雷汞等各种起爆药，硝基化合物类炸药等各类炸药，以及烟火剂、民用信号弹、烟花爆竹等；"易燃性物品"如汽油、酒精以及其他易燃液体、易燃固体、自燃物品等；"放射性物品"是指通过原子核裂变时放出的射线发生伤害作用的物质，如镭、铀、钴等放射性化学元素；"毒害性物品"如甲胺磷、氰化钠、敌敌畏等；"腐蚀性物品"如硫酸、盐酸、硝酸等。

根据本款规定，"非法携带枪支、弹药或者管制器具"的行为，主要是指行为人违反枪支管理法、《公安部对部分刀具实行管制的暂行规定》等有关枪支、弹药或者管制器具管理的法律、法规而携带其进入电影院或其他放映场所的行为。本款中，"枪支"是指以火药或者压缩气体等为动力，利用管制器具发射金属弹丸或者其他物质，足以致人伤亡或者丧失知觉的各种枪支。"弹药"，是指上述枪支所使用的子弹、火药等。"管制器具"，是指国家依法进行管制，只能由特定人员持有、使用，禁止私自生产、买卖、持有的弩、匕首、弹簧刀等。

在比较法层面，各国开设电影院一般都要申请特别的牌照。因为电影院作为一个公共娱乐场所，对安全有相当高的要求。放映商只有拥有符合安全要求的建筑，才可能获得牌照。各国都有对电影院放映设施、条件的要求，例如逃生通道的设置、椅子之间的距离的设置、椅子距离逃生通道远近的设置等。

● **实务要点**

值得注意的是，少数民族公民佩带刀具是习惯，实践中如果发生少数民族公民佩戴刀具进出电影院的情况，对这种情况如何处理？公安部《管制刀具认定标准》规定，少数民族使用的藏刀、腰刀、靴刀、马刀等刀具的管制范围认定标准，由少数民族自治区（自治州、自治县）人民政府公安机关参照本标准制定。结合《公安部对部分刀具实行管制的暂行规定》等规定，我们认为，在民族自治地区的电影放映场所，少数民族可以随身携带刀具的范围按照当地公安机关制定标准认定；在非民族自治地区，少数民族可以随身携带刀具的范围应当按照《管制刀具认定标准》确定的一般标准予以认定。

第三十四条 电影发行企业、电影院等应当如实统计电影销售收入，提供真实准确的统计数据，不得采取制造虚假交易、虚报瞒报销售收入等不正当手段，欺骗、误导观众，扰乱电影市场秩序。

● 释 义

本条是对制造虚假交易、虚报瞒报销售收入等不正当手段的规范。规范市场秩序的形成，既需要市场主体的自律和协作，也需要政府行政管理的适度介入，从而对部分严重影响市场秩序的问题予以纠偏，从根本上维护观众等消费者的合法权益和守法经营者的合理期待。

本条规范主体主要但不限于电影发行企业、电影院，某些情形下也指向制片公司、营销公司等利害关系主体。所规范对象则是电影销售收入，一部影片的价值应当采取综合性的评价标准予以合理确定，但真实的统计数据对于潜在观众市场而言，有利于消费者判断影片的市场流行程度和美誉度，从而影响消费决定；对于电影作品著作权人和电影发行方等相关合同主体而言，直接关系到票房收入的准确分成；对于国家而言，能够保障国家电影事业发展专项资金和有关税费的规范收缴。所规范行为有两类，一类是通过制造"幽灵场"等虚假交易，虚报电影票房收入的不正当竞争行为，一类是侵犯电影作品著作权人和电影发行方等相关合同主体合法权益的侵权违约行为。两类行为因为都向社会提供了不真实的电影票房数字、向市场传递了虚假的商品价值表现，从而在客观或者主观上具有欺骗、误导观众的效果，并且对电影市场秩序造成扰乱，应当予以明确禁止。

在立法过程中，曾有意见提出，在法律中不应规范偷漏瞒报票房行为，其他法律也没有这样的规定。对此，立法者研究认为，在电影产业促进法中明确禁止偷漏瞒报票房行为，是基于对电影行业特性和偷漏票房行为严重危害性的认知。电影是一项高资本产业，一部电影的创作、制作到发行、放映所需时间短则数月，多则数年十数年，其巨额投资回收是一个艰辛、漫长的过程。特别是在我国电影产业发展现阶段，尽管也有网络播映版权转让收入、海外版权转让收入、植入信息及衍生品等商务合作以及政府投资、奖励等，但投资回收主要还是依靠电影院放映票款收入，即票房收入。电影票房收入分配基本采取分账的形式，这是与其他行业不同之处。一般而言，影片票房收入产生后，需要在该影片的制片方、专业发行方、院线公司和电影院等多方主体之间按照一定比例分配。票价形成机制是否科学、票房分配比例是否合理、运作结算机制是否顺畅、监督纠错机制是否可靠，对于电影行业产业链各主体具有极其重要的意义。其中，有关票价形成、票房分配、运作结算环节虽然也存在一些问题，但基本可通过市场主体协商方式解决。但是对于票房收入的偷漏瞒报行为，制片方、发行方等市场主体的监督手段有限、处罚力度较低，电影院线公司对直营影院的管理力度较大，但对缺乏资本联结、通过契约约定各方权利义务关系的加盟影院的约束力较弱，同时随着电影院投资热潮，相对于大型院线公司和专业投资者，某些选址不佳、经营不善的影院面临较大的经营压力，某些经营者也存在短期经营的行为，从而致使偷漏瞒报违规侵权行为日益猖獗，严重损害了有关主体的合法权益，并且通过非法取得额外收益，相对合法经营影院取得了不正当的竞争优势，从而严重破坏了市场秩序。主要表现是：通过无票入场、包场不出票、手工票等不使用电脑票，修改票面信息、票面信息不完整等不规范使用，双售票系统、篡改系统数据、恶意退票、偷挪票房、高收低入等违规使用电脑售票系统等。在市场主体维权成本巨大、维权效果不佳，偷漏瞒报票房行为已严重危及正常市场秩序的情况下，由电影主管部门予以一定的行政干预是十分必要的。2017年3月，国家新闻出版广电总局电影局在开展"电影市场规范年"专项治理行动中，初步查明2016年以来有326家电影院存在瞒报票房行为，一些电影院甚至长期以"偷票房"为生,个别电影院一年时间瞒报票房高达800万,也从一个侧面说明了本条规定的必要性。

近年来,在国家文化产业政策的推动下,我国电影产业发展态势良好,与此同时,电影市场不正当竞争行为也大量存在,某些情形还较为严重。按照反不正当竞争法规定的类别,电影市场不正当竞争行为主要有以下几类:

一是假冒他人注册商标行为。在实践中,常常存在电影作品名称与他人注册商标相同或近似的情形,如果此时该电影作品名称即片名只是起到概括、揭示电影主要内容的作用,而非用于区分电影制作公司这一商品来源的作用,则此时并不构成假冒他人注册商标行为。例如,某公司于2010年取得"功夫熊猫"图文组合商标在第41类"电影制作"等服务上的注册商标专用权。2011年,该公司认为梦工场公司制作、派拉蒙公司发行的动画片《KUNG FU PANDA 2》将在我国大陆地区以《功夫熊猫2》的名称公映,属于在相类似的服务上使用与该公司注册降表相近似的标识,易使相关公众产生反向混淆,构成了对其注册商标专用权的侵害,据此提起诉讼。法院经审理认为被告对"功夫熊猫"字样的使用属于善意使用,是为了说明自己制作、发行、放映电影的内容和特点,并不是表明其电影制作或者类似商品、服务的来源使用,并非商标意义上的使用行为,消费者知悉电影《功夫熊猫2》制片公司的事实也只是著作权法意义上的对电影作品相关权利归属的认知和确定,并非是对商品或者服务来源的认知。据此法院判决被告涉案行为不构成商标性使用,不构成对原告涉案注册商标专用权的侵犯。

二是擅自使用知名商品特有名称。所谓知名商品,是指在特定市场上具有一定知名度、为相关公众所知悉的商品。特有名称,则是指个体商品独有的称谓,能够将同类商品中的此商品与彼商品区别开来。电影市场上,某些"大片""续集"因其一时的轰动性影响或者长久的生命力而可能在司法或执法个案中被认定为知名商品,相应的电影片名则成为知名商品特有名称。例如,2015年7月《汽车人总动员》发行公映过程中,从作品名称、动画形象到宣传海报,都涉嫌抄袭迪士尼企业公司和皮克斯动画工作室公司的两部知名电影《赛车总动员》和《赛车总动员2》,引发巨大争议。迪士尼公司和皮克斯工作室据此将《汽车人总动员》的制作方和发行方起诉至法院,在控告被告侵犯著作权的同时,还认为其所制作并享有著作权的《赛车总动员》系列电影具有很高的知名度,属于"知名商品特有名称",而被告在作品命名方面极其相似,在海报设计方面容易造成相关公众的误认,从而构成了"擅自使用知名商品特有名称"的不正当竞争行为,要求被告停止侵权行为、赔偿损失。一审法院审理认定被告在海报设计方面,"人"字被轮胎遮挡,电影名称的视觉效果方面变成了"汽车总动员",与"赛车总动员"仅有一字之差,容易引发公众误认,从而在这一方面构成了擅自使用"知名商品特有名称"的不正当竞争行为。

三是引人误解的虚假宣传行为,即对商品或者服务做出与实际情况不相符的虚假介绍,导致消费者误解的行为。某些电影的制片公司、发行公司利用创作摄制、发行营销过程不公开、成本不透明的特点,利用观众喜欢大投资、大制作的心理,通过夸大影片投资成本或保底发行金额,来制造噱头,引发媒体、舆论注意。个别影片甚至虚构信息,使消费者误认为著名演员、导演等参与影片摄制。例如,某悬疑电影在宣传过程中即以某著名演员"因档期冲突"未能参演该片为噱头,某些影院进而在设计制作电影海报时"借用"了该演员的图片,导致部分观众误认为该演员参演该片而购票观看。

在虚假宣传行为中,虚报票房属于较为突出的类型。早期,在电影票务信息不透明的情况下,电影片方、发行方往往直接虚构票房并通过各类媒体发放虚假票房信息,从而制造影片大热、票房高企的假象,希冀吸引观众前来观看。近年来,随着全国电影票务综合信息系统的建设力度不断加大,覆盖范围不断扩大,简单虚构票房的行为极易弄巧成拙,某些制片方、发行方通过虚假排场、制造"幽灵场"等手段进行"票房注水",甚至在个别极端情况下,票房收入与金融产品捆绑、与公司股价关联时,为了兑现金融产品或公司并购对赌协议，某些利益主体不择手段推高票房，假造票房成为金融诈骗的手段。在院线公司参与电影制片的情况下，问题更为突出。例如，电影《叶问 3》在影片上映前发售了一款《叶问 3》票房收益权理财产品，影片票房若达不到 10 亿元，将无法获得预期收益。2016 年 3 月 4 日，电影《叶问 3》上映，当日即报收 1.48 亿元票房，其后该影片不断被爆出虚假排场新闻，有些电影院在早场、午夜场等非正常时间大量排映，有的电影院《叶问 3》票价严重畸高，有些平时票房很低的电影院放映《叶问 3》时的票房暴涨，有些电影院放映场次座位严重重复，甚至有的电影院采用手写票等方式将其他影片票房偷挪到《叶问 3》上面。经全国电影市场专项治理办公室查实确认，《叶问 3》虚假排场 7600 余场，涉及票房 3200 万元，另外该片总票房中还含有部分自购票房，发行方认可的金额为 5600 万元。这一极端个例从一个侧面反映出电影发行放映市场亟须加大规范力度。

四是商业诋毁行为，即在经营活动中通过捏造、散布虚假信息等不正当手段，对竞争对手、利益相关主体的商业信誉、商品信誉进行恶意的诋毁、贬低，以削弱其市场竞争能力，并为自己谋取不正当利益的行为。对于电影作品而言，特别是在网络时代，口碑对于一部影片票房能否大卖具有举足轻重的影响。例如，通过雇佣网络"水军"，对处于同一档期或同一题材的竞争类影片进行恶意诋毁等行为。

五是商业贿赂行为，即经营者以排斥竞争对手为目的，为争取交易机会，暗中给予交易对方有关人员和能够影响交易的其他相关人员以财物或其他好处的不正当竞争行为。这种行为在电影行业也有发生。例如，电影院放映时空即每日经营时间和场次都是有限的，由此决定了排片量的稀缺性，而排片数量对于具体影片的票房数量和走向至关重要。对此，某些电影发行公司通过"塞红包"等形式，收买影院经理对其影片多排片、排好场，甚至某些影院经理在与制片方和发行方对接环节主动索取贿赂。

六是低价倾销行为，即经营者以排挤竞争对手为目的，以低于成本的价格销售商品。在电影市场特别是电影放映领域中，同档期、同题材的电影虽然内容各异、水准不同，但一定程度上也存在消费替代和竞争关系，理论上也存在低价倾销的可能，实践中也常有票补的行为发生，即向影院补足影片最低限价与实际售价之间的差价。典型的有两种形式，一是由网络购票平台独立负担票补成本，对于该平台所代理的所有影片的票价统一给予加盟影院票价补贴；二是由特定影片的制片方、发行方独立或者联合其他主体针对该特定影片给予影院票补。在实践中，该类票补行为属于倾销还是促销较难界定。一是，电影片成本结构较为复杂，除了制作成本外，发行宣传营销成本在总成本中也占有较大比例，在票补活动开展时，影片的发行宣传营销活动仍在继续,成本仍未确定。二是,电影片成本回收渠道较多,而且每一渠道定价受供求关系、主观因素影响较大,具有很大的不确定性,难以判断某种电影消费行为的成本底线。三是,电影片是一种特殊商品,每部影片都具有独一无二的特性,不同影片之间的可替代性有限,对于消费者而言,时间成本同样重要,吸引消费者最终要靠影片质量。但是,在电影制片方或者发行方参与的票补活动中,如果就单张电影票的补贴价格等于或超过其根据协议票价应分得的数额时,特别是当票补政策与影院排片场次挂钩,直接以挤压同档期影片空间为目的时,该种票补似应被认定为低价倾销行为。

为规范票补活动,维护公平竞争的市场秩序,国家新闻出版广电总局电影局发布《关于做好电子商务售票工作的通知》(影字〔2015〕49号),明确要求电子商务售票的促销活动应以公平为原则,要避免恶意竞争。影片在进行电子商务营销时,促销活动方案应以合同等契约形式取得有关方面同意,并将必要信息向社会明示。促销活动中所采取的优惠价格,须公开明示优惠票务总量、优惠时间段落,并明确优惠票价价格的福利性标识。2015年7月,中国电影发行放映协会、中国电影制片人协会联合发布《电影票务营销销售规范》,要求电商等代销机构可积极开展促销行动,但电影零售票价、活动票价均不得低于发行放映合同中的协议票价;影片促销活动中的折扣部分由促销方按协议票价补齐，超过协议票价的，按实际票价结算。对于破坏市场秩序、损害行业整体利益的违法违规行为，行业协会将采取警告、劝诫、列入黑名单、停止供片等措施。

　　七是限制竞争行为，如搭售及附加其他不合理条件，政府及其所属部门滥用行政权力限制竞争，串通招标投标行为。对于电影行业而言，有争议的问题是，电影院禁止外带食品是否构成限制竞争行为？各方意见对此分歧很大，行政执法和司法实践也不统一。有意见认为，电影院禁止外带食品的行为涉嫌利用终端的垄断地位，强制消费者接受不合理高价。也有意见认为，电影院在取得"食品流通许可证""餐饮服务许可证"等证件后，相当于工商行政管理部门允许影院"开餐厅"，而餐厅不允许顾客自带食品也在情理之中。另外，电影院的经营受合同法保护，电影院的各种告示属于对消费者的有效明示。在行业实践中，某些电影院一刀切地禁止所有外带食品，某些电影院则禁止带入汉堡、果壳类等存在声响或异味干扰的食品，玻璃制品、竹签串类等昏暗观影环境下存在安全隐患的食品以及口香糖等难以清洁的食品，以保障观影环境安静、卫生，给观众以良好的观影体验。而在司法和执法实践中，某些法院和工商行政管理部门根据消费者权益保护法第九条和第二十六条的规定，认为电影院禁止外带食品属于以格式条款排除消费者权利的合同违法行为，从而判决电影院败诉或采取了罚款等行政处罚，而某些法院和工商行政管理部门则不认为电影院禁止外带食品属于违法行为。就此问题，其他国家和地区的法律态度有很大区别，如在美国，电影院作为受监管业务（regulated business），不受各州有关消费者权益保护法律的约束，电影院大多均明确禁止外带食品，但执行尺度一般较为宽松，也有个别院线公司严格执行该项规则。对于该项规则的合法性，从行政部门到一般公众均较为认可。而在我国台湾地区，"行政院新闻局"于2010年2月颁布"电影片映演业禁止携带外食定型化契约不得记载事项"，规定电影院业者不得禁止消费者携带外食，但"味道呛辣、浓郁、高温热汤、饮或食用时会发出声响之食物，得于映演场所明显处揭示或标示禁止携入"，以避免影响其他观众的观赏质量。针对我国相关法律法规未明确规定、法律适用尚未统一的现状，为避免法律风险，电影院宜从维护观影环境安全、清洁、安静、无异味等角度出发，以明示方式禁止携带特定类别的食品饮料，并提供相应的寄存服务，慎重采取禁止所有外带食品的一刀切方式。

反不正当竞争法第三条就有关行政部门的职责分工作了规定，县级以上人民政府工商行政管理部门对不正当竞争行为进行监督检查；法律、行政法规规定由其他部门监督检查的，依照其规定。为了更及时、有力地打击电影市场不正当竞争行为，根据上述规定，本法对采取制造虚假交易、虚报瞒报销售收入等不正当手段予以禁止性规定和明确相关法律责任，而未规范其他不正当竞争行为，出于以下考虑：一是制造虚假交易、虚报瞒报销售收入的不正当竞争行为已对电影市场秩序造成恶劣影响，反不正当竞争法中未有明确规定，但又亟需法律规范。二是上述两类不正当竞争行为均直接涉及票房异常，直接影响相关主体的合法权益和市场秩序，行业性特点突出。电影主管部门更加熟悉电影市场的运作规律，更加了解电影市场的异动现象，也就能够更及时、有力地制止、打击这些不正当竞争行为。而假冒他人注册商标、商业贿赂等较为典型的不正当竞争行为，行业特点不明显，且已明确规定在反不正当竞争法中，宜由所在地工商行政管理部门查处。

为营造健康有序的市场秩序，保障电影产业健康、可持续发展，防止虚假排场、偷漏瞒报票房等个别市场乱象损害电影行业整体声誉，近年来，国家新闻出版广电总局协同行业协会开展行动，大力加强行业监督，加大对违法违规行为的打击力度，严格规范影院经营行为。例如，2014年，国家新闻出版广电总局出台了关于加强电影市场管理规范电影票务系统使用的通知（新广电发〔2014〕12号），严格完善影院票务软件产品市场准入制度，切实加强票务软件产品市场应用管理，利用技术手段完善全国电影票务平台系统售票服务和管理功能，从而真实有效地接收影院数据，并协同行业协会对影院违规情况进行了集中曝光、处理。根据影院的具体违规情节，对影院分别做出了停止供片、停业整改、取消电影专项资金先征后返等处理决定。国家新闻出版广电总局电影局还于 2016 年 1 月召开全国电影市场管理工作会议，特别强调电影企业必须坚持依法依规运营，要以公平方式开展竞争，谋求发展。电影局鼓励创新，但任何形式的创新都必须在严格执行法律法规的前提下进行，不能以创新的名义扰乱市场、破坏市场秩序；更不允许以电影为工具和手段，获取其他不正当特殊利益。

在比较法方面，西班牙电影法在总则中明确，本法的立法目的还在于加强维护电影业的自由竞争机制以对抗限制竞争的行为，包括在经销和展映的商业活动中，为上映某部影片而强制批量订购其他影片的行为。在第十条规定，电影和音像艺术研究院及各自治地区的相关机构有责任确保自由竞争的市场环境。为此，全国竞争委员会及各自治地区相关职权机构，应当对所有与反垄断的法律相抵触的行为、协议、做法，提供一份陈述其违法事实的报告并发布一份对其定性不具约束力的意见。

美国印第安纳州电影公平竞争法案就"不正当销售"问题作出规定，即在本州内进行电影交易筛选之前，对该电影的许可或者放映进行招标或者谈判，或者对该电影的许可或者放映提出条件或者达成协议。

第三十五条 在境内举办涉外电影节（展），须经国务院电影主管部门或者省、自治区、直辖市人民政府电影主管部门批准。

● 释　义

本条是对在境内举办涉外电影节（展）进行行政许可的规定。涉外电影节（展）对于促进中外文化交流，集聚电影产业发展要素，提升中国电影质量有重要意义。由于具有涉外因素，各种关系比较复杂，如申请主体、影片题材、道德风俗、艺术风格、管理办法、经济利益等，国家为了规范管理，保障国际关系正常发展，统筹安排，促进发展，加强合作，立法规定须经国家新闻出版广电总局或者省、自治区、直辖市人民政府电影主管部门批准。

本条规定在境内举办涉外电影节（展），须经国家新闻出版广电总局或者省、自治区、直辖市人民政府电影主管部门批准。其中"涉外电影节（展）"一般有三种情况：一是指上海国际电影节、北京国际电影节、丝绸之路国际电影节这类专门的国际电影节。二是有关单位依法与境外国家（地区）开展对等交流互办的电影展映活动。即在中国境内举办某个国家的电影展映，同时或者其他时间在该国举办中国电影展映的交流活动。例如2006年和2007年分别在中国举办俄罗斯年和中国年的系列文化活动，其中就有中国举办为期一周的俄罗斯电影展映活动。三是在国内的电影节中设置面向外国影片或者导演等主体的奖项，使得国内电影节具有一定的涉外因素。这三种情况都属于本条规定范畴，应当经过国家新闻出版广电总局或者省、自治区、直辖市人民政府电影主管部门批准。

电影是文化产品中最具有国际化特点的产品之一，是在世界上传播本国文化观念、提升本国文化软实力的重要载体和先锋力量，被誉为"装在铁盒子里的大使""国家的文化名片"。涉外电影节（展）是各国电影交流的平台，通过电影展映，大家可以以点带面地感受有关国家、地区的社情民意，在平等、自由的艺术交流中增进了解、加深友谊。随着我国对外开放程度的日益加深、对外投资力度的日益扩大，特别是"一带一路"战略构想的贯彻落实，电影在文化外交工作中具有日益重要的地位，举办涉外电影节（展）也将发挥积极而重要的作用。

目前，我国举办的专门的国际电影节主要有上海国际电影节、北京国际电影节、丝绸之路国际电影节等。上海国际电影节由上海市人民政府主办，诞生于1993年，是中国第一个获得国际电影制片人协会认证的国际A类电影节。每两年举办一届，每届上海国际电影节的最高荣誉"金爵奖"的8个奖项，都是由来自世界各国的国际评委评审产生的。北京国际电影节前身为北京国际电影季，创办于2011年，2012年变更为现有名称，由国家新闻出版广电总局、北京市人民政府主办。每年举办一届并设立评奖单元，主竞赛单元是天坛奖。丝绸之路国际电影节由国家新闻出版广电总局、陕西省人民政府和福建省人民政府主办，是继北京、上海国际电影节之后又一个综合性国际电影节，2014年起每年举办一届，在西安和福州轮流举办。另外，中国国际儿童电影节是由国家新闻出版广电总局电影局主办，以各国儿童故事片、儿童动画片、儿童电视纪录片等评选、展映为特色的国际电影交流活动，1989年创办，每两年举办一届，并将从2017年起在广州长期举办。中国长春电影节是由国家新闻出版广电总局、吉林省人民政府、长春市人民政府共同主办，以华语故事片评奖为主并具有国际性质的电影赛事。自1992年创办以来，两年一届，举办地为中国吉林省长春市。

为了利用电影形式增进与对象国之间的交流与理解，我国还每年举办大量的双边电影交流项目。例如2016年6月28日，中国乌兹别克斯坦电影节首先在京开幕，然后到上海、西安继续举办。这是中国和乌兹别克斯坦两国领导人达成加强两国电影交流与合作的共识后，在双方"互办电影节"的机制下，由中国国家新闻出版广电总局、乌兹别克斯坦国家电影署联合主办，中国电影海外推广公司承办。

另外由于发展需要，我国一些老牌的国内电影节，也开始吸引国外影片参展，构成前面我们提到的具有涉外因素的国内电影节。如 2013 年在湖北省武汉市举办的第 22 届中国金鸡百花电影节就有来自伊朗、意大利、新西兰、日本、朝鲜等国家的 30 部影片参加国际影展单元展映。经过武汉当地专家、群众共同选出"最受武汉观众喜爱"的外国影片、外国导演、外国男女演员共 4 个奖项。

正是由于涉外电影节的重要作用和意义,所以需要立法进行规范,通过规范管理来促进电影节和有序发展,为电影产业发展发挥应有的作用。

第四章　电影产业支持、保障

本章共十一条，主要是对国家支持创作、摄制电影的题材范围，财政资金、文化产业专项资金和基金支持电影产业，电影产业的税收优惠，保障、支持电影院建设和改造，电影产业的金融支持，电影行业的跨境投资，电影人才的扶持、培养，扶持农村地区、边疆地区、贫困地区和民族地区开展电影活动，鼓励、支持民族题材电影创作和电影少数民族语言文字译制，国产电影的境外推广，鼓励社会力量支持电影产业发展，电影主管部门的日常监督管理职责等作了规定，其中有关电影经济政策的规定具有重要意义。

文化经济政策是关于支持文化改革发展有关经济政策的统称，是国家经济政策在文化领域的具体体现，是推动文化产业跨越式发展的重要手段，是调控文化市场和文化产品创作生产方向的重要杠杆。

就电影方面而言，2014 年 6 月，财政部、国家发展改革委、国家新闻出版广电总局等七部门联合发布《关于支持电影发展若干经济政策的通知》，提出了以下支持电影发展的经济政策：一是加大相关专项资金支持力度。中央财政继续安排电影精品专项资金促进电影创作生产,其中每年安排1亿元资金,采取重点影片个案报批的方式,用于扶持5到10部有影响力的重点题材影片。在文化产业发展专项资金中,专门安排资金支持推动高新技术在电影制作中的应用、支持中国电影企业走出去、支持重要电影工业项目和高科技核心基地建设等。实施中西部地区县级城市影院建设资金补贴政策。二是对电影产业实行税收优惠政策。对电影制片企业销售电影拷贝(含数字拷贝)、转让版权取得的收入,电影发行企业取得的电影发行收入,电影放映企业在农村的电影放映收入,自2014年1月1日至2018年12月31日免征增值税。一般纳税人提供的城市电影放映服务,可以按现行政策规定选择按照简易计税办法计算缴纳增值税。三是对电影产业实行金融支持政策。支持符合条件的电影企业上市,鼓励电影企业发行公司债、企业债、集合信托和集合债、中小企业私募债等非金融企业债务融资工具;引导私募股权投资资金、创业投资基金等各类投资机构投资电影产业;中央财政对国家重点支持的电影基地、企业和项目,给予一定比例的贷款贴息和保费补贴。四是实行支持影院建设的差别化用地政策。鉴于影院用地来源形式多样,放映方式多样,为鼓励影院建设,可通过单独新建、项目配建、原地改建、异地迁建等多种形式增加观影设施,并针对不同情况分别实行协议、挂牌等差别化的土地供应政策。

国家通过文化经济政策对电影产业予以支持、扶持，是基于以下考虑：

一是这是由我国电影产业发展的现状所决定的。改革开放以来，中国电影产业有了长足的发展，逐步走上市场化和产业化的良性发展道路，电影产业收益逐年大幅提高。然而，由于起步晚、基础差等方面原因，与美国等电影产业已趋向成熟的西方国家相比较，我国电影产业规模化、集约化、专业化水平依然较低，企业自我发展能力、可持续发展能力、市场竞争能力仍旧不足，统一开放的市场体系尚不健全，规模偏小和资金短缺仍是制约我国电影产业发展的瓶颈。面对上述问题，通过文化经济政策的支持、扶持作用，促进我国电影产业的发展壮大，是必要而有力的解决手段。

二是，这是避免市场化的弱点、引导电影产业正确发展方向的需要。电影产业应当坚持社会效益优先，实现社会效益和经济效益相统一。但市场本身存在着固有的缺陷和短板，需要政府发挥积极的引导、鼓励、扶持和保障作用。某些时候资本的运作规律与艺术的创作规律是不相协调的，需要政府有意识的引导；对于资本回报率较低、回报周期过长的电影产业的某些领域、环节，如作为电影产业基础的人才、科技等方面，需要加大财政资助力度，并引导资本投入；对于盈利预期不确定但社会效益突出、行业贡献明显的主旋律影片、艺术影片等，需要提供创作、摄制、发行、放映等方面的扶持措施；对于农村地区、边远地区、民族地区、贫困地区等经济欠发达地区观影需求的现实满足和潜在市场培育，也需要政府采取多种措施；对于推动国产电影走出去，更好地传播民族传统文化、国家良好形象，更需要政府加大引导、协调和支持力度。

三是通过积极的文化经济政策加大对电影产业的干预，是国际通例。各国在电影立法中均重视对产业发展的激励促进，制定各种推进电影产业发展的优惠政策和措施。各国对电影产业都进行了一定程度的外部干预，其共同特点是，以积极的文化政策为主轴，辅之以产业振兴政策加以推动。如德国的电影产业促进法规定了项目资助机制，对欧盟国家、德国以及欧盟经济区国家摄制的、能够提高德国电影质量和经济效益的电影提供项目资助资金。意大利电影法规定对电影创作、制片、发行、出口等均实施全面的税收优惠、减免。以韩国为代表的亚洲新兴国家，近年来不断加大促进电影产业发展的力度，先后制定了电影产业促进法、文化产业振兴法等法律，政府设立文化产业振兴院等专门机构，有力地推动了这些国家文化产业发展。

第三十六条 国家支持下列电影的创作、摄制：

（一）传播中华优秀文化、弘扬社会主义核心价值观的重大题材电影；

（二）促进未成年人健康成长的电影；

（三）展现艺术创新成果、促进艺术进步的电影；

（四）推动科学教育事业发展和科学技术普及的电影；

（五）其他符合国家支持政策的电影。

● 释　义

本条是关于国家支持电影创作、摄制以及支持电影范围的规定，是对宪法第四十七条的贯彻落实。作为电影产业支持、保障一章的首条，本条确定了国家对电影创作、摄制予以支持的经济政策，划定了支持、扶持的电影题材范围，为本章其他条文规定的扶持、促进措施明确了目标和对象。目前，一些电影产品粗制滥造、过度浮夸、不接地气，存在过度娱乐化倾向，"唯票房论"严重影响了电影作为文化艺术的健康发展，原创能力不足、艺术性水平不高已成为电影产业发展的一大制约因素。要激发业界的创作热情和活力，不断提高电影的艺术水平，传承和发扬中华传统文化，保持正确的发展方向，需要有政策的引导，不能放任市场自由而为。国家对弘扬社会主义核心价值观等题材影片进行扶持，既引导正确创作导向，又对投资方、创作人员给予鼓励、支持，对提高电影质量、保障观众观看高水平的电影作品发挥了重要作用。

按照本条规定，国家支持创作、摄制的电影题材有以下五个方面内容：

(一）传播中华优秀文化、弘扬社会主义核心价值观的重大题材电影

"中华优秀文化"既包括五千多年的中华民族传统文化，又有党和人民伟大斗争中孕育的革命文化和社会主义先进文化，也包括以改革开放为核心的时代精神。习近平总书记指出，中华民族创造了源远流长、博大精深的中华文化，中华文化是中华民族创造的精神财富，反映了中华民族强大的文化创造力。习近平总书记在庆祝中国共产党成立95周年大会上的讲话中指出，文化自信，是更基础、更广泛、更深厚的自信。在五千多年文明发展中孕育的中华优秀传统文化，在党和人民伟大斗争中孕育的革命文化和社会主义先进文化，积淀着中华民族最深层的精神追求，代表着中华民族独特的精神标识。文化的生命力在于创新，对优秀传统文化进行"创造性转化、创新性发展"，"以时代精神激活中华优秀传统文化的生命力"。2015年9月，中共中央办公厅、国务院办公厅印发《关于推动国有文化企业把社会效益放在首位、实现社会效益和经济效益相统一的指导意见》提出，要"努力创作生产更多传播当代中国价值观念、体现中华文化精神、弘扬中华优秀传统文化、反映中国人民奋斗追求的优秀文化产品。"

社会主义核心价值观是社会主义核心价值体系的内核，体现社会主义核心价值体系的根本性质和基本特征，反映社会主义核心价值体系的丰富内涵和实践要求，是社会主

义核心价值体系的高度凝练和集中表达。党的十八大提出，倡导富强、民主、文明、和谐，倡导自由、平等、公正、法治，倡导爱国、敬业、诚信、友善，积极培育和践行社会主义核心价值观。富强、民主、文明、和谐是国家层面的价值目标，自由、平等、公正、法治是社会层面的价值取向，爱国、敬业、诚信、友善是公民个人层面的价值准则，这二十四个字是社会主义核心价值观的基本内容，为培育和践行社会主义核心价值观提供了基本遵循。党的十八大报告和十八届三中全会《中共中央关于全面深化改革若干重大问题的决定》提出，积极培育和践行社会主义核心价值观。党的十八届四中全会《中共中央关于全面推进依法治国若干重大问题的决定》明确提出，大力弘扬社会主义核心价值观。2016年11月30日，习近平总书记在中国文联十大、中国作协九大开幕式上的讲话中指出，社会主义核心价值观是当代中国精神的集中体现，是凝聚中国力量的思想道德基础。广大文艺工作者要把培育和弘扬社会主义核心价值观作为根本任务，坚定不移用中国人独特的思想、情感、审美去创作属于这个时代、又有鲜明中国风格的优秀作品。《国务院办公厅关于促进电影产业繁荣发展的指导意见》（国办发〔2010〕9号）提出"弘扬社会主义核心价值体系"。

社会主义核心价值观与中华优秀传统文化是内在统一的。社会主义核心价值观充分体现了对中华优秀传统文化的继承和升华。社会主义核心价值观在吸收中华优秀传统文化丰富营养的基础上逐步发展和完善，是中华优秀传统文化在现代社会的延续。中华优秀传统文化是社会主义核心价值观的深厚沃土，离开优秀传统文化的滋养，社会主义核心价值观将变成无源之水、无本之木。新的时代，应正确认识中华优秀传统文化与社会主义核心价值观的关系，大力弘扬中华优秀传统文化，推进社会主义核心价值观的培育和践行。

"重大题材"影片主要包括重大革命和重大历史题材影片。目前对重大题材影片实行剧本审查，进行立项审批。传播中华优秀文化、弘扬社会主义核心价值观的重大题材电影，如《建国大业》《建党伟业》等主旋律电影、反映道德力量的《杨善洲》《郭明义》等电影，在我国电影中发挥着风向标的作用，是讲好中国故事、塑造中国形象的重要载体，在弘扬民族文化、树立和谐意识、强化国家观念等方面发挥着重要作用，真正做到了思想性、艺术性、观赏性相统一，这是国家政策必须予以支持的重点所在。

（二）促进未成年人健康成长的电影

根据未成年人保护法规定，未成年人是指未满十八周岁的公民。未成年人是身心发育尚未成熟的特殊群体。从心理特征看，未成年人感知表象化，注意力不稳定、不持久，好奇心强，模仿性强，自我控制力差，心理品质可塑性大，以机械记忆为主，以形象思维为主，等等。这些特征决定了未成年人需要国家、社会、学校和家庭给予关心和爱护。作为社会的一部分，他们不可避免地要受到社会环境的影响。社会文化、风俗、传统、习惯、生活方式，以及周围人的行为等，随时随地都在影响未成年人意识的形成和行为的塑造。对于未成年人保护方面的立法，其目的就是保护未成年人的身心健康，保障未成年人的合法权益，促进未成年人在品德、智力、体质等方面全面发展，培养有理想、有道德、有文化、有纪律的社会主义建设者和接班人。未成年人保护法规定，未成年人享有生存权、发展权、受保护权、参与权等权利；国家根据未成年人身心发展特点给予特殊、优先保护，保障未成年人的合法权益不受侵犯。保护未成年人的工作，应当遵循尊重未成年人的人格尊严、适应未成年人身心发展的规律和特点、教育与保护相结合等原则。

未成年人保护可以根据保护方式的不同，分为两类：一类是国家、社会、学校和家庭主动采取正面引导的措施，促进未成年人健康成长；另一类是国家、社会、学校和家庭采取保护措施，避免或者减少未成年人因受到消极影响而使未成年人身心健康受到损害。从电影产业角度来说，本条规定主要是从前一类的角度，支持、鼓励促进未成年人健康成长的电影的制作；为了防止未成年人身心健康受到损害，本法第十六条规定电影不得含有侵害未成年人合法权益或者损害未成年人身心健康的内容，第二十条规定了可能引起未成年人等观众身体或者心理不适的提示义务。

本项所称的"促进未成年人健康成长的电影",即我们通常所称的"少儿片"。创作、摄制以未成年人为受众群体的电影,要符合未成年人的欣赏情趣,适合未成年人的欣赏需求,贴近未成年人的实际生活,有利于未成年人增强爱国情感,树立崇高理想,确立远大志向,培养文明行为,全面提高思想道德素质、科学文化素质和身心健康素质,使电影成为未成年人学习知识、提高素质的重要途径,成为陶冶情操、愉悦身心的精神园地。近年来,国内观众群体逐渐趋向低龄化、年轻化,80后、90后逐渐成为电影市场的消费主力军,各大制片单位也纷纷制作大量的青春片、动画电影。与此同时,少年儿童影片以量取胜、高产低质的问题亟需解决。2015年的金鸡奖评选空缺了最佳儿童片奖就是这一现状的表现。本条规定国家对促进未成年人健康成长的电影给予支持,是要引导未成年人电影的创作方向,鼓励创作、推广和传播符合未成年人身心发展的优秀电影片;同时,要求摒弃电影片中不利于未成年人健康成长的思想倾向、价值取向、人生志向等内容,为未成年人健康成长提供良好的文化环境。

(三) 展现艺术创新成果、促进艺术进步的电影

本项所称"展现艺术创新成果、促进艺术进步的电影",即我们通常所称的艺术影片。电影既是一种商业活动,同时也是一种艺术活动。电影的艺术特性是电影作为

文化重要组成部分存在的基础，也是艺术影片得以产生、发展并保持生命力的基础。艺术影片并非一个严格的概念，是相比较于商业片而言的。艺术影片一般都采用独特的象征手法，艺术形式比较诗意，唯美主义气息浓郁，表达导演的某种情感、意境或观念，其主题一般是探求哲理、艺术，挖掘人生感悟和精神诉求等等，以追求艺术的创新和表现力为主，对电影艺术乃至文化艺术的发展繁荣发挥了重大作用。通常艺术影片的制作成本比商业片要低，娱乐性不高，不像商业片往往是为了迎合广大观众的欣赏口味，以知名导演、大腕明星等吸引大众的因素为主要卖点，追求票房及其衍生产品的市场价值。因此，艺术影片具有一定的"小众性"。

近些年来随着我国电影产业的迅猛发展，观影群体规模日益扩大，大量资本涌向文化产业领域，商业大片层出不穷，以票房论英雄的观念一度成为充斥电影产业的思潮，很多知名导演、演员纷纷转向商业大片的制作，电影的商业性、娱乐性在逐利资本驱动下成为电影业界的潮流。而艺术影片逐渐被边缘化，很难得到观众的重视与关注，造成的结果就是在创作、制作、排片、融资等各个环节受到挤压，随着电影的产业化发展，艺术影片反而越来越走入困境。即使如此，仍有一些电影人出于对艺术的执着追求，坚持艺术影片的创作、制作，也得到了观影群众的认可。

从世界各国的相关情况看，通常采用给予资助、发展艺术院线等方式来支持艺术影片的发展。本条规定将艺术影片纳入国家支持、扶持的范围,既是对我国电影产业扶持经验的总结延续,也借鉴了国际上行之有效的经验做法,是符合我国电影产业发展规律的。

(四) 推动科学教育事业发展和科学技术普及的电影

本项所称的"推动科学教育事业发展和科学技术普及的电影",即我们通常所称的科学教育影片(简称"科教片")。科学教育影片是运用电影的形象化手段,解释自然现象和社会现象,传播科学知识的影片,内容上强调准确真实,表现形式上力求生动活泼、深入浅出,在发展科学事业、促进经济建设和社会发展、提高人民群众的科学文化素质方面具有重要作用。科学教育影片一般选题范围非常广泛,涉及科学的方方面面。按照内容、任务和对象的不同,科学教育影片大致可分为科学普及影片、科学研究影片、技术传授影片、教学影片、科学杂志影片、军事教育影片、社会教育影片等。由于科学教育影片具有广泛的群众性和鲜明的形象性,长期以来作为传播科学技术知识的重要途径,受到了人民群众的欢迎,收到了很好的效果。

为了实施科教兴国战略和可持续发展战略,加强科学技术普及工作,提高公民的科学文化素质,科学技术普及法规定,开展科学技术普及应当采取公众易于理解、接受、参与的方式,电影行业应当加强科普电影作品的制作、发行和放映,发挥自身优势做好科普宣传工作。《国务院办公厅关于促进电影产业繁荣发展的指导意见》（国办发〔2010〕9号）提出，要积极促进动画片、纪录片、科教片以及适合网络、手机等新媒体新形式传播的产品的生产。

（五）其他符合国家支持政策的电影

这一项规定是兜底条款。即除本条规定的上述四种电影外，国家可以根据不同时期的经济社会发展情况，调整国家支持政策，将需要予以支持、扶持的电影纳入政策保障范畴。

在比较法层面，许多国家在电影创作摄制资助政策中均明确了应予以重点资助的电影类型，或者排除了不应予以资助的电影类型。例如，意大利电影法第十三条明确电影制作、发行、管理及技术基金在制片领域的资助对象是文化类影片，后者是指符合本国文化性质的，不仅具备成熟技术，且呈现富有意义的文化或艺术特质以及优秀观赏价值的影片。德国电影产业促进法第十九条［不享有资助条件的电影］规定，如果推荐电影、新电影或电影摄制计划违反宪法或法律的规定，或有损伦理或宗教情感，则不予提供资助援助。

第三十七条 国家引导相关文化产业专项资金、基金加大对电影产业的投入力度，根据不同阶段和时期电影产业的发展情况，结合财力状况和经济社会发展需要，综合考虑、统筹安排财政资金对电影产业的支持，并加强对相关资金、基金使用情况的审计。

释　义

本条是关于统筹安排财政资金、引导相关文化产业专项资金和基金支持电影产业的规定。根据本条规定，国家应当通过制定相应管理规定、完善投资模式、优化项目组合等方式，引导文化产业专项资金、基金等加大对电影产业的投入力度；根据产业发展上升期、关键期、平稳期等阶段性特征，并结合国家财政收支情况、财政盈余状况，以及电影产业等关联经济领域对资金需求情况、人民群众电影消费需求情况等各种情况，在综合考虑上述情况的基础上，统筹安排财政资金，对电影产业采取投资、补贴、资助等各类支持措施。本条最后还规定了"加强对相关资金、基金使用情况的审计"。考虑到相关资金、基金数额巨大，特别是有的还由财政资金投入，因此必须加强监管和审计。如电影专项资金每年接受国家审计署委派的审计单位，以及国家新闻出版广电总局委托的社会审计机构的审计。

实践中，我国政府出台了许多有关支持电影产业发展的财政政策，设立了文化产业发展专项资金、电影事业发展专项资金、电影精品专项资金等，利用财政出资引导、带动其他各类社会资本投入。

一是文化产业发展专项资金。按照国务院要求，财政部 2008 年设立文化产业发展专项资金，专项用于扶持我国包括电影产业在内的文化产业发展，并配套制定了《文化产业发展专项资金管理暂行办法》(2012年修订)。设立专项资金对于推动文化产业快速发展和结构升级，对于转变政府职能和规范政府文化投资行为，对于充分发挥政府在文化产业发展中的引导、扶持、推动、调控和服务作用具有重要意义。专项资金由中央财政安排，专项用于提高文化产业整体实力，促进经济发展方式转变和结构战略性调整，推动文化产业跨越式发展，重点支持以下几个方面：推进文化体制改革，对中央级经营性文化事业单位改革过程中有关费用予以补助，并对其重点文化产业项目予以支持；培育骨干文化企业；对中央确定组建的大型文化企业集团公司重点发展项目予以支持，对文化企业跨地区、跨行业、跨所有制联合兼并重组和股改等经济活动予以支持；构建现代文化产业体系，对国家文化改革发展规划所确定的重点工程和项目、国家级文化产业园区和示范基地建设、文化内容创意生产、人才培养等予以支持，并向中西部地区、特色文化产业和新兴文化业态倾斜；促进金融资本和文化资源对接，对文化企业利用银行、非银行金融机构等渠道融资发展予以支持；对文化企业上市融资、发行企业债等活动予以支持；推进文化科技创新和文化传播体系建设，对文化企业开展高新技术研发与应用、技术装备升级改造、数字化建设、传播渠道建设、公共技术服务平台建设等予以支持；推动文化企业"走出去"，对文化企业扩大出口、开拓国际市场、境外投资等予以支持；财政部确定的其他文化产业发展领域。

专项资金支持采取项目制，分为重大项目和一般项目。重大项目，是指财政部按照国家文化改革发展规划要求，组织实施的文化产业重点工程和项目。一般项目，是指申请人按照《文化产业发展专项资金管理暂行办法》所确定的支持方向自行申报的文化产业项目。财政部根据专项资金支持方向和文化产业发展需要印发年度专项资金重大项目申报通知和一般项目申报通知。符合申报通知要求的部门或企事业单位可按要求申报重大项目；符合申报通知要求的在中国境内设立的企业，以及从事文化产业相关工作的部门或事业单位可按要求申报一般项目。专项资金的支持方式比较多元，包括：项目补助，对符合支持条件的重点发展项目所需资金给予补助；贷款贴息，对符合支持条件的申报单位通过银行贷款实施重点发展项目所实际发生的利息给予补贴；保费补贴，对符合支持条件的申报单位通过保险公司实施重点发展项目所实际发生的保费给予补贴；绩效奖励，对符合支持条件的申报单位按照规定标准给予奖励，等等。

据有关方面统计，截至 2016 年 4 月，专项资金累计安排 242 亿元，支持项目 4100 多个。设立专项资金，表明了政府对文化产业发展的重视，向全社会传达着政府支持文化产业发展的坚决态度和立场，引起社会各界对文化产业发展的极大关注，并激发企业、社会和个人投资文化产业的热情和动机。专项资金能够撬动企业、社会和个人资金，并切实将其引入文化产业领域。为了加快完善专项资金管理模式，提高专项资金使用效益，近年来除保留部分资金继续用于落实党中央、国务院和宣传文化部门确定的重大政策、项目外，财政部对文化产业发展专项资金管理模式作出重大调整，加快由无偿向有偿、由直接分配向间接分配转变，努力实现市场化配置目标。一方面，立足理顺政府与市场关系，完善财政参股基金出资模式，适当扩大参股基金范围，将"有形的手"与"无形的手"有机衔接。安排10亿元参股全国14只优秀文化产业基金，直接撬动其他各类资本120亿元，投资领域涵盖文化产业主要门类，发挥了财政杠杆作用和乘数效应，提高了资源配置效率。另一方面，聚焦"双创"融资难题，首次探索开展债权投资扶持计划，形成财政出资引导、文投集团配套跟进的全新投入机制。依托北京文投、陕西文投两家全国领先的省级文投集团，中央财政出资5.6亿元、带动配套46.8亿元，推进完善融资租赁、无形资产质押等创新型业务，直接降低了融资成本，为破解长期困扰文化企业发展的融资难、融资贵问题提供了新的思路。

二是电影事业发展专项资金。设立电影专项资金是国际上许多国家为保护民族电影通用的做法，如马来西亚、法国、韩国等。1991年，当时的国家物价局、广电部、国家工商局、财政部和国家税务局联合发文设立电影专项资金，从每张电影票的收入里提取5分钱，用于补贴电影制作和放映等方面。电影专项资金设立当年，便实现收入2200万元。1996年，财政部、原广播电影电视部联合印发了《国家电影事业发展专项资金管理办法》，明确提出国家对县及县以上城市电影院电影票房收入，按5%的标准征收国家电影事业发展专项基金。2015年，财政部、国家新闻出版广电总局印发了《国家电影事业发展专项资金征收使用管理办法》（财税〔2015〕91号），规定国家对办理工商注册登记的经营性电影放映单位（包括对外营业出售电影票的影院、影城、影剧院、礼堂、开放俱乐部，以及环幕、穹幕、水幕、动感、立体、超大银幕等特殊形式电影院），按其电影票房收入的5%征收国家电影事业发展专项资金。2016年，财政部、国家新闻出版广电总局印发了《中央级国家电影事业发展专项资金预算管理办法》（财教〔2016〕4号），对中央级国家电影事业发展专项资金的使用范围和资助标准等问题进行了明确规定。各省、自治区、直辖市也纷纷出台地方性电影事业发展专项资金管理办法，明确资金使用范围和资助标准等问题。

电影专项资金属于政府性基金，全额上缴中央和地方国库，纳入中央和地方政府性基金预算管理。中央和省两级分别设立国家和省级电影专项资金管理委员会，按照职责分工管理电影专项资金。电影专项资金按照4：6比例分别缴入中央和省级国库。电影专项资金使用范围包括：资助影院建设和设备更新改造；资助少数民族语言电影译制；资助重点制片基地建设发展；奖励优秀国产影片制作、发行和放映；资助文化特色、艺术创新影片发行和放映；全国电影票务综合信息管理系统建设和维护；经财政部或省级财政部门批准用于电影事业发展的其他支出。为了确保电影专项资金的合理使用，有关方面陆续出台了一系列规范文件，分别从技术和资金层面，对制片方、影院进行了返还专项资金、资金奖励等形式的财政补贴，进一步推动电影产业发展。

三是电影精品专项资金。1996年，原广播电影电视部和财政部印发了《关于设立支持电影精品"九五五〇"工程专项资金有关规定的通知》，设立部、省两级"支持电影精品'九五五〇工程'专项资金"。电影精品专项资金由电视广告收入中提取部分资金建立。中央电视台每年按电视广告纯收入（缴纳营业税后的纯收入）的3%计算，上缴广播电影电视部（每年不少于3000万元），专户存储，支持电影精品摄制。各省、自治区、直辖市的省级电视台按其电视广告纯收入的3%计算，上缴给省广播电视（影视）厅（局），专户存储，支持电影精品摄制。计划单列市及省会城市电视台是否上缴，由各省、自治区决定。电影精品专项资金专项用于支持电影精品的摄制，没有制片厂的省、自治区、直辖市，则用以支持"五个一工程"中的电影拍摄。此后，各省、自治区、直辖市也纷纷设立了电影（广播影视、文艺）精品专项资金，用于支持电影精品摄制。

2007年，财政部制定了《电影精品专项资金管理办法》，将该专项资金改为"由中央财政在预算内安排"，2015年财政部对该管理办法进行了修订。按照新修改的管理办法，电影精品专项资金主要用于支持优秀国产影片创作生产和宣传推广、电影人才队伍建设、国产电影新技术推广应用等。具体包括：华表奖和夏衍杯优秀电影剧本奖；优秀国产影片剧本创作；优秀国产影片摄制；优秀国产影片宣传推广；电影新技术、新工艺的推广应用；国产电影"走出去"；电影人才队伍建设；购买农村电影公益性放映版权、保护电影版权等。

四是产业投资基金。上述专项资金基本都是由国家财政支出，难以满足我国电影产业的巨大融资需求。随着我国电影产业的快速发展，银行贷款、企业自有资金等传统的资金来源也已经不能完全满足我国电影产业的资金需求，电影产业投资基金逐渐发展起来。产业投资基金首先需要筹集资金，在电影产业投资基金领域，资金的来源主要包括政府、金融机构、企业、境外资本等。

发展电影产业投资基金最直接的目的和作用就是为闲置资金寻找增值机会，同时解决电影产业发展融资难题，促进整个产业更优更快地前进。亦可以通过产业投资基金发展所积累的信息和资源，打造专业化的电影产业信息交流平台，优化电影产业资源配置，使创意资源、制作资源、终端资源、金融资源等能够自由流动，以改变过去少数名导、名企一统天下，多数中小电影企业苦苦挣扎的局面。也可以在此基础上，寻找新的突破口，培育、催生大的电影形象和品牌，打造专业化的电影产业链，促进产业结构升级。过去大多数投资者对于电影的投资方式往往只顾眼前，缺少完整可持续性的发展规划，因而中国难以培育出类似"迪士尼""哈利波特"等著名的电影品牌。电影产业投资基金基于其专业性市场化的运作，在资本逐利性的驱动下，会自然推动赢利大、发展前景好的品牌的发展，继而有望形成中国自己的具有竞争力和延展性的强势电影品牌。除此之外，电影产业投资基金还能配合国家投资，推动电影产业基础设施的建设和发展。从发达国家的经验来看，发展产业投资基金不失为一条为基础设施发展融资的有效途径。而我国的人均银幕数量远远低于发达国家，其他相关基础设施建设也比较落后，有产业投资基金的支持，必将加快其发展的脚步，从基础上推动我国电影产业的发展。另外，还能通过电影产业投资基金的发展推动国有电影企业和相关文化单位的转企改制，促进电影产业市场化程度的提高，优化产业的资本市场结构等。

在比较法层面，法国、德国、意大利、韩国等诸多国家均通过在电影立法中明确设立电影产业发展资金、基金等方式，对本国电影产业予以资金的扶持。

第三十八条 国家实施必要的税收优惠政策，促进电影产业发展，具体办法由国务院财税主管部门依照税收法律、行政法规的规定制定。

☛ 释　义

本条是关于电影产业税收优惠政策的规定。《中共中央关于全面深化改革若干重大问题的决定》提出，税收优惠政策统一由专门税收法律法规规定。因此，本条就税收优惠政策作了简要规定，一是明确国家实施税收优惠政策的目的是促进而非限制电影产业发展，二是税收优惠政策的对象、税种以及减税、免税、退税、税收抵扣等具体措施问题应由国务院财税主管部门，即国家财政部、国家税务总局依照企业所得税法等税收法律、增值税暂行条例等税收行政法规的规定制定。

增值税方面，由于广播影视服务被纳入到增值税征税范围，电影业的制作、发行、放映业务由之前缴纳营业税改为缴纳增值税，并以年所得是否达到500万元为标准分为一般纳税人和小规模纳税人，分别适用6%的税率和3%的征收率。在企业所得税方面，对符合高新技术企业规定的电影企业，减按15%的税率征收企业所得税；电影企业开发新技术、新产品、新工艺的研究开发费用，可以按照规定在计算所得额时加计扣除。

在出口方面，电影企业在境外提供电影的发行、播映服务以及向境外单位提供电影制作服务免征增值税；出口图书、音像制品、电子出版物、电影电视完成片可以按规定享受增值税出口退税政策。

目前电影行业的优惠措施主要针对增值税。根据财政部、海关总署、国家税务总局《关于继续实施支持文化企业发展若干税收政策的通知》（财税〔2014〕85号）的规定，自2014年1月1日至2018年12月31日止，新闻出版广电行政主管部门（包括中央、省、地市及县级）按照各自职能权限批准从事电影制片、发行、放映的电影集团公司（含成员企业）、电影制片厂及其他电影企业取得的销售电影拷贝（含数字拷贝）收入、转让电影版权（包括转让和许可使用）收入、电影发行收入以及在农村取得的电影放映收入免征增值税。一般纳税人提供的城市电影放映服务，可以按现行政策规定，选择按照简易计税办法计算缴纳增值税。

2009年7月，国务院审议通过了《文化产业振兴规划》，要求进一步贯彻落实相关税收优惠政策，加大税收扶持力度，支持文化产业发展。

2010年3月11日，财政部、国家税务总局下发《关于国家电影事业发展专项资金营业税政策问题的通知》（财税〔2010〕16号），规定电影放映单位营业税为全额计税，上缴的国家电影事业发展专项资金不得扣除。

2012年12月4日，财政部、国家税务总局下发《关于交通运输业和部分现代服务业营业税改征增值税试点应税服务范围等若干税收政策的补充通知》(财税〔2012〕86号),将试点地区的电影业纳入到营改增的范围,同时规定对试点电影企业转让电影版权免征增值税。2013年5月24日,财政部、国家税务总局下发《关于在全国开展交通运输业和部分现代服务业营业税改征增值税试点税收政策的通知》(财税〔2013〕37号),明确从2013年8月1日起,将全国范围的广播影视服务业纳入到增值税征税范围。

在比较法上,一些国家电影立法对税收优惠政策予以了明确规定。如西班牙电影法附加条款第四条［税收鼓励的咨询］中规定,如果电影或者音像的创作是由一个经济利益集团完成的,税收减半。匈牙利电影法第四十条规定:"如果根据电影法第二十一条的规定,某部电影未被列入第5级,则在电影办公室为纳税者颁发的许可证中已经列出,纳税者的税前利润应减去50%的投资额。"

第三十九条 县级以上地方人民政府应当依据人民群众需求和电影市场发展需要,将电影院建设和改造纳入国民经济和社会发展规划、土地利用总体规划和城乡规划等。

县级以上地方人民政府应当按照国家有关规定,有效保障电影院用地需求,积极盘活现有电影院用地资源,支持电影院建设和改造。

► 释　义

本条是关于保障、支持电影院建设和改造的规定。电影院是城镇区域主要的观影场所,电影院的数量、规格、布局是否合理将直接影响到人民群众观影需求能否满足,电影市场发展能否有序进行。由于电影院属于电影产业中的"重资产"领域,其建设和改造问题尤其应当得到政府的引导、保障和支持。

本条第一款是对电影院建设及相关规划的规定。电影院是为观众放映电影的场所。电影在产生初期,是在咖啡厅、茶馆等场所放映的。随着电影的进步与发展,出现了专门为放映电影而建造的电影院。电影的发展从无声到有声乃至立体声,从黑白片到彩色片,从普通银幕到宽银幕乃至穹幕、环幕,使电影院的形体、尺寸、比例和声学技术都发生了很大变化。电影院是保障观众正常观看影片的场所,又是人员密集场所,技术含量和安全卫生要求都高,特别是新建电影院由传统单厅向数字多厅发展,功能更加多样,建筑工艺和安保、环保方面的要求更加严格。

关于电影院的建设有多项国家标准和行业标准,如建设部发布了《电影院建筑设计规范》(JGJ58—2008),原国家广播电影电视总局发布了《数字影院暂行技术要求》(GD/J017—2007)、《数字影院(中档)放映系统技术要求》(GD/J1014—2007),国家质量监督检验检疫总局、国家标准化管理委员会发布了《电影院星级的划分与评定》（GB/T—21048—2007）。上述标准对电影院的设计规划提出了一些规范化要求。如《电影院建筑设计规范》（JGJ58—2008）第3.1.1条规定"电影院选址应符合当地总体规划和文化娱乐设施的布局要求"。

考虑到人民群众的需求和电影院建设设计规划的诸多要求，因此本款规定县级以上地方人民政府应当将电影院建设和改造纳入国民经济和社会发展规划、土地利用总体规划和城乡规划。上述有关规划的编制、执行工作由《国务院关于加强国民经济和社会发展规划编制工作的若干意见》和土地管理法、城乡规划法予以详细规定。其中，国民经济和社会发展规划是全国或者某一地区经济、社会发展的总体纲要，以国民经济、科技进步、社会发展、城乡建设为对象，体现了国家或地方在规划期内国民经济的主要活动、科技进步的主要方向、社会发展的主要任务以及城乡建设的各个方面所作的全面规划、部署和安排，提出政府在规划期内经济社会发展的方针政策、战略目标、主要任务、实施重点，是具有战略意义的指导性文件。土地利用规划是指在土地利用的过程中为达到一定的目标，对各类用地的结构和布局进行调整或配置的长期计划，是根据土地开发利用的自然和社会经济条件，历史基础和现状特点，国民经济发展的需要等，对一定地区范围内的土地资源进行合理的组织利用和经营管理的一项综合性的技术经济措施。土地利用规划一般分为全国性、区域性的总体规划和生产单位内部的土地利用规划两种。城乡规划是各级政府统筹安排城乡发展建设空间布局,保护生态和自然环境,合理利用自然资源,维护社会公正与公平的重要依据,具有重要公共政策的属性。将电影院的建设和改造纳入上述规划,有助于从产业布局、土地利用和城乡设计等方面对电影院进行统筹考虑。

本条第二款是对电影院用地保障的规定。电影院建筑是文化建筑类型的重要组成部分,对当地的文化建设起着重要作用,往往成为当地的重点文化设施。电影院的基地选择应充分考虑到人、建筑、环境的基本原则,一是要保证人员的安全、卫生和健康,二是不能对当地环境产生破坏,三是不妨碍当地城市交通,同时还要减少对相邻建筑的影响。电影院选址要进行人口密度趋势预测和市场容量的分析,特别是交通、人口密度、地段、多种经营状况等都对电影院经济产生极大影响,所以电影院的建设要符合当地规划、文化设施布点要求,同时要兼顾经济效益和社会效益。目前商业化运营的电影院大致有以下几种类型:一是,大型购物中心,这是全球目前较为流行、较为典型的电影院选址方式;二是,社区影院,建在居住人口较为密集的社区购物中心内,为社区文化娱乐功能配套的电影院;三是,其他类型影院,主要指历史原因沉淀下来的老影院。

本款主要从用地保障方面规定了对电影院建设和改造

的支持促进措施，要求县级地方人民政府应当按照国家有关规定进行保障和支持。2014年，财政部、国家发展改革委、国土资源部、住房和城乡建设部、中国人民银行、国家税务总局、新闻出版广电总局联合发布了《关于支持电影发展若干经济政策的通知》（财教〔2014〕56号），提出实行支持影院建设的差别化用地政策。鉴于影院用地来源形式多样，放映方式多样，为鼓励影院建设，可通过单独新建、项目配建、原地改建、异地迁建等多种形式增加观影设施，并针对不同情况分别实行协议、挂牌等差别化的土地供应政策。同时，强调各地应根据当地影院建设和发展实际，科学规划影院建设布局和总量，防止低水平重复建设和过度竞争，确保影院建设有序进行。影院建设过多的地区应严格控制新建影院数量，以调整优化影院布局、结构作为重点；影院建设滞后的地区，应按相关规划，积极推进影院建设。

在比较法层面，法国电影和动画法、意大利电影法等在电影院建设、改造许可环节均注重对电影院布局合理规划的考虑。另外，西班牙电影法第十五条规定："国家行政管理部门或者自治地区的行政管理部门应当在其职权范围内与地方行政管理部门合作，建立市政府经营的电影院，以推广电影多种表现形式。市政府经营的电影院限于在私营电影院有亏损的地区推行，或者让这些市政电影院放映与商业电影院放映的内容不同性质的文化节目"。

第四十条 国家鼓励金融机构为从事电影活动以及改善电影基础设施提供融资服务,依法开展与电影有关的知识产权质押融资业务,并通过信贷等方式支持电影产业发展。

国家鼓励保险机构依法开发适应电影产业发展需要的保险产品。

国家鼓励融资担保机构依法向电影产业提供融资担保,通过再担保、联合担保以及担保与保险相结合等方式分散风险。

对国务院电影主管部门依照本法规定公告的电影的摄制,按照国家有关规定合理确定贷款期限和利率。

▌ 释 义

本条是关于电影产业金融支持的规定。

为了解决电影企业融资难的困境,本条四款分别从融资、保险、担保、信贷等不同方面提出了具体措施。

本条第一款是对金融机构融资服务的规定。电影行业是一个相对高风险的行业,这与金融业规避风险的原则有所冲突,因此影响了电影产业对金融机构及其他社会资金的吸引能力。近年来,我国电影产业的投资规模涨幅上升较快,但影视产业发展资金的短缺问题仍是限制电影发展的重要因素。本款提出了国家鼓励金融机构为从事电影活动以及改善电影基础设施提供融资服务的总体要求。这一要求具体可以从三个角度来理解。一是提供融资服务的主体为金融机构，包括了银行、证券公司、保险公司、信托投资公司、基金管理公司等。我国电影行业现行主要的融资方式有银行贷款、证券市场融资、私募基金融资等，都与上述金融机构密切相关。二是提供融资服务的对象是从事电影活动以及改善电影基础设施。除了从事电影创作、摄制、发行、放映等活动可以获得融资服务外，改善电影基础设施，如升级改造电影院等，也是可以享受融资服务的。三是国家对金融机构提供融资服务予以鼓励，这种鼓励通常由相应的配套政策予以落实。如2009年国务院出台的《文化产业振兴规划》提出，支持有条件的文化产业进入主板、创业板上市融资，鼓励已上市文化企业通过公开增发、定向增发等再融资方式进行并购和重组，迅速做大做强。

值得关注的是，本款还专门规定了知识产权质押融资这一具有电影行业特色的融资业务。知识产权质押是权利质押的一种形式，指知识产权权利人以合法拥有的专利权、注册商标专用权、著作权等知识产权中的财产权为质押标的物作为债务的担保，经评估作价后向银行等融资机构获取资金，并按期偿还资金本息的一种融资行为。电影产业作为文化产业的一种，通常缺乏用流动资产和固定资产向银行担保贷款的条件，但其拥有众多的自主知识产权。知识产权质押融资业务为这类电影企业解决了融资困境。我国电影知识产权质押融资起始于2007年，招商银行向华谊兄弟提供5000万元贷款投拍了《集结号》，之后其他银行也效仿放贷。

本条第二款是对保险机构保险服务的规定。由于电影行业和电影产品的特殊性，导致金融机构参与电影产业的融资，存在很大风险。电影产业很难从金融机构获得更多的融资，这也制约着电影产品的规模和质量。国家要鼓励金融机构提供融资服务，必须通过保险来解决金融机构的后顾之忧。因此本款规定了鼓励保险机构依法开发适应电影产业发展需要的保险产品。理解本款有两点需要注意。第一，我国电影保险起步较晚，目前我国保险公司对于电影行业的相关保险产品数量极少，不能满足电影业快速发展的需要。当务之急是增加保险产品的供给，不断完善我国电影保险产品种类。所以本款鼓励保险机构的落脚点也在于依法"开发"电影保险产品。第二，保险公司开发的电影保险产品应当是适应电影产业发展需要的。电影保险产品是建立电影保险制度的基础和中心环节，是保险公司能够在保险业充分发挥积极作用的根本保证。电影保险的服务范围非常广泛，开发保险产品必须以适应电影产业发展需要为导向，推出更多更丰富的险种，增加保险产品的覆盖范围。

电影产业相对发达的国家和地区，在电影保险方面为我国提供了可以借鉴的经验。一个完善的电影保险制度中，一般包括以下种类的保险产品：一是制片人一揽子保险，即以制片人为核心对象而设计的一系列保险产品的综合，涵盖了制片人在电影产品制作过程中可能面临的各种风险，如导演和演员的意外伤害事故、电影拍摄设备的损害、意外事故带来的额外费用支出、特殊风险，等等。二是制片人错误与疏忽责任保险，即以制片人可能面临的因侵权行为而产生的损害赔偿责任而设计的保险产品。三是财产和责任保险，是针对在电影创作过程中可能面临的财产损失和民事赔偿责任而设计的保险产品。四是完工保证保险，即针对电影融资而设计的，以保险合同的形式保证电影能在预算之内按计划拍摄完成并交付发行商的保险产品。保险公司为制片方提供两方面保证：一方面保证电影可以在预先核算的成本内完成拍摄，超出费用由保险公司承担；另一方面保证电影可以在规定的时限内完成拍摄和后期制作，因超出时限而造成的损失由保险公司负责赔偿。

本条第三款是对融资担保机构担保服务的规定。为了降低电影产业融资风险，除了由保险机构提供保险外，也可以由融资担保机构提供担保。本款规定了鼓励融资担保机构依法向电影产业提供融资担保，还指出了再担保、联合担保以及担保与保险相结合等具体方式。建立专业的融资担保机构或建立政策性担保机制，对于解决融资问题有所帮助。由于融资担保公司的存在，降低了风险系数，增强了信用水平，融资方从而能够更便利地得到金融机构更多的资金。通过一些具体融资担保实例，可以更好地理解融资担保机构在电影融资过程中所发挥的重要作用。例如，北京某融资担保公司推出了"票房宝"和"影保通"等融资担保服务。"票房宝"是对已经完成拍摄的融资项目，以电影票房预期收入为核心确定担保额度，向电影制作或发行的公司提供一年期贷款，用于电影的宣传和发行。"影保通"是专业贷款担保产品，专门用于电影前期筹备与拍摄，解决企业因电影项目前期风险大而融资难的问题，电影在实现票房收入后首先用于偿还贷款，票房超额收益部分再按一定比例分配给该公司，体现风险与收益对等原则。再担保，是指为担保人设立的担保。当担保人不能独立承担担保责任时，再担保人将按合同约定比例向债权人继续剩余的清偿，以保障债权的实现。联合担保又称联保、分保、共同担保，即两个以上的担保机构对同一债权提供担保。担保与保险相结合指在一笔融资业务中同时采取由担保机构担保和向保险公司投保的方式，以期更有效地分散和降低风险。

本条第四款是对金融机构信贷服务的规定。本条第一款已经规定金融机构通过信贷等方式支持电影产业发展，本款在确定贷款期限和利率方面又作出了一些特别的具体规定。本款中"按照国家有关规定"是有政策依据的。2010年1月，《国务院办公厅关于促进电影产业繁荣发展的指导意见》提出，鼓励金融机构加大对电影企业的金融支持力度，对符合信贷条件的电影企业，金融机构应合理确定贷款期限和利率，提高服务质量和效率。2010年3月，中央宣传部、中国人民银行、财政部、文化部、原广播电影电视总局、原新闻出版总署、银监会、证监会、保监会联合下发的《关于金融支持文化产业振兴和发展繁荣的指导意见》（银发〔2010〕94号）中规定，对文化企业和文化项目，金融机构要完善利率定价机制，合理确定贷款期限和利率。需要强调的是，本款规定合理确定贷款期限和利率针对的对象是国家新闻出版广电总局依照本法规定公告的电影的摄制活动。由于公告后开始的电影摄制活动是电影的初期制作程序，也是最需要资金支持的阶段，本款对贷款期限和利率作了专门规定，就是要在摄制的启动阶段解决资金紧张的实际困难，使摄制电影能够获得合理优惠的贷款支持。

第四十一条 国家鼓励法人、其他组织通过到境外合作摄制电影等方式进行跨境投资，依法保障其对外贸易、跨境融资和投资等合理用汇需求。

释 义

本条是关于鼓励电影行业跨境投资、保障相关用汇需求的规定。本条所称的跨境投资，既包括到境外合作摄制电影等项目合作，也包括境外投资，后者是指在我国境内依法设立的企业（以下简称企业）通过新设、并购及其他方式在境外拥有电影非金融企业或取得既有电影非金融企业所有权、控制权、经营管理权及其他权益的行为。到境外合作摄制电影，既能够无缝纳入其他国家或地区的风土人情，迎合国内观众的猎奇心理，丰富、扩展国内观众的眼界，也能够在体现我国国家形象、时代精神的同时，更好地克服文化折扣问题。中国产业主体对境外直接投资，控股、参股或者与国外创作团队合作成立电影制片公司、院线公司、科技研发公司等公司的行为，既是把握世界电影市场整体处于上升期这一有利时期的投资行为，也为更好地传播国产电影、树立中国正面形象提供了机会。因此，对于上述跨境投资行为，国家采取与相关国家或地区签署合拍协议等行为予以保障和鼓励。

近年来，我国电影制片公司到境外合作摄制电影越来越多，其中既有因电影题材本身域外色彩的需要，也有当地基于旅游宣传等目的而主动邀请所为。《泰囧》带火了泰国旅游后，越来越多的外国旅游局纷纷到中国拓展电影拍摄业务，如毛里求斯包揽了影片《深夜前的五分钟》在该地拍摄期间的全部食宿交通费用，而《斐济之99度爱情》则是斐济视听委员会直接联系国内电影公司拍摄，当地在航运、拍摄协调等方面提供众多帮助。与此同时，诸多国内电影公司凭借雄厚的资本开展了大规模的境外投资活动，在全球范围内布局、调配资源，借以学习国外先进的创作、经营、人才培养等方面的经验，短时间内弥补自身工业和技术体系的不足，提升全球化作品的运作能力，并进入投资目的地市场。例如近年来,万达集团通过多次投资并购活动,先后收购了美国 AMC 院线、美国连锁影院卡麦克影业和欧洲第一大院线 Odeon &UCI 院线,从而基本完成全球院线布局,成为全球最大院线运营商,在中国、北美、欧洲均占据了市场领先地位。

上述合拍项目、境外投资等跨境业务大量增加的同时也意味着大量的外汇需求。一方面,基于国际收支平衡等方面的考虑,国内电影产业主体对于跨境投资应当审慎决策,另一方面,对于国内电影产业主体真实、可行的对外贸易、融资和投资活动,在经过商务主管部门等相关部门核准或者备案后,外汇主管部门应当对上述跨境投资的合理用汇需求予以保障。

第四十二条 国家实施电影人才扶持计划。

国家支持有条件的高等学校、中等职业学校和其他教育机构、培训机构等开设与电影相关的专业和课程,采取多种方式培养适应电影产业发展需要的人才。

国家鼓励从事电影活动的法人和其他组织参与学校相关人才培养。

● 释 义

本条是关于电影人才扶持、培养的规定。本条所称"人才",是对电影行业中拥有专业知识或者专门技能,能够进行创造性劳动，对行业作出贡献的人。既包括导演、编剧、演员、摄影、录音、剪辑等艺术创作人才，也包括烟火、特效、化妆、服装、道具等方面的基础技术人才；既包括技术创新人才，也包括职业制片人等产业运营人才。与电影产业快速发展、人民群众日益提高的观影需求相比，我国电影人才供给存在以下问题：一是在人才供给结构方面，未形成良性的阶梯式教育培训体系。电影教育培训领域既存在表演、导演等专业人才总体过剩，也存在技术性要求高如后期制作、造型等专业人才不足的问题。另外大量基础工种人才缺乏专业培训，大多依靠"传帮带"的传统师承方式进行，素质难以满足从业需要。二是在高端人才培养方面，拔尖人才、领军人物数量尚有不足。与影片产量相比，特别是与电影作品从"高原"到"高峰"的创作要求相比，无论是优秀导演、演员、编剧，还是其他优秀创作人员的数量均有不足，导致创作精力分散，创作水准下降。三是在复合型人才培养方面，相对于电影产业数字化、市场化日益发展的现状，既懂艺术创作技巧又懂现代信息技术，既懂电影制作又掌握产业运营规律，既懂经营管理又熟悉国际运作，既具有电影行业经验又了解金融、互联网等关联领域操作实务的复合型人才明显不足。人才建设既是电影产业发展的基础性工作，又是需要长期培育方能见效的系统工程。要构建一支门类齐全、结构合理、梯次分明、素质优良的电影人才队伍，尤其需要政府的大力引导、鼓励和扶持。

　　本条第一款是对电影人才扶持计划的规定。电影属于创意产业，电影创作人才尤其是领军人物的水平高低，将在很大程度上决定电影作品水平的上限。特别是青年电影人才，拥有更加贴近当代作品、产业和市场的教育、实践和经历，正处于想象力最丰富、创作力最充沛的时期，并且容易理解、满足观影主力群体的欣赏口味，但是在成长道路上尚需有力的引导，在创作表现上尚需给予更多的机会。为了正确引导、加快电影人才特别是青年电影人才的成长，各级政府部门、影视公司等主体实施了各种措施。就导演而言，光线、华谊等诸多影视公司通过设立专门面向青年导演的培养计划，各大电影节（展）设立新人奖项、短片单元、青年导演单元、专题论坛，甚至以青年影展为主题等，有效地发掘、培养了一些优秀青年导演，除了专业从事导演工作的人才外，也有由演艺事业取得成功后转型导演的著名演员，还包括从文学创作、网络视频领域跨界做导演的"作家"导演、"草根"导演。而就政府部门而言，需要在了解、掌握行业人才队伍建设现状的基础上，从有利于电影人才健康成长的全局出发，制定覆盖面广、注重导向的电影人才扶持计划，从而引导既能把握时代脉搏、弘扬主旋律、传播正能量，又能满足市场需求、符合观众口味的创作人才，有效解决人才断档问题。近年来，国务院电影主管部门针对电影人才尤其是青年人才的扶持计划主要有以下两方面：

一是培养青年电影编剧。国务院电影主管部门自2008年开始在北京电影学院、北京师范大学等九所高校（研究中心）实行"扶持青年优秀电影剧作计划"，每届应征的学生剧作在250部左右，每所高校可报送10部优秀剧本，每部剧本奖励3万元。

二是扶持青年电影导演。国务院电影主管部门于2007年起，通过实施"青年导演资助计划"，为有潜力、有创新精神的45岁以下、取得过初步成绩的青年导演提供政府资金支持。自2015年起，国家新闻出版广电总局电影局又联合中国电影导演协会主办"CFDG中国青年电影导演扶持计划暨青葱计划"，对优秀青年电影导演进行挖掘、孵化、选拔和培养，该计划已执行两期，每期投入1000万元，未来还将投入更多资金作为支持。

本条第二款是对电影教育支持的规定。一方面，电影是高度市场化的行业，在行业准入方面未设立任何职业资格制度，另一方面，电影又是高度专业化的职业，在从业方面实际上存在着一定的专业门槛，而且电影又涉及艺术、技术、工业、资本等多个方面，职业分工十分明显和丰富。计划或已经投身电影行业的人员，通过接受各类学校、教育机构、培训机构开设相关的专业和课程的教育，接受学识、阅历丰富的教师、专家指导，有组织、有目的、有计划、有系统地了解、掌握电影专业知识和职业精神，对于迅速培养、更新、成长为适应产业需要的电影人才，打牢产业发展基础，具有重大意义。本款提及的"高等学校"是指实施高等教育的大学、学院、高等职业技术学院/职业学院、高等专科学校等高等学校，"中等职业学校"是指实施中等职业教育的学校，主要是针对高中教育阶段进行的职业教育，也包括部分高中后职业培训。根据本款规定，国家支持具备相应教学场所、设施、设备、资金等条件的高等学校、中等职业学校和其他教育机构、培训机构等主体，开设与电影相关的专业和课程，采取高等教育、职业教育、技能培训，以及与国外教育机构、培训机构联合办学、培训等多种方式，按照电影产业健康繁荣发展的需要，有针对性地开展教育、培训工作，既能够成批量地产生从事基础性工作的技能型影视人才，也能够培育高端人才，既注重开展从业前教育，也注重在岗培训，从而实现对电影产业链所有职业、岗位的全面覆盖，构建学历层次、教学结构更加合理，院校布局和学科设置更加符合产业发展需要的电影教育体系。

关于电影高等教育，教育部门采取了以下工作：一是调整更新学科专业目录，将原学位授予和人才培养学科目录中艺术学一级学科上升为艺术学学科门类，与哲学、经济学、教育学等学科的门类并列。优化广播影视专业类摄制，开设广播影视节目制作、影视编导、影视多媒体技术等 15 个相关专业。夯实影视人才培养的学科专业基础。二是加强高端专业人才培养。2016年,全国高职学校共开设广播影视相关专业点619个,招生人数3万余人。20所高校在艺术硕士专业学位授权点中设置了电影领域,2014—2016年共授予艺术硕士电影领域专业学位386个。

本条第三款是对电影产业主体参与学校人才培养的规定。对于从事电影活动的产业主体而言,自身因业务发展需要既有对人才引进、储备、使用的需求,也因从事经营活动、掌握一线信息而能够提供人才培养、锻炼、实践的条件,既具有参与人才培养的动力,也具备加速人才培养的条件。本款规定旨在进一步调动电影产业主体参与学校人才培养的积极性,从而使教育与需求的结合更加紧密,人才培养工作更加"接地气"。电影产业主体参与学校相关人才培养的方式主要有:

一是参与举办相关职业学校、职业培训机构,或者联合开展教学工作,推动学校教育的应用型转变,奠定更加坚实的产业前端基础。例如2016年11月,阿里影业与上海戏剧学院及复星集团达成合作意向,由阿里影业和复星集团提供资金、资源和技术方面的支持,整合上戏现有师资、办学资源和优质生源等条件,并在全球范围内招聘师资队伍和管理人员,放大上海戏剧学院电影电视学院的平台效应,用以培养既有专业能力又有全球视野的高素质人才。

二是与学校合作,提供社会实践机会。在电影人才培养中,实践课程占有较大比例,电影产业主体通过向学校提供教学创作实践基地,既可以进一步促进电影理论、科技最新成果在实践中的运用,也可以产生定向培养效果,从而打造产学研相结合体系。例如,八一电影制片厂与北京电影学院在军事电影高端人才培养项目方面结成战略合作伙伴,在开展影视创作合作、加强高端专业人才培养、加强数字实验室建设等合作之外,还加强教学创作实践基地建设,北京电影学院在八一电影制片厂挂牌"北京电影学院创作实践教学基地",八一电影制片厂在北京电影学院挂牌"中国人民解放军八一电影制片厂人才培养基地",开展与电影专业教育有关的工作。

三是委托学校对本单位职工和准备录用人员开展在岗培训、入职前培训等。这是各类电影产业主体较多采取的人才培养方式。

在比较法层面,扶持人才尤其是青年电影人才是许多国家采取的电影促进措施。例如,德国电影产业促进法第二十五条规定,制片商为实施新电影计划在合理范围内雇佣技术和商业领域中的新生代人才属于资金援助的目标之一。西班牙电影法第二十三条[非常规培训教育项目及文化项目的援助]规定:鼓励理论范畴或者编辑制作方面,从文化角度可以丰富西班牙音像产业概况,或者有助于推动包括创作人才和技术人才在内的专业特殊人才教育养成的项目。韩国振兴电影及影像产品法第三条规定,电影振兴计划应包括培养电影人才。

第四十三条 国家采取措施，扶持农村地区、边疆地区、贫困地区和民族地区开展电影活动。

国家鼓励、支持少数民族题材电影创作，加强电影的少数民族语言文字译制工作，统筹保障民族地区群众观看电影需求。

释　义

本条是关于国家扶持农村地区、边疆地区、贫困地区和民族地区开展电影活动以及支持民族题材电影创作、少数民族语言文字译制的规定。

本条第一款是对国家对农村地区、边疆地区、贫困地区和民族地区电影活动扶持措施的规定。农村地区、边疆地区、贫困地区和民族地区是目前我国在生产生活状况、地域分布、经济发展水平、民族构成等方面较为特殊的地区。其中，农村地区是指以从事农业生产为主的劳动者聚居的地区，边疆地区是指靠近国境的边远地区，贫困地区是指生活资料较为匮乏、生活水平普遍低于全国平均水平的地区，主要是指国家确定的集中连片特殊困难地区，国家扶贫开发工作重点县，省确定的贫困县、贫困乡镇和贫困村，民族地区是指以少数民族为主聚集生活的地区。从地域分布看，这四类地区具有一定的重合度。国家扶持这四类地区的电影活动是推动基本公共文化服务标准化、均等化发展，引导文化资源向城乡基层倾斜，创新公共文化

服务方式,保障人民基本文化权益的重要组成部分。具体的扶持措施包括以下几个方面:

一是加大财税支持力度。加大政府资金对电影放映等文化活动的支持,将公共文化产品和服务项目、公益性文化活动纳入公共财政经常性支出预算,通过项目补贴、定向投资、税收减免等政策措施发展公共文化服务事业。地方各级政府根据实际,将基层公共文化服务建设所需资金纳入财政预算;完善转移支付体制,加大中央和省级财政转移支付力度,重点向革命老区、民族地区、边疆地区、贫困地区倾斜;加大税收优惠力度,在农村取得的电影放映收入,自2014年1月1日至2018年12月31日免征增值税。

加大财政支持的同时,国家也积极鼓励、引导社会资本进入四类地区的电影活动市场,不断拓宽资金来源渠道,加大政府投入与社会资本的统筹力度,创新投入方式。

二是完善发行放映体制机制建设。培育发展多种所有制形式的农村电影院线公司和农村电影放映队,积极推动农村电影放映规范化、制度化、长效化发展。鼓励电影企业深入城乡社区、厂矿、校园、军营和广场等开展公益放映活动,建立健全公共财政保障机制和公益版权片源保障机制。大力提倡电影发行放映企业采取优惠票价等多种方式满足不同地区、不同群体的观影需求。

三是加强放映场所建设。坚持政府推动和市场运作相结合，采取信贷、税收优惠、补贴奖励等多项措施，改善电影放映的基础设施条件。中央财政通过电影事业发展专项资金，采取"先建后补"和"先补后建"的方式重点支持中西部地区及东部困难地区县级城市数字影院建设；地方财政根据本地经济发展实际，合理安排资金，促进县城数字影院建设的均衡发展。同时，鼓励各类资本投资建设商业影院和社区影院。

巩固农村地区电影放映工程建设成果，重点做好农村电影放映设施建设，尝试露天流动电影放映向室内固定放映转变。改善民族地区尤其是边远农牧区电影放映条件。

四是鼓励特定题材影片创作。加强电影创作的选题规划和内容建设，把农村题材、少数民族题材电影纳入电影创作计划，保证这类电影作品的占比。继续实施财政扶持政策，加大资金投入力度，对农村题材、少数民族题材电影进行资助和补贴，确保重点影片的创作生产。

本条第二款是对国家对少数民族题材电影和民族地区电影活动支持的规定，是对宪法第一百二十二条的贯彻落实。为深入贯彻落实民族区域自治制度，加快少数民族文化事业发展，促进民族团结，构建社会主义和谐社会，国家从少数民族题材电影创作、电影的少数民族语言文字译制以及保障民族地区群众观影需求等方面提供支持，进一步推动少数民族和民族地区电影事业繁荣发展：

一是鼓励和支持少数民族电影精品创作。国家加强对少数民族电影创作生产的引导,积极支持少数民族题材电影创作。一方面,将少数民族题材电影纳入农村题材影片或重点影片的资助范围,对民族地区申报的电影项目给予重点关注和政策支持。另一方面,支持少数民族题材优秀电影进入主流院线;鼓励少数民族题材和少数民族语言电影参加各类评奖活动。《国民经济和社会发展第十三个五年规划纲要》还将"少数民族电影工程"列为文化重大工程,该工程是由政府引导、支持,市场主体参与、运作的重要文化项目,以弘扬民族文化、繁荣电影事业、促进团结进步为主题,旨在为每一个少数民族拍摄至少一部电影。

二是做好电影的少数民族语言文字译制工作。电影的少数民族语言文字译制工作是我国公共文化服务保障的一项重要内容,关系着我国一亿多少数民族群众的文化需求能否得到满足。国家积极开展少数民族语公益电影数字化译制、发行、放映工作,加大对译制工作的扶持力度,确保少数民族群众看懂看好电影。一方面,加快少数民族语言译制中心建设,鼓励各地广播影视类企业建立少数民族语言广播影视节目译制中心,增加优秀广播影视节目的民族语言译制量。截至目前,已建成由中影译制中心民族语工作部和地方11个译制中心组成的专业化队伍,可开展17个少数民族语种、37种少数民族方言的译制工作。据统计,2012年至2016年,共完成3405余部(次)电影的少数民族语言译制工作。另一方面，加大对译制工作的资金支持。国家新闻出版广电总局每年推荐一定数量的影片作为少数民族语言译制片目，片目中影片的译制经费大部分由国家财政承担，电影局通过"以奖代补"的方式为各译制中心提供资金支持。

三是实施民族地区农村电影公益放映工程。进一步改善民族地区农村电影放映设备和条件，力争到2020年实现固定和流动数字化放映全覆盖，并实现少数民族农村地区室内固定放映点达到三分之一以上。积极培育发展民族地区农村电影放映主体，形成以国有或国有控股农村数字院线公司为主体，民营农村数字院线公司为补充的农村电影发行放映新格局。

在比较法层面，越南电影法第五条［电影发展的国家政策］规定：为服务于山区、海岛、边远地区、农村、少儿、人民武装力量、服务于政治、社会及外事任务的影片公映提供资金援助。

第四十四条 国家对优秀电影的外语翻译制作予以支持，并综合利用外交、文化、教育等对外交流资源开展电影的境外推广活动。

国家鼓励公民、法人和其他组织从事电影的境外推广。

释　义

本条是关于我国电影境外推广扶持的规定。

电影是文化产品中最具国际化特点的产品之一，是向世界传播本国文化观念、提升文化软实力的重要载体和先锋力量，被誉为"装在铁盒子里的大使""国家的文化名片"。随着我国对外开放程度的逐步加深、对外投资规模日益扩大，特别是"一带一路"战略构想的贯彻落实，使电影在文化外交工作中扮演越来越重要的角色。中国电影的海外推广或者说"走出去"工程肩负着重要使命，对推动中国文化走出国门，扩大中华文化国际竞争力和影响力，增强文化软实力具有重要意义。与此同时，中国电影走出去还面临着因为语言文化不通而产生的"文化折扣"过多、类型片过于单一等问题，需要政府的积极扶持和引导。

本条第一款是对国家支持电影境外推广措施的规定。国家积极实施电影"走出去"战略，依托现有渠道，加大对电影境外推广的支持力度，努力形成长效机制。根据本款规定，国家一是要对优秀电影的外语翻译制作予以支持，这是克服语言壁垒、破解接受障碍的重要手段。对此，国家新闻出版广电总局在全国范围内积极遴选代表我国主流思想价值、展现中华民族优秀传统文化、真实反映中国国家形象的优秀电影，并要求申请机构具有作品版权（或能协调多元版权主体)、可组织高水平的译制工作、具有明确的海外销售推广计划。二是鉴于国产电影走出去是一项系统工程,要综合利用外交、文化、教育等对外资源进行境外推广,而不是仅凭电影主管部门一家单打独斗。外交方面主要是指借助国家领导人出访、举办或参加国际论坛、领事馆日常工作等各种外交场合、渠道,推广国产电影。文化方面主要是指中外互办文化年等文化交流中可增加有关电影单元、环节。教育方面主要是指通过孔子学院办学、教育援外等渠道推广国产电影。

我国积极与各国政府、国际电影节(展)组委会、电影机构、社会组织、行业协会等建立广泛友好的合作推广机制。由电影主管部门牵头,联合、委托或批准境内外影视文化机构、驻外机构、海外孔子学院教学点、海外华人社团等单位在驻在国举办文化交流性质的非商业性中国电影展映活动。近年来,此类活动平均每年举办约100场次,展映国产影片600余部(次)。

本条第二款是对公民、法人和其他组织从事电影境外推广活动的鼓励规定。国家鼓励公民、法人和其他组织从事电影境外推广活动,主要采取了以下措施:

在税收优惠方面,2014年国务院办公厅颁布了《进一步支持文化企业发展的规定》(国办发〔2014〕15号);财政部、海关总署、国家税务总局出台了《关于继续实施支持文化企业发展若干税收政策的通知》(财税〔2014〕85

号），规定出口电影享受增值税零税率或免税等优惠政策。

目前，国家支持国产电影境外推广主要有以下措施：

一是加大对电影"走出去"战略的资金支持。加大对优秀电影外语翻译制作、境外推广等的财政支持。

二是加快培育海外营销的市场主体。通过组织中介机构宣传代理、制片单位参加国际电影交易市场、委托中国电影海外推广公司等多种方式，拓展营销渠道，完善营销网络，探索建立国产影片海外推广营销体系，推动国产影片进入国际主流电影市场，不断加强海外营销推广力度。近年来，国产影片海外销售收入总额基本稳定在25亿元人民币以上，平均每年有约260部（次）影片销往近60个国家和地区。据不完全统计，2009至2015年海外票房和销售收入总计达192.75亿元人民币。

三是支持电影企业、电影作品参加重要的国际电影节（展）和交易市场。中国电影海外推广公司、各制片单位每年都会选送优秀国产影片参加境外电影节比赛和展映。近年来，平均每年有200余部（次）影片参加约110个国际电影节，每年都有影片在各类电影节获奖。除此之外，在每年的法国戛纳国际电影节、美国电影市场、香港国际影视博览会等重要活动期间，都会举办中国电影大型推广活动，向国际片商集中介绍中国电影，助力国产影片的商业输出。

四是丰富中国电影海外推广渠道。一方面，加快中国电影海外落地步伐，通过长城卫星平台，采用频道时段合作、有线电视网络租用以及互联网新媒体等方式实现中国电影的海外落地，通过境外落地传播中国电影资讯和中国电影。目前，电影频道（CCTV-6）已在北美、欧洲、东南亚、拉美的部分国家和地区成功落地。另一方面，打造海外推广新渠道，依托"中非影视合作工程"（又名"1052工程"）"中国当代作品翻译工程""丝绸之路影视桥工程"等影视交流合作项目，与境外电视机构签订授权播出协议，通过境外电视频道播出中国影片。"1052工程"实施以来，已有近万集中国优秀电视剧、电影、动画片、纪录片被译制成20多种语言，在世界百余个国家和地区播出。

在比较法层面，意大利电影法第一条［宗旨］规定，文化部履行下列职能：1. 与外交部一同对有利于电影制作发展优化和国产电影在意大利及海外推广的倡议进行宣传及协调；……3. 推广并维系影视的海外交流、联合制作及联合发布，包括与外交部合作确定对外国际合作及签订互惠协议。第十四条［影视发行规定］，……可对注册在本法第三条名录下的在海外发行被定义为文化类影片的影视出口公司给与补助。补助依照将经济收益权转让给海外公司的经济规模及影片在海外入境次数按一定比例发放，参见内阁法令第十二条第（五）款。（四）在海外发行影片并享受补助的影视发行及出口公司，可向外交部提出免债申请以推动意大利文化在海外的传播。第十九条［影视活动的宣传]……（三）有关司长在3年计划范围内，以部长年度目标为基础，取得委员会同意，决定是否对以下活动进行捐助：……2. 由公共或私人非赢利性机构、学院组织、文化委员会及协会在意大利或海外举办的艺术、文化及技术方面的影视文化展览（包括非永久的）。

第四十五条 国家鼓励社会力量以捐赠、资助等方式支持电影产业发展，并依法给予优惠。

● 释　义

本条是关于国家鼓励社会力量支持电影产业发展的规定。

根据本条规定，国家鼓励社会力量以捐赠、资助等方式支持电影产业发展。根据公益事业捐赠法、慈善法等法律的规定，目前国家的鼓励措施主要包括制定促进政策和措施、提供金融政策支持、购买服务、建立慈善表彰制度等。通过捐赠、资助等方式支持电影产业发展的主体为"社会力量"。本条所称的"社会力量"，是指党政机关之外的社会组织与个人，包括企业、事业单位、社会团体、基金会、民办非企业单位、自然人、个体工商户等主体。本条使用"社会力量"作为捐赠、资助的主体，一方面是强调捐赠、资助的主体为党政机关以外的个人和组织；另一方面也表明捐赠、资助主体的广泛性。

根据公益事业捐赠法和慈善法的规定，自然人、法人和其他组织捐赠、资助的对象应该为公益组织或者个人。因此，本条规定的捐赠、资助的对象，一般为促进电影产业发展的公益性社会团体、公益性非营利的事业单位或者慈善组织，也可以直接向促进电影产业发展的个人捐赠。换言之，接收捐赠、资助的公益组织和个人，应当将其获得的捐赠、资助用于促进电影产业发展，即使其所支持的电影获得利润，也不能从中牟取利益。

本条中所说的社会力量以捐赠、资助等方式支持的"电影产业"，不是泛指电影产业，主要是指公益电影、主旋律电影、纪录电影、实验电影、戏曲电影和少数民族电影等的创作、摄制和发行、放映，以及艺术院线的建设、电影公益放映等电影产业中需要社会力量支持的方面。

根据本条规定，社会力量扶持电影产业发展的主要方式为捐赠、资助等。本条所说的扶持方式，以捐赠和资助为主，也可以采取其他方式扶持电影产业发展。本条所称的"捐赠"主要是指自然人、法人或者其他组织自愿无偿向依法成立的公益性社会团体和公益性非营利的事业单位捐赠财产，用于公益事业，"资助"即以资金的方式帮助，这里主要是指以资金的方式支持电影产业的发展。国家鼓励非公有资本等社会力量以资助的方式促进电影产业发展，将各种社会力量的资金引入到电影产业的资金池，扩大电影产业的投资来源。

社会力量以捐赠和资助的方式支持电影产业发展,应当受到鼓励和提倡。为此,各国都对支持电影产业发展的行为予以必要的优惠措施。本条规定对社会力量以捐赠、资助等方式扶持电影产业发展,应当给予税收等多方面的优惠:

一是税收优惠。根据公益事业捐赠法、慈善法、企业所得税法等法律的规定,国家依法对社会力量以捐赠、资助等方式支持电影产业发展可以给予税收优惠。这里的税收优惠措施包括两个方面:一是对捐赠人来说,企业慈善捐赠支出超过法律规定的准予在计算企业所得税应纳税所得额时当年扣除的部分,允许结转以后三年内在计算应纳税所得额时扣除;个人将其所得的部分,按照国务院有关规定从应纳税所得中扣除;境外捐赠用于慈善活动的物资,依法减征或者免征进口关税和进口环节增值税。二是对受赠人来说,慈善组织及其取得的收入依法享受税收优惠;受益人接受慈善捐赠也可以依法享受税收优惠。

二是其他优惠措施。根据公益事业捐赠法、慈善法等法律的规定,捐赠、资助扶持电影产业发展除了可以享受税收优惠外,还可以依法享受其他优惠。一是捐赠人向慈善组织捐赠实物、有价证券、股权和知识产权的,依法免征权利转让的相关行政事业性费用。二是对于捐赠的工程项目,当地人民政府应当给予支持和优惠。

第四十六条 县级以上人民政府电影主管部门应当加强对电影活动的日常监督管理，受理对违反本法规定的行为的投诉、举报，并及时核实、处理、答复；将从事电影活动的单位和个人因违反本法规定受到行政处罚的情形记入信用档案，并向社会公布。

● 释 义

本条是关于县级以上人民政府电影主管部门履行日常监督管理职责的规定。

近些年来，在电影市场繁荣和产业发展的同时，出现了很多管理失范、无法可依的乱象，票房造假、盗录盗播等问题屡禁不止，严重影响了电影产业的健康发展。在推进简政放权以激发市场活力的同时，需要加强电影市场监管、规范电影行业秩序，来保障电影产业健康发展。因此，通过立法转变政府管理方式，培育、规范市场秩序，坚持放管并举，该放的放开，该管的管住，这一条立法主线始终贯穿于本法始终。这就要求电影主管部门坚持依法行政，切实加大执法力度，综合运用多种手段强化监管，坚决打击电影行业的违法活动，保护与电影有关的知识产权，规范电影行业各主体的行为，加强对电影市场的监督管理，维护电影市场的秩序，为我国电影产业健康发展创造良好的法治环境。

关于本条所称的"对电影活动的日常监督管理"。日常监督管理是行政机关依法行使行政职权、管理经济社会事务的重要措施,也是行政机关依法查处违法行为、维护经济社会秩序的重要手段。按照本条规定,履行对电影活动日常监督管理职责的主体是国务院电影主管部门和县级以上地方人民政府的电影主管部门。其中,国家新闻出版广电总局是国务院电影主管部门,主管全国电影工作;县级以上地方人民政府电影主管部门负责本行政区域内的电影管理工作。对电影活动的日常监督管理指的是,国家新闻出版广电总局和地方广电行政部门,依据本法规定的职责,对电影行业行使管理职能,检查电影行业各有关主体遵守法律法规、履行法定义务的情况,督促电影行业各有关主体依法开展相关活动,维护电影行业、电影市场的良好秩序。例如,检查是否存在擅自从事电影摄制、发行、放映活动的行为,是否有与许可证、有关批准或者证明文件相关的违法行为,是否有与电影公映许可证相关的违法行为,是否存在制造虚假交易、虚报瞒报销售收入等扰乱电影市场秩序的行为;督促市场主体、行业从业人员遵纪守法;督促有违法行为的电影行业的公民、法人和其他组织主动纠正违法行为、接受检查处罚,等等。

关于本条所称的"举报投诉制度"。本条规定建立了电影行业的举报投诉制度,为人民群众投诉举报、电影主管部门受理核查提供了法律依据。首先,就行业中违法行为向监督管理部门进行投诉、举报,是社会公众、社会组织的一项重要权利。监督管理部门日常的监督管理，可能会出现"死角""漏项"或者"空白地带"。社会公众、社会组织一旦发现与电影有关的违法行为，并向监督部门进行投诉、举报，则可以使监督管理部门及时发现并依法查处违法行为，同时有利于监督管理部门发现监管中存在的问题，弥补监管工作的不足，是对日常监管手段的重要、有益的补充。

所谓投诉，是指公民、法人或者其他组织就参与电影活动时，其合法权益受到电影行业主体违法行为侵害，向电影主管部门反映、报案，要求主管部门依法查处违法行为，保护自身合法权益。所谓举报，是指公民、法人或者其他组织就其发现的电影行业中的违法行为，向电影主管部门提供证据或者线索，要求电影主管部门履行法定职责予以查处。

县级以上人民政府电影主管部门接到投诉、举报后应当按照以下原则予以处理：一是对属于本部门职责的，应当受理，组织人员进行核实、处理，并及时答复投诉人、举报人。这是监督管理部门应当履行的一项法定义务，也是对投诉人、举报人权益的一项保护措施。二是对不属于本部门职责的，应及时移交有权处理的部门处理，并告知投诉人、举报人。电影行业中各种活动的监督管理涉及多个部门，各监管部门之间有明确的职责分工，投诉人、举报人不一定了解其职责分工。电影主管部门接到投诉、举报后应认真研究，发现不属于自己监管职责的，应移交有权处理的部门进行处理，并将这一情况告知投诉人、举报人，以便其了解、掌握自己的投诉、举报的进展。三是电影主管部门应当及时处理，不得推诿。对于接到的投诉、举报，要认真组织调查处理，不得推脱、敷衍、耽误，应有完整的记录，并予以保存。

关于本条所称的"信用档案制度"。市场经济是信用经济。目前我国正致力于加快建设社会信用体系，以更有效地打击失信行为，维护正常的社会经济秩序，保护群众权益。行业信用建设是社会信用体系建设的重要组成部分，对于促进企业和个人自律、形成有效的市场约束具有重要作用。目前已经有多部法律从不同行业管理角度对行业信用档案（记录）制度作出了规定，如旅游法、食品安全法等。本条是针对电影行业中从事电影活动的单位和个人而设定的，为电影行业信用制度建设提供法律制度支撑。

一是记入信用档案的内容是"从事电影活动的单位和个人因违反本法规定受到行政处罚的情形"。不是所有违法情况都要记入信用档案，本法将其范围限定在"因违反本法规定受到行政处罚的情形"。2014年8月国务院颁布的《企业信息公示暂行条例》（国务院令第654号）规定，工商行政管理部门以外的其他政府部门应当公示其在履行职责过程中产生的下列企业信息：……（二）行政处罚信息；（三）其他依法应当公示的信息。其他政府部门可以通过企业信用信息公示系统，也可以通过其他系统公示前款规定的企业信息。

二是记入信用档案后须向社会公布。按照政府信息公开条例的规定，行政机关应当将需要主动公开的政府信息，通过政府公报、政府网站、新闻发布会以及报刊、广播、电视等便于公众知晓的方式公开，并可以根据需要设立公共查阅室、资料索取点、信息公告栏、电子信息屏等场所、设施，公开政府信息。县级以上人民政府电影主管部门要依法对"从事电影活动的单位和个人因违反本法规定受到行政处罚的情形"和"记入信用档案"的情况，向社会公开，使社会公众知晓相关信息，保障公众的知情权。

建立并实施好电影行业信用档案制度，有利于通过运用电影行业企业信息公示、社会监督等手段保障公平竞争，保证社会公众特别是交易相对人准确了解该企业经营状况，努力形成企业"一处违法、处处受限"的信用约束机制，促进电影行业企业诚信自律，维护电影市场良好秩序。

在比较法层面，韩国振兴电影及影像产品法第十四条规定，电影振兴委员会有权审议和决定观众及电影经营者的投诉事项。

第五章　法律责任

　　本章共十二条，主要是对公民、法人和其他组织，电影主管部门或者其他有关部门的工作人员违反本法规定而应当承担的法律责任进行了规定。

　　法律责任，又称"罚则"，是指公民、法人或者其他组织因违反了法定义务，或者实施违法行为所必须承担的法律后果。法律责任章节是法律规范中必不可少的重要组成部分，具有重要的地位。根据法学一般理论，有什么样的行为规范，对违反该行为规范的违法行为就应该设定相应的法律后果。因此，法律责任规定的全面、适当与否直接关系到一部法律规范在实践中执行效果的好坏。如果在一个法律规范中缺乏法律责任的规定，法律规范所规定的权利和义务就形同虚设，失去了法律规范所应有的作用和权威。因此，在法律、行政法规、地方性法规以及规章中，根据其所调整的社会关系的性质、特点，正确、合理地选择、规定法律责任的条款，对保证法律、行政法规、地方性法规乃至规章的有效实施，具有非常重要的法律意义和社会意义。

　　根据行为人所违反的法律规范的不同，法律责任可以分为刑事责任、民事责任、行政责任三大类。所谓刑事责任，即法律关系主体的行为触犯国家刑事法律规范的规定，所应承担的由国家机关给予刑法制裁（即刑罚）的法律责任。这是三类法律责任中最为严厉的，只能由国家审判机关、检察机关予以追究。根据我国刑法的规定，刑罚分为主刑和附加刑两类。主刑包括管制、拘役、有期徒刑、无期徒刑、死刑。附加刑包括罚金、剥夺政治权利、没收财产。所谓民事责任，即法律关系主体违反民事法律规范而应承担的不利后果。根据民法通则以及民事领域的其他法律、行政法规，如婚姻、收养、继承、合同、担保等规定，民事责任的形式主要包括停止侵害、排除妨碍、消除危险、返还财产、赔偿损失、消除影响、恢复名誉、赔礼道歉等。此外，违反约定所产生的重新履行、支付违约金等违约义务也被认为属于民事责任的组成部分。所谓行政责任，即法律关系主体由于违反行政法律规范的规定，所应承担的一种行政法律后果。根据追究机关的不同，行政责任可分为行政处罚和行政机关公务人员处分两类。行政处罚是指国家行政机关或者法定组织依法对违反行政管理法律规范的当事人所施加的制裁措施。按照行政处罚法的规定，行政处罚必须有法定依据，其实施必须按照法定程序进行，其种类包括警告、罚款、没收违法所得、没收非法财物、责令停产停业、暂扣或者吊销许可证、暂扣或者吊销执照、行政拘留等。行政机关公务人员处分，是指行政机关公务人员因违反法律、行政法规、地方性法规、规章以及行政机关的决定和命令等，应当承担的纪律责任。本法涉及的法律责任，以行政责任居多；涉及的民事责任、刑事责任，本法作了衔接性规定。

第四十七条 违反本法规定擅自从事电影摄制、发行、放映活动的，由县级以上人民政府电影主管部门予以取缔，没收电影片和违法所得以及从事违法活动的专用工具、设备；违法所得五万元以上的，并处违法所得五倍以上十倍以下的罚款；没有违法所得或者违法所得不足五万元的，可以并处二十五万元以下的罚款。

● **释 义**

本条是关于违反本法规定擅自从事电影摄制、发行、放映活动而应承担法律责任的规定。

关于从事电影摄制活动，根据本法第十三条、第十四条规定，拟摄制电影的法人、其他组织应当将电影剧本梗概向国家新闻出版广电总局或者省、自治区、直辖市人民政府电影主管部门备案；其中，涉及重大题材或者国家安全、外交、民族、宗教、军事等方面题材的，应当按照国家有关规定将电影剧本报送审查。法人、其他组织与境外组织合作摄制电影要经国家新闻出版广电总局批准。关于从事电影发行活动，根据本法第二十四条第一款、第二十五条规定，经国家新闻出版广电总局或者所在地省、自治区、直辖市人民政府电影主管部门批准，企业具有与所从事的电影发行活动相适应的人员、资金条件的，可以从事电影发行活动。经批准的，由审批部门颁发电影发行经营许可证。关于从事电影放映活动，根据本法第二十四条第二款、第二十五条规定，经所在地县级人民政府电影主管部门批准，企业、个体工商户具有与所从事的电影放映活动相适应的人员、场所、技术和设备等条件的，可以从事电影院等固定放映场所电影放映活动。经批准的，由审批部门颁发电影放映经营许可证。擅自从事电影摄制、发行、放映活动没有依法履行上述行政许可的法律手续，逃避了国家对从事电影摄制、发行、放映业务的法律监管，严重扰乱了国家对电影摄制、发行、放映行业的管理秩序，也对其他合法从事电影摄制、发行、放映活动的企业、其他组织、个体工商户或者个人产生了不良影响或者形成了不合理的竞争优势。

擅自从事电影摄制、发行、放映活动是一种具有一定社会危害性的破坏国家电影管理制度的违法行为，应该承担相应的法律责任。从实践来看，擅自从事电影摄制、发行、放映活动主要有以下两种具体形式：一是未向电影主管部门提出申请，而自行从事电影摄制、发行、放映活动；二是虽然向电影主管部门提出了申请，但未获批准，仍然自行从事电影摄制、发行、放映活动。

按照本条规定，对擅自从事电影摄制、发行、放映活动应当给予相应的行政处罚。针对不同的违法行为，本条规定了两种行政处罚：一是没收电影片和违法所得以及从事违法活动的专用工具、设备。这里所说的违法所得是指行为人因从事违法行为所取得的一切非法收入；这里所说的专用工具、设备是指行为人用来从事违法活动的一切工具、用具、设备及其他物品，如电影摄制设备、放映设备等。二是罚款。违法所得五万元以上的，并处违法所得五倍以上十倍以下的罚款；没有违法所得或者违法所得不足五万元的，其行为的社会危害性依然存在，为了达到对违法行为的惩戒目的，本条规定了可以并处二十五万元以下的罚款。必须说明的是，根据本条规定，没收电影片和违法所得以及从事违法活动的专用工具、设备的处罚是必须实施的，而罚款根据其违法所得的不同，区别对待，违法所得五万元以上的，必须并处违法所得五倍以上十倍以下的罚款；没有违法所得或者违法所得不足五万元的，是可以处以罚款，即由电影主管部门自由裁量，而不是必须并处罚款。

第四十八条 有下列情形之一的，由原发证机关吊销有关许可证、撤销有关批准或者证明文件；县级以上人民政府电影主管部门没收违法所得；违法所得

五万元以上的,并处违法所得五倍以上十倍以下的罚款;没有违法所得或者违法所得不足五万元的,可以并处二十五万元以下的罚款:

(一)伪造、变造、出租、出借、买卖本法规定的许可证、批准或者证明文件,或者以其他形式非法转让本法规定的许可证、批准或者证明文件的;

(二)以欺骗、贿赂等不正当手段取得本法规定的许可证、批准或者证明文件的。

● 释 义

本条是关于违反本法有关行政许可等管理制度而应承担法律责任的规定。

本条第一项明确了伪造、变造、出租、出借、买卖本法规定的许可证、批准或者证明文件,或者以其他形式非法转让本法规定的许可证、批准或者证明文件的法律责任。有关行政机关通过发放许可证、批准或者证明文件管理有关电影活动,对维护电影产业健康发展,维护意识形态安全具有重要意义。但实践中一些企业、其他组织通过伪造、变造、出租、出借、买卖或者以其他形式非法转让本法规定的许可证、批准或者证明文件,严重扰乱了电影行业管理秩序,同时也对其他合法从事电影活动的主体产生了不良影响或者形成了不合理的竞争优势。其中,伪造是指行为人为达到某种目的,自行制作假许可证或者文件,企图冒充应由发证机关制作的许可证或者文件；变造是指行为人利用真许可证或者文件加以局部内容的改变；出租是指以非法手段以许可证或者文件的使用权来换取他人财物的行为；出借是指将行政许可证件或者文件借给他人使用的行为；买卖是指以营利为目的，将许可证或者文件卖给不具备条件或者资格或者虽然具备条件或者资格但没有向行政机关提出申请的个人或者组织。行政许可法第九条规定，依法取得的行政许可，除法律、法规规定依照法定条件和程序可以转让的外，不得转让。本法所涉及许可证、批准文件等均未规定可以转让，因此均不得转让。行政许可法第八十条规定，被许可人有涂改、倒卖、出租、出借行政许可证件，或者以其他形式非法转让行政许可的，行政机关应当依法给予行政处罚。据此，本法作为特别法，对于伪造本法规定的许可证、批准或者证明文件等行为的法律责任予以了明确规定。

本条第二项明确了以欺骗、贿赂等不正当手段取得本法规定的许可证、批准或者证明文件的法律责任。行政许可法第三十一条规定，申请人申请行政许可，应当如实向行政机关提交有关材料和反映真实情况，并对其申请材料实质内容的真实性负责。行政许可法第六十九条第二款规定，被许可人以欺骗、贿赂等不正当手段取得行政许可的，应当予以撤销。行政许可法第七十九条规定，被许可人以欺骗、贿赂等不正当手段取得行政许可的，行政机关应当依法给予行政处罚；取得的行政许可属于直接关系公共安全、人身健康、生命财产安全事项的，申请人在三年内不得再次申请该行政许可；构成犯罪的，依法追究刑事责任。这种情形虽然在表面形式上具有合法性，但实质上不符合我国有关从事电影活动的法定条件，而且这种形式条件和实际条件不一致是由于申请人恶意欺骗有关行政机关的结果，其后果与未经行政机关许可相同，妨害了国家有关行政许可权的行使，严重破坏了电影管理秩序，因此不具有合法的法律效力。

按照本条规定，对伪造、变造、出租、出借、买卖本法规定的许可证、批准或者证明文件，或者以其他形式非法转让本法规定的许可证、批准或者证明文件，或者以欺骗、贿赂等不正当手段取得本法规定的许可证、批准或者证明文件的行为应当给予相应的行政处罚。针对不同的违法行为，本条规定了三种行政处罚：一是吊销有关许可证、撤销有关批准或者证明文件。这里的许可证、批准或者证明文件，主要包括电影剧本梗概备案证明文件，重大题材或者国家安全、外交、民族、宗教、军事等方面题材电影剧本批准文件，中外合作摄制电影批准文件，电影公映许可证，电影发行经营许可证，电影放映经营许可证等。二是没收违法所得。这里所说的违法所得是指行为人因从事违法行为所取得的一切非法收入。三是罚款。违法所得五万元以上的，并处违法所得五倍以上十倍以下的罚款；没有违法所得或者违法所得不足五万元的,其行为的社会危害性依然存在,为了达到对违法行为的惩戒目的,本条规定了可以并处二十五万元以下的罚款。必须说明的是,根据本条规定,吊销有关许可证、撤销有关批准或者证明文件与没收违法所得是必须实施的,而罚款根据其违法所得的不同区别对待,前面已有论述,此处不再重复。

需要注意的是,本条第二项规定的以贿赂手段取得本法规定的许可证、批准或者证明文件的行为,相应的涉及政府部门工作人员收受贿赂违反本法规定发放许可证、批准或者证明文件的情形,对于上述政府部门工作人员收受贿赂的处罚本条没有规定,并不表示不需要处罚,而是按照有关规定予以处罚。如本法第五十五条对县级以上人民政府电影主管部门或者其他有关部门的工作人员利用职务上便利收受他人财物或者其他好处,尚未构成犯罪的情形,规定依法给予处分。本法第五十六条规定,构成犯罪的,依法追究刑事责任。

第四十九条 有下列情形之一的,由原发证机关吊销许可证;县级以上人民政府电影主管部门没收电影片和违法所得;违法所得五万元以上的,并处违法所得十倍以上二十倍以下的罚款;没有违法所得或者违法所得不足五万元的,可以并处五十万元以下的罚款:

(一)发行、放映未取得电影公映许可证的电影的；

（二）取得电影公映许可证后变更电影内容，未依照规定重新取得电影公映许可证擅自发行、放映、送展的；

（三）提供未取得电影公映许可证的电影参加电影节（展）的。

释 义

本条是关于违反电影公映管理制度而应承担法律责任的规定。

根据本法第十九条规定，取得电影公映许可证的电影需要变更内容的，应当依照本法规定重新报送审查；根据本法第二十条第二款规定，未取得电影公映许可证的电影，不得发行、放映；根据本法第二十一条规定，摄制完成的电影取得电影公映许可证，方可参加电影节（展）。因此，取得电影公映许可证是电影能够发行、放映或者报送电影节（展）的前提条件。发行、放映没有取得电影公映许可证的电影或者提供没有取得电影公映许可证的电影参加电影节（展）的，直接违背了国家关于发行、放映、参加电影节（展）的规定，侵害了电影发行、放映、电影节（展）的行政管理关系，破坏了电影发行、放映、电影节（展）的管理秩序，也间接破坏了我国电影审查行政管理制度。

按照本条规定，对发行、放映、送展没有取得电影公映许可证的电影，或者取得电影公映许可证后变更电影内容，未依照规定重新取得电影公映许可证擅自发行、放映、送展的行为应当给予相应的行政处罚。针对不同的违法行为，本条规定了三种行政处罚：一是吊销许可证。这里的许可证，主要包括发行、放映未取得电影公映许可证电影的企业、个体工商户的电影发行经营许可证或者电影放映经营许可证；取得电影公映许可证后变更电影内容，未依照规定重新取得电影公映许可证擅自发行、放映、送展的法人、其他组织原先取得的电影公映许可证等。二是没收电影片和违法所得。这里所说的违法所得是指行为人因从事违法行为所取得的一切非法收入。三是罚款。违法所得五万元以上的，并处违法所得十倍以上二十倍以下的罚款；没有违法所得或者违法所得不足五万元的，其行为的社会危害性依然存在，为了达到对违法行为的惩戒目的，本条规定了可以并处五十万元以下的罚款。必须说明的是，根据本条规定，吊销有关许可证与没收电影片和违法所得是必须实施的，而罚款根据其违法所得的不同区别对待，前面已有论述，此处不再重复。另外，因为开展电影流动放映仅需备案而不用取得电影放映经营许可证，电影流动放映主体放映未取得电影公映许可证的电影的，仅适用没收电影片和违法所得、罚款的行政处罚。

第五十条 承接含有损害我国国家尊严、荣誉和利益，危害社会稳定，伤害民族感情等内容的境外电影的洗印、加工、后期制作等业务的，由县级以上人民政府电影主管部门责令停止违法活动，没收电影片和违法所得；违法所得五万元以上的，并处违法所得三倍以上五倍以下的罚款；没有违法所得或者违法所得不足五万元的，可以并处十五万元以下的罚款。情节严重的，由电影主管部门通报工商行政管理部门，由工商行政管理部门吊销营业执照。

● 释　义

本条是关于违反承接境外电影洗印、加工、后期制作等业务管理制度而应承担法律责任的规定。

电影洗印、加工、后期制作是电影制作的重要活动，是电影得以产生不可或缺的重要一环。本法第二十二条规定，公民、法人和其他组织可以承接境外电影的洗印、加工、后期制作等业务，需报省、自治区、直辖市人民政府电影主管部门备案。同时该条也对拟承接电影的内容提出了要求，即不得承接含有损害我国国家尊严、荣誉和利益，危害社会稳定，伤害民族感情等内容的境外电影的相关业务。本条的规定，既从促进电影产业发展，加强各国文化交流的角度出发，使公民、法人和其他组织可以承接境外电影的洗印、加工、后期制作等业务，又能使这项业务处于有效监管之中,防止因此出现扰乱电影管理秩序、危害我国文化安全、国家利益等情况。

按照本条规定,对承接含有损害我国国家尊严、荣誉和利益,危害社会稳定,伤害民族感情等内容的境外电影的洗印、加工、后期制作等业务的行为应当给予相应的行政处罚。针对不同的违法行为,本条规定了三种行政处罚:一是没收电影片和违法所得。这里所说的违法所得是指行为人因从事违法行为所取得的一切非法收入。二是罚款。违法所得五万元以上的,并处违法所得三倍以上五倍以下的罚款;没有违法所得或者违法所得不足五万元的,其行为的社会危害性依然存在,为了达到对违法行为的惩戒目的,本条规定了可以并处十五万元以下的罚款。必须说明的是,罚款根据其违法所得的不同区别对待,前面已有论述,此处不再重复。三是吊销营业执照。这里的处罚主体是工商行政管理部门。在情节严重的情形下,由电影主管部门将有关情况通报工商行政管理部门,由工商行政管理部门吊销承接含有损害我国国家尊严、荣誉和利益,危害社会稳定,伤害民族感情等内容的境外电影的洗印、加工、后期制作等业务的个体工商户、法人和其他组织的营业执照。此外,对所涉及的违法行为,本条还规定了责令停止违法活动的法律责任。需要说明的是,某一行为只要具有违法性,无论其情节轻重如何,有关行政主管部门应当首先依法制止该违法行为,而行政处罚则根据违法行为的情节轻重来确定,所以,从严格法律责任的意义上讲,责令停止违法活动不是一种行政处罚,而是行政主管部门采取的一种纠正不法状态的行政命令。

第五十一条 电影发行企业、电影院等有制造虚假交易、虚报瞒报销售收入等行为,扰乱电影市场秩序的,由县级以上人民政府电影主管部门责令改正,没收违法所得,处五万元以上五十万元以下的罚款;违法所得五十万元以上的,处违法所得一倍以上五倍以下的罚款。情节严重的,责令停业整顿;情节特别严重的,由原发证机关吊销许可证。

电影院在向观众明示的电影开始放映时间之后至电影放映结束前放映广告的,由县级人民政府电影主管部门给予警告,责令改正;情节严重的,处一万元以上五万元以下的罚款。

● 释 义

本条是关于违反如实统计电影销售收入和严格放映广告时间管理制度而应承担法律责任的规定。

本条第一款是对采取制造虚假交易、虚报瞒报销售收入等行为,扰乱电影市场秩序行为规定的法律责任。近年来,在国家电影产业政策的推动下,我国电影产业保持了良好发展态势,电影创作生产、电影院建设、电影票房等连续多年快速增长。但与此同时，电影发行企业、电影院等经营主体偷漏瞒报票房、虚假交易等一些违法违规经营行为也比较突出，严重干扰了市场秩序，欺骗、误导了消费者，影响十分恶劣。这些违法乱象如不及时治理整顿，将直接损害电影产业的健康、可持续发展。因此，本法第三十四条作出规定，电影发行企业、电影院等应当如实统计电影销售收入，提供真实准确的统计数据，不得采取制造虚假交易、虚报瞒报销售收入等不正当手段，欺骗、误导观众，扰乱电影市场秩序。同时本条第一款也规定了相应的法律责任，对电影发行企业、电影院等有制造虚假交易、虚报瞒报销售收入等行为，扰乱电影市场秩序的，由县级以上人民政府电影主管部门予以行政处罚。

本条第二款是对违反电影院广告放映管理规定的法律责任。近年来，随着中国电影产业快速发展，电影市场呈现出繁荣局面，从而带动了电影广告市场的发展，为扩大产品宣传、树立企业形象发挥了积极作用，也增加了电影制片单位、发行企业、电影院的经营收入。但电影广告在发展中也出现了一些问题，特别是电影放映中间随意插播广告，影响了观众正常观看电影，损害了消费者的合法权益，干扰了正常的电影放映秩序，也扰乱了正常的广告经营秩序。为此，本法第三十二条第二款也明确规定，电影院在向观众明示的电影开始放映时间之后至电影放映结束前，不得放映广告。本条第二款就是专门针对上述规定作出了法律责任。

按照本条规定，对违反如实统计电影销售收入和严格放映广告时间管理制度的行为应当给予相应的行政处罚。对于电影发行企业、电影院等有制造虚假交易、虚报瞒报销售收入等行为，扰乱电影市场秩序的，由县级以上人民政府电影主管部门予以处罚。针对不同的违法行为，本条第一款规定了四种行政处罚：一是责令改正，没收违法所得。这里所说的违法所得是指行为人因从事违法行为所取得的一切非法收入。二是罚款。这里分为两个档次，其一是处五万元以上五十万元以下的罚款；其二是违法所得五十万元以上的，处违法所得一倍以上五倍以下的罚款。需要说明的是，根据规定，没收违法所得和罚款是并处关系，即对同一违法行为必须同时实施这两种行政处罚，而不是只实施其中一种行政处罚。三是责令停业整顿。这种行政处罚只有在情节严重时才予以实施。四是吊销许可证。这种行政处罚只有在情节特别严重时由原发证机关予以实施。这里的许可证主要包括电影发行经营许可证、电影放映经营许可证等。

对于电影院在向观众明示的电影开始放映时间之后至电影放映结束前放映广告的，由县级人民政府电影主管部门予以处罚。针对不同的违法行为，本条第二款规定了两种行政处罚：一是给予警告，责令改正。这种处罚可以在情节较轻，后果不甚严重的情况下予以实施。二是罚款。这种行政处罚是在多次警告无效、屡教不改或者责令改正而拒不改正等情节较为严重的情形下适用，罚款幅度是一万元以上五万元以下。需要说明的是，针对电影院在向观众明示的电影开始放映时间之后至电影放映结束前放映广告的行为，本条第二款也作出了责令改正的规定。

第五十二条 法人或者其他组织未经许可擅自在境内举办涉外电影节（展）的，由国务院电影主管部门或者省、自治区、直辖市人民政府电影主管部门责令停止违法活动，没收参展的电影片和违法所得；违法所得五万元以上的，并处违法所得五倍以上十倍以下的罚款；没有违法所得或者违法所得不足五万元的，可以并处二十五万元以下的罚款；情节严重的，自受到处罚之日起五年内不得举办涉外电影节（展）。

个人擅自在境内举办涉外电影节（展），或者擅自提供未取得电影公映许可证的电影参加电影节（展）的，由国务院电影主管部门或者省、自治区、直辖市人民政府电影主管部门责令停止违法活动，没收参展的电影片和违法所得；违法所得五万元以上的，并处违法所得五倍以上十倍以下的罚款；没有违法所得或者违法所得不足五万元的，可以并处二十五万元以下的罚款；情节严重的，自受到处罚之日起五年内不得从事相关电影活动。

● 释　义

本条是关于擅自进行电影国际交流活动而应承担法律责任的规定。

根据本法第二十一条规定，摄制完成的电影取得电影公映许可证，方可参加电影节（展）。拟参加境外电影节（展）的，送展法人、其他组织应当在该境外电影节（展）举办前，将相关材料报国家新闻出版广电总局或者省、自治区、直辖市人民政府电影主管部门备案。根据本法第三十五条规定，在境内举办涉外电影节（展），须经国家新闻出版广电总局或者省、自治区、直辖市人民政府电影主管部门批准。由此可见，我国法律对举办涉外电影节（展）和参加电影节（展）作出了比较明确的规定。本条规定的违法行为一方面违反了国家对举办涉外电影节（展）的行政许可管理制度，扰乱了国际电影交流活动的正常秩序；另一方面提供未取得电影公映许可证的电影参加电影节（展），也违反了我国电影审查制度。在实践中，未经批准，擅自在境内举办涉外电影节（展）或者擅自提供未取得电影公映许可证的电影参加电影节（展）的违法行为，往往会导致一些内容违法或者有损我国国际形象的影片传播，扰乱我国电影管理秩序，甚至严重损害我国国家尊严、荣誉和利益。

本条规定的违法行为有两种情况。第一种情况是擅自在境内举办涉外电影节（展）；第二种情况是擅自提供未取得电影公映许可证的电影参加电影节（展），这里的电影节（展）既包括境内的电影节（展），也包括涉外的电影节（展）。根据违法行为的不同，对违法主体也作了区分，分别为法人、其他组织或者个人。

按照本条规定，对擅自进行电影国际交流活动的行为应当给予相应的行政处罚。对于法人或者其他组织未经许可擅自在境内举办涉外电影节（展），由国家新闻出版广电总局或者省、自治区、直辖市人民政府电影主管部门予以处罚。具体是由国家新闻出版广电总局还是由省、自治区、直辖市人民政府电影主管部门进行处罚，将根据实际工作过程中有关许可、备案工作具体负责部门的分工来确定。针对不同的违法行为，本条第一款规定了三种行政处罚：一是没收参展的电影片和违法所得。这里所说的违法所得是指行为人因从事违法行为所取得的一切非法收入。二是罚款。这里分为两个档次，其一是违法所得五万元以上的，并处违法所得五倍以上十倍以下的罚款；其二是没有违法所得或者违法所得不足五万元的，可以并处二十五万元以下的罚款。需要说明的是，根据规定，罚款根据其违法所得的不同区别对待，前面已有论述，此处不再重复。三是资格处罚。即情节严重时，有关法人或者其他组织自受到处罚之日起五年内不得举办涉外电影节（展）。

关于个人擅自在境内举办涉外电影节（展），或者擅自提供未取得电影公映许可证的电影参加电影节（展），将根据有关许可具体负责部门的分工来确定是由国家新闻出版广电总局还是由省、自治区、直辖市人民政府电影主管部门来予以处罚。根据违法行为特点，本条第二款也规定了与第一款相同的三种行政处罚，但需要指出的是，在资格处罚上两个有区别。即情节严重时，个人自受到处罚之日起五年内不得从事相关电影活动。这里的相关电影活动是指与违法活动相关的电影业务，要根据违法行为与行为人从事的电影业务有没有实质联系来确定。

此外，对所涉及的违法行为，本条还规定了责令停止违法活动的法律责任，对此前面关于第五十条的释义中已有说明，这里不再重复。但对责令停止违法活动的适用需予以说明，对擅自在我国境内举办涉外电影节（展）应当依法予以取缔；对擅自提供未取得电影公映许可证的电影参加电影节（展）的，无论该电影节（展）是在境内还是境外举办，都应当采取可能的措施予以制止。

第五十三条 法人、其他组织或者个体工商户因违反本法规定被吊销许可证的，自吊销许可证之日起五年内不得从事该项业务活动；其法定代表人或者主要负责人自吊销许可证之日起五年内不得担任从事电影活动的法人、其他组织的法定代表人或者主要负责人。

▶ 释　义

本条是关于资格处罚的规定。

在实践中，有些法人、其他组织或者个体工商户因违法行为被吊销许可证后，又继续申请获得许可证，继续从事违法行为；有些行政处罚只会对法人、其他组织产生不利影响，与单位的法定代表人或者主要负责人没有直接利害关系，不影响其切身利益，容易导致单位的法定代表人或者主要负责人对这些行政处罚不在乎，从而起不到惩戒、震慑的作用，不能有效遏制违法行为的再次发生。加之，没收违法所得和罚款仅是财产上的处罚，对某些违法行为人来说财产处罚的数额较小或者与其从事违法活动所得到的利益不成比例，导致其不在乎财产处罚，甚至会为了弥补财产处罚所带来的损失而进一步从事违法活动。

为了达到惩戒目的，从源头上遏制违法行为的再次发生，有必要将处罚与违法行为的主体联系起来，因此，本条规定，法人、其他组织或者个体工商户因违反本法规定被吊销许可证的，自吊销许可证之日起五年内不得从事该项业务活动；其法定代表人或者主要负责人自吊销许可证之日起五年内不得担任从事电影活动的法人、其他组织的法定代表人或者主要负责人。这种资格处罚能使违法主体丧失在相关领域开展业务、担任领导职务的机会，可以从源头上遏制违法行为的发生。资格处罚是指撤销违法者从事某种活动的权利或者资格,或者剥夺其从事某种活动的权利或者资格的处罚方式。

需要说明的是,本条所讲的许可证,主要包括电影公映许可证、电影发行经营许可证、电影放映经营许可证等。针对违法行为,本法也规定了吊销许可证的行政处罚,如第四十八条规定,伪造、变造、出租、出借、买卖本法规定的许可证、批准或者证明文件,或者以其他形式非法转让本法规定的许可证、批准或者证明文件,以欺骗、贿赂等不正当手段取得本法规定的许可证、批准或者证明文件的,由原发证机关吊销有关许可证、撤销有关批准或者证明文件。第四十九条规定,发行、放映未取得电影公映许可证的电影,取得电影公映许可证后变更电影内容,未依照规定重新取得电影公映许可证擅自发行、放映、送展,提供未取得电影公映许可证的电影参加电影节(展)的,由原发证机关吊销许可证。第五十一条规定,电影发行企业、电影院等有制造虚假交易、虚报瞒报销售收入等行为,扰乱电影市场秩序,情节特别严重的,由原发证机关吊销许可证。

由于本条规定的处罚措施剥夺了被处罚主体从业资质、资格,对被处罚人的利益有重大影响,因此,只有在因违反本法规定被吊销许可证的情形才适用。另外,本条规定对法人、其他组织或者个体工商户的处罚只是在吊销许可证之日起五年内不得从事该项业务活动,并不影响其在电影产业内从事其他业务活动。所以,这里所讲的"该项"

要根据违法行为与违法主体所吊销的许可证涉及的电影业务联系起来判断。本条规定对个人的处罚是被吊销许可证的法人、其他组织或者个体工商户的法定代表人或者主要负责人,自吊销许可证之日起五年内不得担任从事电影活动的法人、其他组织的法定代表人或者主要负责人。这里所讲的电影活动是全口径的,包括电影摄制、发行、放映等一切与电影相关的活动。

第五十四条 有下列情形之一的,依照有关法律、行政法规及国家有关规定予以处罚:

(一)违反国家有关规定,擅自将未取得电影公映许可证的电影制作为音像制品的;

(二)违反国家有关规定,擅自通过互联网、电信网、广播电视网等信息网络传播未取得电影公映许可证的电影的;

(三)以虚报、冒领等手段骗取农村电影公益放映补贴资金的;

(四)侵犯与电影有关的知识产权的;

(五)未依法接收、收集、整理、保管、移交电影档案的。

电影院有前款第四项规定行为,情节严重的,由原发证机关吊销许可证。

● 释　义

本条是对有关违法犯罪行为的处罚依据的衔接性规定。

在本法颁布前，我国有关法律、行政法规及国家规定对与电影有关的违法行为已经作出相关规定，规定了相应处罚措施的，本法不再重复规定，只作衔接性规定。具体内容如下：

一是关于违反国家有关规定，擅自将未取得电影公映许可证的电影制作为音像制品的。本法第二十条第二款第（十）项规定，未取得电影公映许可证的电影，不得发行、放映，不得通过互联网、电信网、广播电视网等信息网络进行传播，不得制作为音像制品；但是，国家另有规定的，从其规定。根据本条规定，不得将未取得电影公映许可证的电影制作为音像制品，除非国家另有规定。

除本法外，我国有关行政法规对音像制品的制作也作了相关规定，例如，音像制品管理条例第三条第二款规定，音像制品禁止载有法律、行政法规和国家规定禁止的其他内容；并在第四十条规定了相应处罚措施，即出版含有本条例第三条第二款禁止内容的音像制品，或者制作、复制、批发、零售、出租、放映明知或者应知含有本条例第三条第二款禁止内容的音像制品的，依照刑法有关规定，依法追究刑事责任；尚不够刑事处罚的，由出版行政主管部门、公安部门依据各自职权责令停业整顿，没收违法经营的音像制品和违法所得；违法经营额1万元以上的，并处违法经营额5倍以上10倍以下的罚款；违法经营额不足1万元的，可以处5万元以下的罚款；情节严重的，并由原发证机关吊销许可证。

二是违反国家有关规定，擅自通过互联网、电信网、广播电视网等信息网络传播未取得电影公映许可证的电影的。随着电影产业与互联网尤其是移动互联网的快速发展，互联网成为电影营销主阵地之一。对此，本法在第二条第三款规定，通过互联网、电信网、广播电视网等信息网络传播电影的，还应当遵守互联网、电信网、广播电视网等信息网络管理的法律、行政法规的规定。

除本法上述规定外，我国有关法律、行政法规对此也作了相关规定，例如，信息网络传播权保护条例第三条规定，依法禁止提供的作品、表演、录音录像制品，不受本条例保护。权利人行使信息网络传播权，不得违反宪法和法律、行政法规，不得损害公共利益。互联网信息服务管理办法第十五条规定，互联网信息服务提供者不得制作、复制、发布、传播含有法律、行政法规禁止的内容。第十六条规定，互联网信息服务提供者发现其网站传输的信息明显属于本办法第十五条所列内容之一的，应当立即停止传输，保存有关记录，并向国家有关机关报告。第二十条规定，制作、复制、发布、传播本办法第十五条所列内容之一的信息，构成犯罪的，依法追究刑事责任；尚不构成犯罪的，由公安机关、国家安全机关依照治安管理处罚法、计算机信息网络国际联网安全保护管理办法等有关法律、行政法规的规定予以处罚；对经营性互联网信息服务提供者，并由发证机关责令停业整顿直至吊销经营许可证，通知企业登记机关；对非经营性互联网信息服务提供者，并由备案机关责令暂时关闭网站直至关闭网站。第二十三条规定，违反本办法第十六条规定的义务的，由省、自治区、直辖市电信管理机构责令改正；情节严重的，对经营性互联网信息服务提供者，并由发证机关吊销经营许可证，对非经营性互联网信息服务提供者，并由备案机关责令关闭网站。

三是以虚报、冒领等手段骗取农村电影公益放映补贴资金的。本法第二十七条第三款规定，从事农村电影公益放映活动的，不得以虚报、冒领等手段骗取农村电影公益放映补贴资金。财政违法行为处罚处分条例在第六条规定，国家机关及其工作人员有下列违反规定使用、骗取财政资金的行为之一的，责令改正，调整有关会计账目，追回有关财政资金，限期退还违法所得。对单位给予警告或者通报批评。对直接负责的主管人员和其他直接责任人员给予记大过处分；情节较重的，给予降级或者撤职处分；情节严重的，给予开除处分：（一）以虚报、冒领等手段骗取财政资金……在第十四条规定，企业和个人有下列行为之一的，责令改正，调整有关会计账目，追回违反规定使用、骗取的有关资金，给予警告，没收违法所得，并处被骗取有关资金10%以上50%以下的罚款或者被违规使用有关资金10%以上30%以下的罚款；对直接负责的主管人员和其他直接责任人员处3000元以上5万元以下的罚款：（一）以虚报、冒领等手段骗取财政资金以及政府承贷或者担保的外国政府贷款、国际金融组织贷款……另外，为贯彻落实党中央、国务院关于建设社会主义新农村和加强农村文化建设的部署，加快农村电影放映工程建设，规范农村数字电影发行放映工作，国家新闻出版广电总局出台的农村数字电影发行放映实施细则对农村电影公益放映补贴作了具体规定，并在第三十四条规定，有以下行为者，电影行政管理部门将给予通报批评，并根据情况核减直至收回政府资助的数字电影放映设备、停止资助，并取消其放映资格，同时追究主管领导和有关责任人的行政、经济和法律责任；造成经济损失的，由责任方作出赔偿。（1）放映未经审查通过的、走私或无版权影片的，放映无电影公映许可证影片的；（2）发行放映音像制品，发行放映盗版、侵权音像制品的；（3）将国家资助设备转卖、变卖而使国家资产流失的；（4）管理不善而造成国家资助设备毁坏、丢失的或闲置国家资助设备，未发挥其应有效用的；（5）随意改变国家资助设备使用范围，未完成农村公益场次放映目标的；（6）放映场次虚报作假，回执等手续不全或统计数据上报不及时的；（7）公益放映向农民群众乱收费的；

(8)年检不合格者。因此,以虚报、冒领等手段骗取农村电影公益放映补贴资金的,将据此进行处罚。

四是侵犯与电影有关的知识产权的。本法第七条第一款规定,与电影有关的知识产权受法律保护,任何组织和个人不得侵犯。我国的著作权法、信息网络传播权保护条例等法律、行政法规为电影著作权保护提供了框架和依据,并规定了相应的法律责任。2014年,我国还加入了视听表演北京条约。近年来,有关部门持续开展打击偷漏瞒报票房和网络视频盗版行为,有效维护了产业环境,遏制了网络盗版灰色产业链的发展。中国电影著作权协会、影视版权产业联盟等行业组织不断拓展业务领域,加大维权力度,有力保护了著作权人的合法权益。随着影院现代化建设和视频网站正版化的开展,中国电影市场正在逐渐成熟,观众付费观影习惯逐渐形成。

五是未依法接收、收集、整理、保管、移交电影档案的。本法第二十三条规定,国家设立的电影档案机构依法接收、收集、整理、保管并向社会开放电影档案。国家设立的电影档案机构应当配置必要的设备,采用先进技术,提高电影档案管理现代化水平。摄制电影的法人、其他组织依照档案法的规定,做好电影档案保管工作,并向国家设立的电影档案机构移交、捐赠、寄存电影档案。

在我国,档案法和档案法实施办法为电影档案管理提供了框架和依据。此外,为了加强电影艺术档案的收集和管理，有效保护和利用电影艺术档案，更好为电影创作、生产、教学、研究和普及服务，原国家广播电影电视总局与国家档案局于2010年6月修订发布了电影艺术档案管理规定，并对电影艺术档案机构在保管、利用属于国家所有的电影艺术档案过程中的违法情形规定了明确的法律责任。

另外，本条第二款规定，电影院有侵犯与电影有关的知识产权的行为，情节严重的，由原发证机关吊销许可证。这是针对电影院作的特别规定。适用本款有几个条件：一是违法主体是电影院，二是侵犯与电影有关的知识产权，三是情节严重。符合上述三个条件的，由原发证机关吊销许可证。根据本法第二十四条第二款的规定，电影院有侵犯与电影有关的知识产权的行为，情节严重的，应当由原发证机关即电影院所在地县级人民政府电影主管部门吊销其许可证。"情节严重"的认定标准属于行政处罚自由裁量问题，将由国家新闻出版广电总局制定相应的裁量标准。此外，电影院的侵权行为未达到"情节严重"程度的，适用本条第一款的规定，即依照有关法律、行政法规及国家有关规定予以处罚。

第五十五条 县级以上人民政府电影主管部门或者其他有关部门的工作人员有下列情形之一，尚不构成犯罪的，依法给予处分：

（一）利用职务上的便利收受他人财物或者其他好

处的；

（二）违反本法规定进行审批活动的；

（三）不履行监督职责的；

（四）发现违法行为不予查处的；

（五）贪污、挪用、截留、克扣农村电影公益放映补贴资金或者相关专项资金、基金的；

（六）其他违反本法规定滥用职权、玩忽职守、徇私舞弊的情形。

释　义

本条是对行政机关及其工作人员尚未构成犯罪的违法行为进行处分的规定。

本条规定的责任主体，除了县级以上人民政府电影主管部门的工作人员外，还包括其他有关部门的工作人员。本法第八条规定："国务院电影主管部门负责全国的电影工作；县级以上地方人民政府电影主管部门负责本行政区域内的电影工作。县级以上人民政府其他有关部门在各自职责范围内，负责有关的电影工作。"电影产业促进工作不仅是电影主管部门的职责，由于是促进法，还涉及财政、税收、发改、知识产权、金融等主管部门，这些部门也要依法履行好各自的职责，做好与电影产业促进有关的工作，否则也要依法承担相应的法律责任。因此，本条规定的责任主体为电影主管部门或者其他有关部门的工作人员。

本条采取列举加概括的形式,规定了六种违法情形,即:(1)利用职务上的便利收受他人财物或者其他好处的;(2)违反本法规定进行审批活动的;(3)不履行监督职责的;(4)发现违法行为不予查处的;(5)贪污、挪用、截留、克扣农村电影公益放映补贴资金或者相关专项资金、基金的;(6)其他违反本法规定滥用职权、玩忽职守、徇私舞弊的情形。前五种情形是对具体行为的列举,第六种情形是对前五种情形之外违反本法规定的行为的兜底性规定。

鉴于本条对前五种违法情形已经明确列举出来,下面重点对第六种违法情形的兜底性规定予以说明,即滥用职权、玩忽职守、徇私舞弊:(1)滥用职权。指国家机关工作人员故意超过职权范围行使职权或者不适当地行使职权,致使公共财产、国家和人民利益遭受损失的违法行为。电影主管部门和其他有关部门的工作人员违反本法滥用职权的行为,主要指在电影产业促进和规范工作中超越法律所赋予的职权范围行使职权,或者不适当地行使职权造成危害后果的违法行为。(2)玩忽职守。指国家机关工作人员不履行或者不正确履行法律所赋予的职责,构成违法失职行为,致使公共财产、国家和人民利益受到损失的行为。电影主管部门和其他有关部门的工作人员在电影产业促进和规范工作中玩忽职守的行为,主要表现为对工作极端不负责任,对依法承担的职责不予履行等。(3)徇私舞弊。

指为徇个人私利或者亲友私情，不按照法律法规规定办事，使国家和人民利益受到损失的行为。电影主管部门和其他有关部门的工作人员在电影产业促进和规范工作中徇私舞弊的行为主要表现为徇私枉法，出于贪赃、报复或者袒护亲友等目的而产生的失职、渎职行为。

本条所称的"处分"是指行政机关内部，上级对有隶属关系的下级违反法律的行为或者对尚未构成犯罪的轻微违法行为所给予的纪律制裁。公务员法对处分的适用情节、种类及程序作出了明确规定，是对公务员实施处分的主要法律依据。根据公务员法和行政机关公务员处分条例的规定，处分的种类有六种，从轻到重依次为警告、记过、记大过、降级、撤职、开除。（1）警告。警告有提醒注意、不致再犯的意思，属于申诫处分。警告可以是口头的，也可以是书面的，由处分机关选择适用。警告一般适用于轻微的行政违法行为，是处分中最轻的一种。根据公务员法的规定，公务员受警告处分期间，可以晋升工资档次，但不得晋升职务和级别。（2）记过、记大过。这是两种程度有所区别的处分。一般来说，记过、记大过适用于公务员的行为违反了法律法规的规定，给国家和人民造成了一定的损失，给予警告处分过轻，给予降级处分过重的情况。（3）降级。降级的含义是降低公务员的级别。给予公务员降级处分，一般降低一个级别，如果本人级别为最低级的，可给予记大过处分。（4）撤职。公务员的行政违法行为，给国家和人民利益造成重大损失，不适合继续担任原职务的，可以给予撤职处分。受撤职处分期间，不得晋升工资和级别，并且不能晋升工资档次。（5）开除。开除是指受处分人不适合继续在国家机关工作，国家机关取消其公务员资格令其离开的处分形式。开除是最严厉的一种处分，适用于公务员犯有违法行为，给国家和人民造成了极其严重的损失，丧失了国家公务员资格的情况，开除的处分不能解除。

根据公务员法的规定，公务员受到开除以外的处分，在受处分期间有悔改表现，并且没有再发生违纪行为的，处分期满后由原处分决定机关解除处分。但是，解除降级、撤职处分不视为恢复原级别、原职务。解除处分后，晋升职务、级别和工资档次不再受处分的影响。处分决定和解除处分的决定应当以书面形式通知本人。根据行政机关公务员处分条例的规定，行政机关公务员的处分决定被变更，需要调整该公务员的职务、级别或者工资档次的，应当按照规定予以调整；行政机关公务员的处分决定被撤销的，应当恢复该公务员的级别、工资档次，按照原职务安排相应的职务，并在适当范围内为其恢复名誉。被撤销处分或者被减轻处分的行政机关公务员工资福利受到损失的，应当予以补偿。

第五十六条 违反本法规定，造成人身、财产损害的，依法承担民事责任；构成犯罪的，依法追究刑事责任。

因违反本法规定二年内受到二次以上行政处罚，又有依照本法规定应当处罚的违法行为的，从重处罚。

● 释　义

本条是关于违反本法规定所应承担的民事责任、刑事责任，以及行政处罚从重情节的规定。

根据违法行为所违反的法律法规的性质，可以把法律责任分为民事责任、刑事责任和行政责任。

构成民事责任的条件包括损害事实、违法行为、因果关系、主观过错等。民事责任分为违反合同的民事责任和侵权的民事责任。依照合同法规定，当事人一方不履行合同义务或者履行合同义务不符合约定的，应当承担继续履行、采取补救措施或者赔偿损失等违约责任。依照侵权责任法规定，承担侵权责任的方式包括：停止侵害、排除妨碍、消除危险、返还财产、恢复原状、赔偿损失、赔礼道歉、消除影响、恢复名誉等，这些侵权责任可以单独适用，也可以合并适用。

对于违反刑事法律的行为，且具备犯罪构成要件的，应当依法追究其刑事责任。刑事责任具有强制性和严厉性的特征。强制性是指刑事责任是一种强制犯罪人承担的法律责任，反映了国家的强制地位与犯罪人的服从和负担地位。犯罪人实施了国家禁止性的行为，从而为国家所不能容忍。国家一方面通过刑法对这种行为作出否定性评价，另一方面对犯罪人加以谴责，并令其承担一定的刑事法律后果。严厉性是指刑事责任是性质最为严重、否定性评价最为强烈、制裁后果最为严厉的法律责任。

本条第一款规定："违反本法规定，造成人身、财产损害的，依法承担民事责任；构成犯罪的，依法追究刑事责任。"本法没有采取一一列举的方式明确规定所违反的民法条文和刑法条文以及应承担的民事责任和刑事责任，而是作出指引性规定，明确了对于违反本法规定的行为，凡是造成人身、财产损害的，依据民事相关法律的规定承担民事责任；凡是构成犯罪的，依据刑事相关法律的规定承担刑事责任。这样规定主要是出于以下几点考虑：一是条文比较简洁；二是内容完整，避免因为列举不全而漏掉其他违法犯罪行为；三是既与民事、刑事法律相衔接，又可以避免因民事、刑事法律修改而导致本法修改。这种处理模式也是当前立法中的通常做法。

本条第二款规定："因违反本法规定二年内受到二次以上行政处罚，又有依照本法规定应当处罚的违法行为的，从重处罚。"这一条款是对行政处罚从重情节的规定。根据本款规定，构成从重处罚的条件有以下几个：一是二年内有过违反本法规定的行为，违反其他法律法规的行为不算在内；二是这些违法行为根据本法受到过二次以上的行政处罚，这里的行政处罚可以是任何种类的，受到的行政处罚数量必须不低于二次；三是再次违反了本法规定，不是违反了别的法律法规；四是再次的违法行为依照本法也应当受到行政处罚，这里的行政处罚也可以是任何种类的。具备上述四个条件的，构成从重处罚情形。

第五十七条 县级以上人民政府电影主管部门及其工作人员应当严格依照本法规定的处罚种类和幅度，根据违法行为的性质和具体情节行使行政处罚权，具体办法由国务院电影主管部门制定。

县级以上人民政府电影主管部门对有证据证明违反本法规定的行为进行查处时，可以依法查封与违法行为有关的场所、设施或者查封、扣押用于违法行为的财物。

● 释 义

本条是关于行政处罚的授权性规定，以及电影主管部门能够实施的行政强制措施的规定。

本条第一款是关于行政处罚的授权性规定。我国的行政处罚法第八条规定，行政处罚的种类有：（1）警告；（2）罚款；（3）没收违法所得、没收非法财物；（4）责令停产停业；（5）暂扣或者吊销许可证、暂扣或者吊销执照；

(6) 行政拘留；(7) 法律、行政法规规定的其他行政处罚。第九条规定，法律可以设定各种行政处罚。限制人身自由的行政处罚，只能由法律设定。在行政处罚方面，本法赋予行政机关一定的行政自由裁量权，规定其在本法规定的处罚种类和幅度范围内，根据违法行为的性质和具体情节行使行政处罚权。行政自由裁量权是指法律仅规定行政行为的范围、条件、幅度和种类等，而行政机关根据实际情况决定如何适用法律而作出具体行政行为的一种权力。

至于如何在本法规定的处罚种类和幅度范围内根据违法行为的性质和具体情节行使行政处罚权，为行政自由裁量权划定一定的范围，本法作了授权性规定，授权国家新闻出版广电总局制定具体办法。根据行政处罚法第十二条第一款的规定，国务院部、委员会制定的规章可以在法律、行政法规规定的给予行政处罚的行为、种类和幅度的范围内作出具体规定。因此，国家新闻出版广电总局应当遵循行政处罚法与本法的规定，在本法规定的给予行政处罚的行为、种类和幅度范围内，根据违法行为的性质和具体情节，制定具体办法，对行使行政处罚权的具体情形作出规定。

本条第二款是关于行政强制措施的规定。2011年6月30日，十一届全国人大常委会第五次会议审议通过了行政强制法。行政强制法旨在规范行政强制的设定和实施，保障和监督行政机关依法履行职责，维护公共利益和社会秩序，保护公民、法人和其他组织的合法权益。行政强制法第九条规定了行政强制措施的种类：（1）限制公民人身自由；（2）查封场所、设施或者财物；（3）扣押财物；（4）冻结存款、汇款；（5）其他行政强制措施。行政强制措施分为对人身的强制，对住宅、场所等实施的强制和对财产的强制三类。境外的行政强制法律制度也一般是从这三大类的区分出发来规定具体的行政强制措施种类。如我国台湾地区的"行政执行法"第三十六条就依次规定了"对人之管束""对物之扣留使用处置或限制其使用""对家宅建筑物或其他处所之进入"和"其他依法定职权所为之必要处置"的种类。显然，我国行政强制法第九条也基本遵循了这一学理分类，借鉴了域外经验。其中，该条规定的第一项属于对人身的强制；第二项属于对场所的强制；第三项和第四项属于对财产的强制；第五项是一个兜底的概括性规定，以适应复杂多变的行政管理的实际需要，但必须是"依法定职权"而且"必要"时方可选择。

行政强制的设定，即什么主体可以通过何种法的形式规定行政强制。规范行政强制的设定，是从源头上治理乱设行政强制的基本对策，也是防止滥用行政强制的根本举措。行政强制法第十条和第十一条特别规定了行政强制措施的设定问题。其中，第十条规定的是行政强制设定权的"法律保留原则"，第十一条则规定的是行政强制设定权的"法律优位原则"。

行政强制法第十条第一款规定："行政强制措施由法律

设定。"第二款规定:"尚未制定法律,且属于国务院行政管理职权事项的,行政法规可以设定除本法第九条第一项、第四项和应当由法律规定的行政强制措施以外的其他行政强制措施。"第三款规定:"尚未制定法律、行政法规,且属于地方性事务的,地方性法规可以设定本法第九条第二项、第三项的行政强制措施。"由此可见,第十条总体上赋予了法律、行政法规和地方性法规三种法的形式以行政强制措施设定权。但是,三种法的形式享有的行政强制措施设定权存在明显差异。其中法律可以创设行政强制法第九条规定的所有种类的行政强制措施;行政法规可以创设本法第九条规定的第二项(查封)、第三项(扣押)和第五项(应当由法律规定的行政强制措施以外的其他行政强制措施)三种行政强制措施;地方性法规则可以创设行政强制法第九条规定的第二项(查封)、第三项(扣押)两种行政强制措施。不难看出,法律享有的行政强制措施设定权最广,行政法规次之,地方性法规最窄,规章和其他规范性文件无权设定行政强制措施。一方面,在法律之外赋予行政法规和地方性法规以特定的行政强制设定权,这是从我国行政强制法制实践出发慎重作出的规定,既可以保证法制统一和保护行政相对人的合法权益,又可以适应行政机关对行政强制的现实需要。另一方面,没有赋予规章以及其他规范性文件以行政强制设定权,虽然在短时期内可能会给相关行政管理带来某些不便,但有利于从根本上治理行政强制的"乱"和"滥"的问题。这种设定权的配置，与立法法的规定是一致的。

行政强制法第十条第一款、第二款、第三款规定构成"绝对法律保留"与"一般法律保留"的区分与关联。具体而言，对于行政强制法第九条第一项和第四项所规定的"限制公民人身自由"与"冻结存款、汇款"，只能由全国人大及其常委会制定的法律设定，不能由行政法规和地方性法规设定，这一要求属于绝对的法律保留。行政强制法第九条规定的第二项、第三项行政强制措施可以由行政法规或者地方性法规设定，第五项应当由法律规定的行政强制措施以外的其他行政强制措施可以由行政法规设定，但涉及公民住宅和通信自由方面的行政强制措施必须由法律设定。这一要求相比较而言更为宽松，属于一般的法律保留。本法规定了县级以上人民政府电影主管部门对有证据证明违反本法规定的行为进行查处时可以行使的行政强制措施，即依法查封与违法行为有关的场所、设施，或者依法查封、扣押用于违法行为的财物。该行政强制措施属于行政强制法第九条规定的第二项和第三项，属于一般的法律保留事项。本法对查封的场所、设施作了限定，即"与违法行为有关的"；对查封、扣押的财物也进行了限定，即"用于违法行为的"。因此，实践中，县级以上人民政府电影主管部门及其工作人员应当严格遵循本法规定，查封的场所、设施与查封、扣押的财物必须是与违法行为有关的，无关的不得查封、扣押。本条也赋予了行政机关一定的行政自由裁量权，即实施行政强制措施时，可以在查封与违法行为有关的场所、设施或者查封、扣押用于违法行为的财物之间自由裁量。

第五十八条 当事人对县级以上人民政府电影主管部门以及其他有关部门依照本法作出的行政行为不服的，可以依法申请行政复议或者提起行政诉讼。其中，对国务院电影主管部门作出的不准予电影公映的决定不服的，应当先依法申请行政复议，对行政复议决定不服的可以提起行政诉讼。

● 释　义

本条是关于当事人对有关行政机关依照本法作出的行政行为不服的救济制度的规定。

本条规定，当事人对县级以上人民政府电影主管部门以及其他有关部门依照本法作出的行政行为不服的，可以依法申请行政复议或者提起行政诉讼。行政复议与行政诉讼是行政与司法两个领域的制度，行政权与司法权在解决行政争议方面各有优势，许多国家都对行政复议与行政诉讼作了相互衔接的规定。目前，在一般情况下，多数国家和地区坚持当事人自由选择的一般原则，除了实行穷尽行政救济原则和诉愿前置的国家和地区外，多数国家和地区对行政复议与行政诉讼程序关系以自由选择为原则，符合保障权利救济自由的发展趋势。这样一来,当事人要么直接提起行政诉讼,要么经过行政复议后再提起行政诉讼。本法与多数国家和地区实行的一般原则一样,赋予了当事人一般情况下在行政复议和行政诉讼之间自由选择的权利。

在行政复议方面,我国行政复议法第六条规定了可以申请行政复议的范围:(1)对行政机关作出的警告、罚款、没收违法所得、没收非法财物、责令停产停业、暂扣或者吊销许可证、暂扣或者吊销执照、行政拘留等行政处罚决定不服的;(2)对行政机关作出的限制人身自由或者查封、扣押、冻结财产等行政强制措施决定不服的;(3)对行政机关作出的有关许可证、执照、资质证、资格证等证书变更、中止、撤销的决定不服的;(4)对行政机关作出的关于确认土地、矿藏、水流、森林、山岭、草原、荒地、滩涂、海域等自然资源的所有权或者使用权的决定不服的;(5)认为行政机关侵犯合法的经营自主权的;(6)认为行政机关变更或者废止农业承包合同,侵犯其合法权益的;(7)认为行政机关违法集资、征收财物、摊派费用或者违法要求履行其他义务的;(8)认为符合法定条件,申请行政机关颁发许可证、执照、资质证、资格证等证书,或者申请行政机关审批、登记有关事项,行政机关没有依法办理的;(9)申请行政机关履行保护人身权利、财产权利、受教育权利的法定职责,行政机关没有依法履行的;(10)申请行政机关依法发放抚恤金、社会保险金或者最低生活保障费,行政机关没有依法发放的;(11)认为行政机关的其他具体行政行为侵犯其合法权益的。行政复议法第九条规定,公民、法人或者其他组织认为具体行政行为侵犯其合法权益的,可以自知道该具体行政行为之日起六十日内提出行政复议申请;但是法律规定的申请期限超过六十日的除外。因不可抗力或者其他正当理由耽误法定申请期限的,申请期限自障碍消除之日起继续计算。

在行政诉讼方面,我国行政诉讼法第十二条规定了行政诉讼的受案范围:(1)对行政拘留、暂扣或者吊销许可证和执照、责令停产停业、没收违法所得、没收非法财物、罚款、警告等行政处罚不服的;(2)对限制人身自由或者对财产的查封、扣押、冻结等行政强制措施和行政强制执行不服的;(3)申请行政许可,行政机关拒绝或者在法定期限内不予答复,或者对行政机关作出的有关行政许可的其他决定不服的;(4)对行政机关作出的关于确认土地、矿藏、水流、森林、山岭、草原、荒地、滩涂、海域等自然资源的所有权或者使用权的决定不服的;(5)对征收、征用决定及其补偿决定不服的;(6)申请行政机关履行保护人身权、财产权等合法权益的法定职责,行政机关拒绝履行或者不予答复的;(7)认为行政机关侵犯其经营自主权或者农村土地承包经营权、农村土地经营权的;(8)认为行政机关滥用行政权力排除或者限制竞争的;(9)认为行政机关违法集资、摊派费用或者违法要求履行其他义务的；(10)认为行政机关没有依法支付抚恤金、最低生活保障待遇或者社会保险待遇的；(11)认为行政机关不依法履行、未按照约定履行或者违法变更、解除政府特许经营协议、土地房屋征收补偿协议等协议的；(12)认为行政机关侵犯其他人身权、财产权等合法权益的。除前款规定外，人民法院受理法律、法规规定可以提起诉讼的其他行政案件。行政诉讼法第四十四条也对行政复议与行政诉讼的衔接作了规定："对属于人民法院受案范围的行政案件，公民、法人或者其他组织可以先向行政机关申请复议，对复议决定不服的，再向人民法院提起诉讼；也可以直接向人民法院提起诉讼。法律、法规规定应当先向行政机关申请复议，对复议决定不服再向人民法院提起诉讼的，依照法律、法规的规定。"

当前，我国的行政复议制度和行政诉讼制度均已完备，制度之间的衔接也有相关规定，当事人对县级以上人民政府电影主管部门以及其他有关部门依照本法作出的行政行为不服的，无论依法申请行政复议还是提起行政诉讼，均是符合本法规定的。

本条还规定了特别条款，明确对国家新闻出版广电总局作出的不准予电影公映的决定不服的，应当先依法申请行政复议，对行政复议决定不服的可以提起行政诉讼。这里规定了复议前置，从法理上来说是遵循了穷尽行政救济原则。在国际上，复议前置的规定在有的国家和地区作为例外规定而存在，如德国行政法院法第六十八条规定："提起撤销诉讼前，须于先行程序审查行政行为的合法性及合目的性。但法律有特别规定或有下列情形者，不需要该审查。"但是，我国台湾地区的诉愿前置是基本原则，其"行政诉讼法"第四条的规定便是这一原则的体现。

　　本条对复议前置作了特别规定。由于是例外性规定，应当尽可能明确适用条件和范围，本条对复议前置作了以下限定：一是行政行为的主体是国家新闻出版广电总局，不是国务院其他主管部门，也不是地方人民政府电影主管部门；二是该行政行为是具体行政行为，即作出不准予电影公映的决定，不是抽象行政行为；三是当事人对于申请行政复议还是申请行政诉讼没有自由选择权，必须先依法申请行政复议，对行政复议决定不服的才可以提起行政诉讼。除此之外，对有关部门依照本法作出的其他行政行为不服的，当事人在救济途径上依然有自由选择权。

第六章 附　　则

本法专设附则一章，主要是有关境外资本在中华人民共和国境内设立从事电影活动的企业的规定，以及本法的时间效力的规定。

每部法律法规都有附则。法律法规分章的，专设附则一章；法律法规不分章的，没有附则一章，但也有相应内容。从立法实践看，附则的条款多寡不一，少则一条，多则若干条。一般来说，附则包括以下内容：一是法律名词或者专业术语的解释性规定；二是适用范围的补充性或者排除性规定；三是立法权或者解释权的授权性规定；四是法律法规的时间效力的规定，包括有关溯及力的规定；五是与其他相关法律法规的协调性规定，包括与其他法律法规的衔接性规定和对以往同类内容的法律法规的废除性规定。上述内容，除了有关法律法规的时间效力的规定外，大都不是法律法规的必备内容，每部法律法规可以根据不同需要加以选择。另外，需要特别说明的是，附则作为法律法规的重要组成部分，其效力与该部法律法规的其他条款的效力相同。

第五十九条 境外资本在中华人民共和国境内设立从事电影活动的企业的，按照国家有关规定执行。

◐ 释 义

本条是关于境外资本设立从事电影活动的企业的衔接性规定。

国际贸易分为货物贸易、服务贸易和技术贸易三大类。20世纪90年代以前，在世界贸易框架下的贸易形式主要为货物贸易，1983年，美国提议谈判建立一套与货物贸易的《关税及贸易总协定》（以下简称关贸总协定）规则类似的《服务贸易总协定》，提议将服务纳入世界多边贸易体系，以实现服务市场的进一步开放，推动服务全球化。美国等发达国家在服务领域占有很大优势，尤其是在银行、保险、运输、通信等服务方面。90年代初，在美国的争取下，服务贸易被作为重要议题引入乌拉圭回合谈判，乌拉圭回合谈判达成的有关服务贸易的一揽子协议与货物贸易一揽子协议相似，但服务贸易与传统的货物贸易又存在以下三个方面的差别：一是贸易形态不同。货物贸易是生产型产品的进出口（包括生产、加工等），贸易价值主要通过货物本身实现，如汽车、粮食进出口等；而服务贸易则偏重于非生产型进出口，贸易价值主要通过无形的知识、服务等实现，如版权贸易等。二是国际交易方式不同。货物贸易的方式通常是货物本身从一国到另一国的流动，而服务的交易活动可以通过电信传输（如银行的资金转移）和附着于货物（如电影拷贝、技术咨询报告或者软件光盘进出口）来实现。三是世界贸易组织规则允许成员国政府保护国内产业的方式不同。生产货物的产业通常通过关税或其他边境措施，如数量限制加以保护。由于服务的不可触摸性以及许多服务交易并不存在跨境流动，因此，服务业保护通常是依靠本国法律、法规对外国直接投资者和外国服务提供者参与国内服务业的合理限制来实现。比如，"国民待遇"原则在货物贸易和服务贸易中的适用是不同的，成员国在关贸总协定之下的义务，在很大程度上通过它本身包含的条款就能理解，而成员国在服务贸易总协定之下的义务，则主要取决于在其具体承诺减让表中就每一项服务业作出的具体承诺。

联合国的核心产品分类（CPC）将服务分为12个基本部门，分别为：（1）商务服务；（2）通信服务；（3）建筑和相关工程服务；（4）分销服务；（5）教育服务；（6）环境服务；（7）金融服务；（8）有关健康的服务与社会服务；（9）旅游和旅行相关的服务；（10）娱乐、文化和体育服务；（11）运输服务；（12）其他服务。这些部门又再细分为160个分部门或者服务行业。世界贸易组织成员的服务具体承诺减让表均按照这种统一的分类体系进行编制，并根据其在服务承诺表中所作的承诺来履行多边贸易体制下的义务。具体到我国而言，在我国2002年签署的服务贸易具体承诺减让表中,在第 2 部分"通信服务"中,明确包括"视听服务"部分,电影服务包含在"视听服务"项下。尽管电影拍摄所需的器材、道具、服装等物品列在货物贸易的减让表中,但不影响电影业属于服务业、涉及贸易的电影服务属于服务贸易的定位。

我国加入世界贸易组织时作出的与电影业有关的承诺如下:一是每年进口 20 部分账影片。在我国加入议定书的附件 9 服务贸易具体承诺减让表第二部分"通信服务"的 D 项"视听服务"中规定:"在不损害与中国关于电影管理的法规的一致性的情况下,自加入时起,中国将允许以分账形式进口电影用于影院放映,此类进口的数量应为每年 20 部。"二是允许外国服务提供者建设、改造电影院,但外资不得超过 49%。服务贸易具体承诺减让表中"视听服务"项下的"电影院服务"项中规定:"自加入时起,将允许外国服务提供者建设和/或改造电影院,外资不得超过 49%。"此外,在视听服务的政府补贴方面还作出特别规定,服务贸易具体承诺减让表中"水平承诺"项下的"国民待遇限制"规定:"对于给予视听服务、空运服务和医疗服务部门中的国内服务提供者的所有现有补贴不作承诺。"

本条规定,对于境外资本在中华人民共和国境内设立从事电影活动的企业的,按照国家有关规定执行。这里所称的"境外资本",指外国的公司、企业和其他经济组织或个人所持资本,以及我国香港、澳门特别行政区和台湾地区的公司、企业和其他经济组织或个人所持资本。由于本法第二条第一款已经规定，在中华人民共和国境内从事电影创作、摄制、发行、放映等活动（以下统称电影活动），适用本法。因此，第五十九条规定的"设立从事电影活动的企业"中的"企业"是指设立从事创作、摄制、发行、放映等活动的企业，这里要规范的行为是指设立企业的行为。"国家有关规定"主要包括有关法律、行政法规、部门规章及规范性文件等。因此，综合本法第二条和第五十九条的规定来看，境外资本在境内设立相关企业的按照国家有关规定执行，其他从事电影活动的行为仍需遵守本法有关规定。

中外合资经营企业法、中外合作经营企业法、外资企业法对境外资本投资作了相关规定，电影管理条例也对此作了具体规定。除此之外，为适应改革开放需要，吸收境外资金、引进先进技术和设备，促进我国电影业的繁荣发展，原国家广播电影电视总局制定了外商投资电影院暂行规定及其一系列补充规定，对外国的公司、企业和其他经济组织或个人经批准同中国境内的公司、企业设立中外合资、合作企业，新建、改造电影院等作了具体规定；同时，为了促进香港、澳门与内地建立更紧密经贸关系，鼓励香港、澳门服务提供者在内地设立从事电影放映业务的企业，根据国务院批准的《内地与香港关于建立更紧密经贸关系的安排》补充协议、《内地与香港关于建立更紧密经贸关系的安排》补充协议二、《内地与澳门关于建立更紧密经贸关系的安排》补充协议、《内地与澳门关于建立更紧密经贸关系的安排》补充协议二,对有关香港和澳门服务提供者投资电影院事项作了补充规定,允许香港、澳门服务提供者在内地以合资、合作或投资的形式建设、改造及经营电影院,允许香港、澳门服务提供者在内地设立的独资公司,在多个地点新建或改建多间电影院,经营电影放映业务。《外商投资产业指导目录》(2015年修订)将"广播电视节目、电影的制作业务(限于合作)""电影院的建设、经营(中方控股)"列为限制外商投资产业目录,将"电影制作公司、发行公司、院线公司"列为禁止外商投资产业目录。

第六十条 本法自2017年3月1日起施行。

● **释　义**

本条是关于本法时间效力的规定。

法律的时间效力包括三方面内容:生效时间,又称施行日期,即法律开始生效的时间;终止时间,即法律终止生效的时间;溯及力,即法律溯及既往的效力。本条是关于本法生效时间的规定。

法律的生效时间,表明法律在时间上的效力,是法律的重要组成部分。生效的具体起始日期,是法律产生社会规范功能的起点,对法律适用有重要影响。因此,任何法律都有生效时间的具体规定，本法也不例外。

在我国，有关法律开始生效日期的规定，大体有三种：一是法律规定具体的生效日期，即指明自某年某月某日起生效；二是规定自公布之日起生效；三是规定自公布后达到一定条件之时生效。本法采取的是第一种方式，明确规定自2017年3月1日起施行。

与生效时间相联系的一个问题是法律的公布问题。公布是将法律采取某种形式公之于众。只有公之于众，法律才能施行，才能对社会产生约束力。因此，公布是法律生效的一个不可缺少的条件和环节。公布一部法律有特殊的形式要求，通常情况下，公布法律由国家主席签发中华人民共和国主席令，本法就是习近平主席于2016年11月7日签发第54号中华人民共和国主席令公布的。

法律的公布日期与施行日期的关系有两种情况：一种是公布日期与施行日期一致，即自公布之日起施行；另一种是公布日期与施行日期不一致，公布之后过一段时间才施行。本法采用的是第二种方式。法律之所以在发布之后、生效之前保留了一个准备期，主要是基于以下考虑：一是有利于公民、法人和其他组织学法、遵法。法律公布后施行前，从事电影创作、摄制、发行、放映等的单位，以及广大电影从业人员和其他公民，需要有一个了解、熟悉、学习本法有关规定的过程。只有学好法律，才能更好地遵守法律，按照法律规定办事。二是有利于执法部门更好地执行法律。法律公布以后，各级电影主管部门、工商行政管理部门、海关等的执法人员也需要一个学习、掌握法律规定的各项制度、措施以及领会法律精神的过程。留有一个准备期，对于提高执法人员依法行政的意识和水平，规范执法行为，具有十分重要的现实意义。

　　本条对生效时间的规定，还涉及法律的溯及力问题。法律的溯及力是指法律对其公布施行以前的事件、行为是否有约束力，如果有，就是该法律有溯及力；反之，就是无溯及力。一般情况下，只要法律条文中没有明确规定该法有溯及力，那么该法就无溯及力。根据本条规定，本法自2017年3月1日起施行，这就是说，本法不具有溯及力，因而，本法对施行之前的事件、行为不具有约束力。

附录

一、法律原文、立法背景资料

中华人民共和国电影产业促进法

（2016年11月7日第十二届全国人民代表大会常务委员会第二十四次会议通过　2016年11月7日中华人民共和国主席令第54号公布　自2017年3月1日起施行）

目　　录

第一章　总　　则
第二章　电影创作、摄制
第三章　电影发行、放映
第四章　电影产业支持、保障
第五章　法律责任
第六章　附　　则

第一章　总　　则

第一条　为了促进电影产业健康繁荣发展，弘扬社会主义核心价值观，规范电影市场秩序，丰富人民群众精神文化生活，制定本法。

第二条 在中华人民共和国境内从事电影创作、摄制、发行、放映等活动（以下统称电影活动），适用本法。

本法所称电影，是指运用视听技术和艺术手段摄制、以胶片或者数字载体记录、由表达一定内容的有声或者无声的连续画面组成、符合国家规定的技术标准、用于电影院等固定放映场所或者流动放映设备公开放映的作品。

通过互联网、电信网、广播电视网等信息网络传播电影的，还应当遵守互联网、电信网、广播电视网等信息网络管理的法律、行政法规的规定。

第三条 从事电影活动，应当坚持为人民服务、为社会主义服务，坚持社会效益优先，实现社会效益与经济效益相统一。

第四条 国家坚持以人民为中心的创作导向，坚持百花齐放、百家争鸣的方针，尊重和保障电影创作自由，倡导电影创作贴近实际、贴近生活、贴近群众，鼓励创作思想性、艺术性、观赏性相统一的优秀电影。

第五条 国务院应当将电影产业发展纳入国民经济和社会发展规划。县级以上地方人民政府根据当地实际情况将电影产业发展纳入本级国民经济和社会发展规划。

国家制定电影及其相关产业政策，引导形成统一开放、公平竞争的电影市场，促进电影市场繁荣发展。

第六条 国家鼓励电影科技的研发、应用，制定并完善电影技术标准，构建以企业为主体、市场为导向、产学研相结合的电影技术创新体系。

第七条 与电影有关的知识产权受法律保护，任何组织和个人不得侵犯。

县级以上人民政府负责知识产权执法的部门应当采取措施，保护与电影有关的知识产权，依法查处侵犯与电影有关的知识产权的行为。

从事电影活动的公民、法人和其他组织应当增强知识产权意识，提高运用、保护和管理知识产权的能力。

国家鼓励公民、法人和其他组织依法开发电影形象产品等衍生产品。

第八条 国务院电影主管部门负责全国的电影工作；县级以上地方人民政府电影主管部门负责本行政区域内的电影工作。

县级以上人民政府其他有关部门在各自职责范围内，负责有关的电影工作。

第九条 电影行业组织依法制定行业自律规范，开展业务交流，加强职业道德教育，维护其成员的合法权益。

演员、导演等电影从业人员应当坚持德艺双馨，遵守法律法规，尊重社会公德，恪守职业道德，加强自律，树立良好社会形象。

第十条 国家支持建立电影评价体系，鼓励开展电影评论。

对优秀电影以及为促进电影产业发展作出突出贡献的组织、个人，按照国家有关规定给予表彰和奖励。

第十一条 国家鼓励开展平等、互利的电影国际合作与交流，支持参加境外电影节（展）。

第二章 电影创作、摄制

第十二条 国家鼓励电影剧本创作和题材、体裁、形式、手段等创新，鼓励电影学术研讨和业务交流。

县级以上人民政府电影主管部门根据电影创作的需要，为电影创作人员深入基层、深入群众、体验生活等提供必要的便利和帮助。

第十三条 拟摄制电影的法人、其他组织应当将电影剧本梗概向国务院电影主管部门或者省、自治区、直辖市人民政府电影主管部门备案；其中，涉及重大题材或者国家安全、外交、民族、宗教、军事等方面题材的，应当按照国家有关规定将电影剧本报送审查。

电影剧本梗概或者电影剧本符合本法第十六条规定的，由国务院电影主管部门将拟摄制电影的基本情况予以公告，并由国务院电影主管部门或者省、自治区、直辖市人民政府电影主管部门出具备案证明文件或者颁发批准文件。具体办法由国务院电影主管部门制定。

第十四条 法人、其他组织经国务院电影主管部门批准，可以与境外组织合作摄制电影；但是，不得与从事损害我国国家尊严、荣誉和利益，危害社会稳定，伤害民族感情等活动的境外组织合作，也不得聘用有上述行为的个人参加电影摄制。

合作摄制电影符合创作、出资、收益分配等方面比例要求的，该电影视同境内法人、其他组织摄制的电影。

境外组织不得在境内独立从事电影摄制活动；境外个人不得在境内从事电影摄制活动。

第十五条 县级以上人民政府电影主管部门应当协调公安、文物保护、风景名胜区管理等部门，为法人、其他组织依照本法从事电影摄制活动提供必要的便利和帮助。

从事电影摄制活动的，应当遵守有关环境保护、文物保护、风景名胜区管理和安全生产等方面的法律、法规，并在摄制过程中采取必要的保护、防护措施。

第十六条 电影不得含有下列内容：

（一）违反宪法确定的基本原则，煽动抗拒或者破坏宪法、法律、行政法规实施；

（二）危害国家统一、主权和领土完整，泄露国家秘密，危害国家安全，损害国家尊严、荣誉和利益，宣扬恐怖主义、极端主义；

（三）诋毁民族优秀文化传统，煽动民族仇恨、民族歧视，侵害民族风俗习惯，歪曲民族历史或者民族历史人物，伤害民族感情，破坏民族团结；

（四）煽动破坏国家宗教政策，宣扬邪教、迷信；

（五）危害社会公德，扰乱社会秩序，破坏社会稳定，宣扬淫秽、赌博、吸毒，渲染暴力、恐怖，教唆犯罪或者传授犯罪方法；

（六）侵害未成年人合法权益或者损害未成年人身心健康；

（七）侮辱、诽谤他人或者散布他人隐私，侵害他人合法权益；

（八）法律、行政法规禁止的其他内容。

第十七条 法人、其他组织应当将其摄制完成的电影送国务院电影主管部门或者省、自治区、直辖市人民政府电影主管部门审查。

国务院电影主管部门或者省、自治区、直辖市人民政府电影主管部门应当自受理申请之日起三十日内作出审查决定。对符合本法规定的，准予公映，颁发电影公映许可证，并予以公布；对不符合本法规定的，不准予公映，书面通知申请人并说明理由。

国务院电影主管部门应当根据本法制定完善电影审查的具体标准和程序，并向社会公布。制定完善电影审查的具体标准应当向社会公开征求意见，并组织专家进行论证。

第十八条 进行电影审查应当组织不少于五名专家进行评审，由专家提出评审意见。法人、其他组织对专家评审意见有异议的，国务院电影主管部门或者省、自治区、直辖市人民政府电影主管部门可以另行组织专家再次评审。专家的评审意见应当作为作出审查决定的重要依据。

前款规定的评审专家包括专家库中的专家和根据电影题材特别聘请的专家。专家遴选和评审的具体办法由国务院电影主管部门制定。

第十九条 取得电影公映许可证的电影需要变更内容的，应当依照本法规定重新报送审查。

第二十条 摄制电影的法人、其他组织应当将取得的电影公映许可证标识置于电影的片头处；电影放映可能引起未成年人等观众身体或者心理不适的，应当予以提示。

未取得电影公映许可证的电影，不得发行、放映，不得通过互联网、电信网、广播电视网等信息网络进行传播，不得制作为音像制品；但是，国家另有规定的，从其规定。

第二十一条　摄制完成的电影取得电影公映许可证，方可参加电影节（展）。拟参加境外电影节（展）的，送展法人、其他组织应当在该境外电影节（展）举办前，将相关材料报国务院电影主管部门或者省、自治区、直辖市人民政府电影主管部门备案。

第二十二条　公民、法人和其他组织可以承接境外电影的洗印、加工、后期制作等业务，并报省、自治区、直辖市人民政府电影主管部门备案，但是不得承接含有损害我国国家尊严、荣誉和利益，危害社会稳定，伤害民族感情等内容的境外电影的相关业务。

第二十三条　国家设立的电影档案机构依法接收、收集、整理、保管并向社会开放电影档案。

国家设立的电影档案机构应当配置必要的设备，采用先进技术，提高电影档案管理现代化水平。

摄制电影的法人、其他组织依照《中华人民共和国档案法》的规定，做好电影档案保管工作，并向国家设立的电影档案机构移交、捐赠、寄存电影档案。

第三章　电影发行、放映

第二十四条　企业具有与所从事的电影发行活动相适应的人员、资金条件的，经国务院电影主管部门或者所在地省、自治区、直辖市人民政府电影主管部门批准，可以从事电影发行活动。

企业、个体工商户具有与所从事的电影放映活动相适应的人员、场所、技术和设备等条件的，经所在地县级人民政府电影主管部门批准，可以从事电影院等固定放映场所电影放映活动。

第二十五条　依照本法规定负责电影发行、放映活动审批的电影主管部门，应当自受理申请之日起三十日内，作出批准或者不批准的决定。对符合条件的，予以批准，颁发电影发行经营许可证或者电影放映经营许可证，并予以公布；对不符合条件的，不予批准，书面通知申请人并说明理由。

第二十六条 企业、个人从事电影流动放映活动，应当将企业名称或者经营者姓名、地址、联系方式、放映设备等向经营区域所在地县级人民政府电影主管部门备案。

第二十七条 国家加大对农村电影放映的扶持力度，由政府出资建立完善农村电影公益放映服务网络，积极引导社会资金投资农村电影放映，不断改善农村地区观看电影条件，统筹保障农村地区群众观看电影需求。

县级以上人民政府应当将农村电影公益放映纳入农村公共文化服务体系建设，按照国家有关规定对农村电影公益放映活动给予补贴。

从事农村电影公益放映活动的，不得以虚报、冒领等手段骗取农村电影公益放映补贴资金。

第二十八条 国务院教育、电影主管部门可以共同推荐有利于未成年人健康成长的电影，并采取措施支持接受义务教育的学生免费观看，由所在学校组织安排。

国家鼓励电影院以及从事电影流动放映活动的企业、个人采取票价优惠、建设不同条件的放映厅、设立社区放映点等多种措施，为未成年人、老年人、残疾人、城镇低收入居民以及进城务工人员等观看电影提供便利；电影院以及从事电影流动放映活动的企业、个人所在地人民政府可以对其发放奖励性补贴。

第二十九条 电影院应当合理安排由境内法人、其他组织所摄制电影的放映场次和时段，并且放映的时长不得低于年放映电影时长总和的三分之二。

电影院以及从事电影流动放映活动的企业、个人应当保障电影放映质量。

第三十条　电影院的设施、设备以及用于流动放映的设备应当符合电影放映技术的国家标准。

电影院应当按照国家有关规定安装计算机售票系统。

第三十一条　未经权利人许可，任何人不得对正在放映的电影进行录音录像。发现进行录音录像的，电影院工作人员有权予以制止，并要求其删除；对拒不听从的，有权要求其离场。

第三十二条　国家鼓励电影院在向观众明示的电影开始放映时间之前放映公益广告。

电影院在向观众明示的电影开始放映时间之后至电影放映结束前，不得放映广告。

第三十三条　电影院应当遵守治安、消防、公共场所卫生等法律、行政法规，维护放映场所的公共秩序和环境卫生，保障观众的安全与健康。

任何人不得携带爆炸性、易燃性、放射性、毒害性、腐蚀性物品进入电影院等放映场所，不得非法携带枪支、弹药、管制器具进入电影院等放映场所；发现非法携带上述物品的，有关工作人员应当拒绝其进入，并向有关部门报告。

第三十四条　电影发行企业、电影院等应当如实统计电影销售收入，提供真实准确的统计数据，不得采取制造虚假交易、虚报瞒报销售收入等不正当手段，欺骗、误导观众，扰乱电影市场秩序。

第三十五条　在境内举办涉外电影节（展），须经国务院电影主管部门或者省、自治区、直辖市人民政府电影主管部门批准。

第四章　电影产业支持、保障

第三十六条　国家支持下列电影的创作、摄制：

（一）传播中华优秀文化、弘扬社会主义核心价值观的重大题材电影；

（二）促进未成年人健康成长的电影；

（三）展现艺术创新成果、促进艺术进步的电影；

（四）推动科学教育事业发展和科学技术普及的电影；

（五）其他符合国家支持政策的电影。

第三十七条 国家引导相关文化产业专项资金、基金加大对电影产业的投入力度，根据不同阶段和时期电影产业的发展情况，结合财力状况和经济社会发展需要，综合考虑、统筹安排财政资金对电影产业的支持，并加强对相关资金、基金使用情况的审计。

第三十八条 国家实施必要的税收优惠政策，促进电影产业发展，具体办法由国务院财税主管部门依照税收法律、行政法规的规定制定。

第三十九条 县级以上地方人民政府应当依据人民群众需求和电影市场发展需要，将电影院建设和改造纳入国民经济和社会发展规划、土地利用总体规划和城乡规划等。

县级以上地方人民政府应当按照国家有关规定，有效保障电影院用地需求，积极盘活现有电影院用地资源，支持电影院建设和改造。

第四十条 国家鼓励金融机构为从事电影活动以及改善电影基础设施提供融资服务，依法开展与电影有关的知识产权质押融资业务，并通过信贷等方式支持电影产业发展。

国家鼓励保险机构依法开发适应电影产业发展需要的保险产品。

国家鼓励融资担保机构依法向电影产业提供融资担保，通过再担保、联合担保以及担保与保险相结合等方式分散风险。

对国务院电影主管部门依照本法规定公告的电影的摄制，按照国家有关规定合理确定贷款期限和利率。

第四十一条 国家鼓励法人、其他组织通过到境外合作摄制电影等方式进行跨境投资，依法保障其对外贸易、跨境融资和投资等合理用汇需求。

第四十二条 国家实施电影人才扶持计划。

国家支持有条件的高等学校、中等职业学校和其他教育机构、培训机构等开设与电影相关的专业和课程，采取多种方式培养适应电影产业发展需要的人才。

国家鼓励从事电影活动的法人和其他组织参与学校相关人才培养。

第四十三条 国家采取措施，扶持农村地区、边疆地区、贫困地区和民族地区开展电影活动。

国家鼓励、支持少数民族题材电影创作，加强电影的少数民族语言文字译制工作，统筹保障民族地区群众观看电影需求。

第四十四条 国家对优秀电影的外语翻译制作予以支持，并综合利用外交、文化、教育等对外交流资源开展电影的境外推广活动。

国家鼓励公民、法人和其他组织从事电影的境外推广。

第四十五条 国家鼓励社会力量以捐赠、资助等方式支持电影产业发展，并依法给予优惠。

第四十六条 县级以上人民政府电影主管部门应当加强对电影活动的日常监督管理，受理对违反本法规定的行为的投诉、举报，并及时核实、处理、答复；将从事电影活动的单位和个人因违反本法规定受到行政处罚的情形记入信用档案，并向社会公布。

第五章　法律责任

第四十七条 违反本法规定擅自从事电影摄制、发行、放映活动的，由县级以上人民政府电影主管部门予以取缔，没收电影片和违法所得以及从事违法活动的专用工具、设备；违法所得五万元以上的，并处违法所得五倍以上十倍以下的罚款；没有违法所得或者违法所得不足五万元的，可以并处二十五万元以下的罚款。

第四十八条 有下列情形之一的，由原发证机关吊销有关许可证、撤销有关批准或者证明文件；县级以上人民政府电影主管部门没收违法所得；违法所得五万元以上的，并处违法所得五倍以上十倍以下的罚款；没有违法所得或者违法所得不足五万元的，可以并处二十五万元以下的罚款：

（一）伪造、变造、出租、出借、买卖本法规定的许可证、批准或者证明文件，或者以其他形式非法转让本法规定的许可证、批准或者证明文件的；

（二）以欺骗、贿赂等不正当手段取得本法规定的许可证、批准或者证明文件的。

第四十九条 有下列情形之一的，由原发证机关吊销许可证；县级以上人民政府电影主管部门没收电影片和违法所得；违法所得五万元以上的，并处违法所得十倍以上二十倍以下的罚款；没有违法所得或者违法所得不足五万元的，可以并处五十万元以下的罚款：

（一）发行、放映未取得电影公映许可证的电影的；

（二）取得电影公映许可证后变更电影内容，未依照规定重新取得电影公映许可证擅自发行、放映、送展的；

（三）提供未取得电影公映许可证的电影参加电影节（展）的。

第五十条 承接含有损害我国国家尊严、荣誉和利益，危害社会稳定，伤害民族感情等内容的境外电影的洗印、加工、后期制作等业务的，由县级以上人民政府电影主管部门责令停止违法活动，没收电影片和违法所得；违法所得五万元以上的，并处违法所得三倍以上五倍以下的罚款；没有违法所得或者违法所得不足五万元的，可以并处十五万元以下的罚款。情节严重的，由电影主管部门通报工商行政管理部门，由工商行政管理部门吊销营业执照。

第五十一条 电影发行企业、电影院等有制造虚假交易、虚报瞒报销售收入等行为，扰乱电影市场秩序的，由县级以上人民政府电影主管部门责令改正，没收违法所得，处五万元以上五十万元以下的罚款；违法所得五十万元以上的，处违法所得一倍以上五倍以下的罚款。情节严重的，责令停业整顿；情节特别严重的，由原发证机关吊销许可证。

电影院在向观众明示的电影开始放映时间之后至电影放映结束前放映广告的，由县级人民政府电影主管部门给予警告，责令改正；情节严重的，处一万元以上五万元以下的罚款。

第五十二条 法人或者其他组织未经许可擅自在境内举办涉外电影节（展）的，由国务院电影主管部门或者省、自治区、直辖市人民政府电影主管部门责令停止违法活动，没收参展的电影片和违法所得；违法所得五万元以上的，并处违法所得五倍以上十倍以下的罚款；没有违法所得或者违法所得不足五万元的，可以并处二十五万元以下的罚款；情节严重的，自受到处罚之日起五年内不得举办涉外电影节（展）。

个人擅自在境内举办涉外电影节（展），或者擅自提供未取得电影公映许可证的电影参加电影节（展）的，由国务院电影主管部门或者省、自治区、直辖市人民政府电影主管部门责令停止违法活动，没收参展的电影片和违法所得；违法所得五万元以上的，并处违法所得五倍以上十倍以下的罚款；没有违法所得或者违法所得不足五万元的，可以并处二十五万元以下的罚款；情节严重的，自受到处罚之日起五年内不得从事相关电影活动。

第五十三条 法人、其他组织或者个体工商户因违反本法规定被吊销许可证的，自吊销许可证之日起五年内不得从事该项业务活动；其法定代表人或者主要负责人自吊销许可证之日起五年内不得担任从事电影活动的法人、其他组织的法定代表人或者主要负责人。

第五十四条 有下列情形之一的，依照有关法律、行政法规及国家有关规定予以处罚：

（一）违反国家有关规定，擅自将未取得电影公映许可证的电影制作为音像制品的；

（二）违反国家有关规定，擅自通过互联网、电信网、广播电视网等信息网络传播未取得电影公映许可证的电影的；

（三）以虚报、冒领等手段骗取农村电影公益放映补贴资金的；

（四）侵犯与电影有关的知识产权的；

（五）未依法接收、收集、整理、保管、移交电影档案的。

电影院有前款第四项规定行为，情节严重的，由原发证机关吊销许可证。

第五十五条 县级以上人民政府电影主管部门或者其他有关部门的工作人员有下列情形之一，尚不构成犯罪的，依法给予处分：

（一）利用职务上的便利收受他人财物或者其他好处的；

（二）违反本法规定进行审批活动的；

（三）不履行监督职责的；

（四）发现违法行为不予查处的；

（五）贪污、挪用、截留、克扣农村电影公益放映补贴资金或者相关专项资金、基金的；

（六）其他违反本法规定滥用职权、玩忽职守、徇私舞弊的情形。

第五十六条 违反本法规定，造成人身、财产损害的，依法承担民事责任；构成犯罪的，依法追究刑事责任。

因违反本法规定二年内受到二次以上行政处罚，又有依照本法规定应当处罚的违法行为的，从重处罚。

第五十七条 县级以上人民政府电影主管部门及其工作人员应当严格依照本法规定的处罚种类和幅度，根据违法行为的性质和具体情节行使行政处罚权，具体办法由国务院电影主管部门制定。

县级以上人民政府电影主管部门对有证据证明违反本法规定的行为进行查处时，可以依法查封与违法行为有关的场所、设施或者查封、扣押用于违法行为的财物。

第五十八条 当事人对县级以上人民政府电影主管部门以及其

他有关部门依照本法作出的行政行为不服的，可以依法申请行政复议或者提起行政诉讼。其中，对国务院电影主管部门作出的不准予电影公映的决定不服的，应当先依法申请行政复议，对行政复议决定不服的可以提起行政诉讼。

第六章 附 则

第五十九条 境外资本在中华人民共和国境内设立从事电影活动的企业的，按照国家有关规定执行。

第六十条 本法自2017年3月1日起施行。

全国人民代表大会教育科学文化卫生委员会关于《中华人民共和国电影产业促进法（草案）》的审议报告

(2015年10月12日 全国人大教科文卫委员会第二十七次全体会议审议通过)

全国人民代表大会常务委员会：

2015年10月12日，第十二届全国人大教育科学文化卫生委员会召开第二十七次全体会议，对国务院提请全国人大常委会审议的《中华人民共和国电影产业促进法（草案）》（以下简称草案）进行了审议。现将审议情况报告如下：

一、电影产业促进法的立法必要性

电影产业是文化产业的重要组成部分。繁荣发展电影产业，对于加强社会主义文化建设、满足人民群众精神文化需求、促进经济发展方式转变、扩大中华文化国际竞争力和影响力，增强国家文化软实力具有十分重要的意义。近年来，在党中央的高度重视下，我国电影产业发展迅速，取得了显著成绩，同时也面临一些困难和挑战，与人民群众日益增长的精神文化需求还存在一定差距，亟需通过立法加以规范和促进。十二届全国人大常委会将电影产业促进法列入本届立法规划，并列入2015年立法工作计划。

二、全国人大教科文卫委员会开展的有关工作

电影产业促进法立法工作启动以来，全国人大教科文卫委员会与国家新闻出版广电总局和国务院法制办等单位密切沟通，提前介入了起草工作。十一届全国人大教科文卫委员会积极开展立法调研。本届全国人大教科文卫委员会成立以来，把制定电影产业促进法作为一项重要工作着力推进，组成调研组赴广东、上海、江苏等省市以及中影集团、八一电影制片厂等在京电影企业及相关单位进行调研。委员会多次派员参加立法研讨会和调研活动，并与相关部门共同对草案进行研究修改。

三、对电影产业促进法（草案）的审议意见

教科文卫委员会认为，草案体现了党的十八大以来加强文化建设、全面深化改革和全面推进依法治国的总体要求，为繁荣发展我国电影产业确立了基本法制保障。草案明确规定坚持为人民服务、为社会主义服务的导向，坚持将社会效益放在首位，体现了社会效益与经济效益相统一。草案明确提出国家保障电影创作自由的原则，将近些年来行之有效的产业促进政策总结、提炼上升为法律，在财政、税收、金融、用地等方面确立了相关制度，对保障和促进我国电影产业发展具有重要意义。草案体现了行政审批改革的精神，减少了审批项目，降低了准入门槛，简化了审批程序，规范和公开了审查标准，鼓励符合条件的市场主体和资本进入电影产业，规范市场秩序，有利于繁荣电影市场。目前草案总体上比较成熟，基本符合电影产业的实际需要和发展趋势。因此，教科文卫委员会原则上赞成该法律草案，建议将审议该草案列入十二届全国人大常委会第十七次会议议程。

教科文卫委员会建议常委会在审议中对以下问题予以关注并研究：

（一）关于电影的创作生产。电影创作生产是电影产业发展的一项基础性工作，应在法律中充分体现对这一环节的重视。建议在草案中明确规定具体措施，鼓励弘扬社会主义核心价值观、传承中华优秀传统文化的电影的创作生产，对主旋律影片、青少年题材影片、青年编剧和导演作品、艺术片、科普片等影片从资助剧本创作、拓展放映渠道等方面给予支持。

（二）关于电影产业的扶持促进措施。促进措施是电影产业促进法的重点，草案对此作出了一些规定，但较为原则，需进一步充实。例如，电影专项资金已设立并运行多年，有较为成熟的经验，在促进电影产业发展方面发挥了重要作用，设立电影专项资金也是国外的普遍做法，建议在法律中对此进一步明确。

（三）关于电影的海外推广。积极推动电影"走出去"是增强中华文化国际影响力的重要举措。草案的相关规定较为原则，建议根据我国近年来出台的支持文化产品和服务出口的优惠政策，针对国产电影海外销售和参加重要的国际电影节展等，制定相应优惠扶持措施，促进我国电影进入国际主流市场。

（四）关于人才队伍建设。加强人才队伍建设、提高从业人员素质是促进电影产业健康、可持续发展的重要保障。电影业界工作者的社会形象具有一定特殊性，尤其演艺人员对观众特别是未成年人的影响力不可小觑，客观上对引导社会风气发挥着重要的作用。建议增加规定，加强电影从业人员自律，强化其社会责任，促进电影产业健康发展。

全国人民代表大会教育科学文化卫生委员会
2015 年 10 月 13 日

关于《中华人民共和国电影产业促进法（草案）》的说明

——2015年10月30日在第十二届全国人民代表大会常务委员会第十七次会议上

国家新闻出版广电总局局长　蔡赴朝

委员长、各位副委员长、秘书长、各位委员：

我受国务院委托，现对《中华人民共和国电影产业促进法（草案）》作说明。

一、立法的必要性

自2002年电影产业化改革以来，我国影片年产量已从不足百部稳定到600余部，票房从每年不足10亿元增加到2014年的近300亿元，今年前9个月票房已突破330亿元，银幕从不足2000块发展到2.9万块。电影产业2014年总体规模达到650亿元，保持着每年超过或接近30%的增长幅度，有效带动了关联产业的发展，已经成为文化领域拉动内需、促进就业、推动国民经济增长和转型升级的重要产业之一。未来我国电影产业发展的潜力巨大，但与其他电影强国相比，与经济社会发展和人民群众不断提高的精神文化需求相比，还存在诸多不足，面临着一些亟待解决的问题：一是电影市场活力有待进一步激发。审批和制约因素较多，阻碍了产业发展，影响了社会力量进入电影产业领域的积极性，亟须在制度层面适度松绑。二是电影市场秩序还要进一步规范。我国电影市场发育尚不成熟，市场诚信体系尚不健全，擅自拍摄放映电影、擅自举办电影节（展）等情况时有发生，有必要修改完善相关管理制度。三是电影产业发展水平有待提高。我国电影产业尚处于成长阶段，基础还比较薄弱，有必要借鉴国际成功经验，加大对电影产业的引导、扶持力度。四是维护文化安全还需更加重视。当前抵御腐朽文化侵蚀、维护文化安全的任务仍然十分艰巨，有必要完善电影内容监管制度与措施，进一步发挥电影的正面导向作用。

为了切实解决上述问题，促进电影产业发展，原广电总局在深入调查研究、总结实践经验、广泛听取意见的基础上，起草了《中华人民共和国电影产业促进法（送审稿）》（以下简称送审稿）。法制办收到送审稿后，多次书面征求中央有关单位、地方政府及专家意见，并在互联网上向社会公开征求意见，到有关地方调研，会同新闻出版广电总局对送审稿反复研究、修改，形成了《中华人民共和国电影产业促进法（草案）》（以下简称草案）。草案已经2015年9月1日国务院第104次常务会议讨论通过。

二、立法的总体思路

在工作中主要把握了以下思路：一是转变政府管理方式，积极发挥市场在资源配置中的促进作用。培育、规范市场秩序，坚持放管并举，该放的放开，该管的管住，寓管理于服务之中，为社会力量从事电影活动提供便利。二是充分发挥政府的引导、激励作用，加大对电影产业扶持力度。采取财政、税收、金融、用地、人才等多种扶持措施，促进电影产业全面发展。三是既促进产业发展，又保障文化安全。从中国实际出发，在确保文化安全的前提下促进产业发展。

三、草案的主要内容

（一）推动简政放权，激发电影市场活力。

为加快转变政府职能，草案未新设行政审批，同时取消2项、下放5项行政审批：一是鼓励企业、其他组织从事电影摄制活动，取消了《电影摄制许可证（单片）》，只保留《电影摄制许可证》；二是简化电影剧本审查制度，取消一般题材电影剧本审查，只需将电影剧本梗概予以备案；三是降低有关电影活动的准入门槛，下放了电影摄制审批、特殊题材电影剧本审批、电影公映审批、电影放映审批和举办涉外电影节（展）审批。（草案第十五条、第十六条、第二十一条、第二十七条、第三十五条）

（二）规范产业发展和电影市场秩序。

一是电影主管部门要加强对电影活动的日常监督管理，建立社会信用档案制度，并向社会公布；二是电影行业组织要依法制定行业自律规范，开展业务交流和职业技能认证，加强职业道德教育，维护成员的合法权益；三是从事电影摄制、发行、放映活动，要具有与其相适应的人员、资金等条件；四是执法部门要依法保护与电影有关的知识产权，查处侵犯知识产权行为；五是要求电影院安装符合国家标准的计算机售票系统，依法进行会计核算，如实统计销售收入；六是从事电影院放映和流动放映的，要保障电影放映质量，放映设施、设备符合国家规定的电影放映技术标准；七是在境内举办涉外电影节（展）的，需经有关电影主管部门批准。（草案第七条、第十一条、第十五条、第二十七条、第三十三条、第三十五条、第四十四条）

（三）加大扶持力度，提高电影产业发展水平。

为调动电影创作、摄制、发行、放映等主体的积极性，草案规定：一是政府应将电影产业发展纳入本级国民经济和社会发展规划，通过制定相关产业政策引导形成统一开放、公平竞争的电影市场；二是通过引导相关文化产业专项资金、基金加大对电影产业投入力度，以及给予税收优惠、鼓励金融机构提供支持、有效保障用地需求、加大境外推广力度等，促进电影产业全面发展；三是要求政府为电影创作人员深入基层、深入群众、体验生活等提供便利和帮助，协调有关部门为摄制电影提供便利和帮助；四是鼓励社会力量以投资、捐赠等方式发展电影产业，并依法给予优惠；五是扶持农村地区、边疆地区、贫困地区和少数民族地区开展电影活动，加强电影的少数民族语言文字译制工作。（草案第五条、第九条、第十四条、第十八条、

第三十七条、第三十八条至第四十条、第四十二条、第四十三条)

(四)维护文化安全,弘扬社会主义核心价值观。

一是明确电影的正面导向作用,规定电影要坚持为人民服务、为社会主义服务,禁止含有违反宪法确定的基本原则、危害国家安全、危害社会公德等内容;二是禁止境外企业、其他组织在境内独立从事电影摄制活动,禁止境外个人在境内从事电影摄制活动,禁止从事过损害我国国家荣誉和利益、危害社会稳定、伤害民族感情等活动的境外企业、其他组织参与合作摄制电影;三是规定未经审查通过的电影,不得发行、放映、参加电影节(展),不得通过互联网、电信网、广播电视网等信息网络进行传播,不得制作为音像制品。(草案第三条、第十七条、第二十条、第二十五条)

此外,草案还对违反本法的行为规定了相应的法律责任。(草案第五章)

《中华人民共和国电影产业促进法(草案)》和以上说明是否妥当,请审议。

全国人民代表大会法律委员会关于《中华人民共和国电影产业促进法(草案)》修改情况的汇报

——2016年8月29日在第十二届全国人民代表大会常务委员会第二十二次会议上

全国人大法律委员会副主任委员 李连宁

全国人民代表大会常务委员会:

常委会第十七次会议对电影产业促进法草案进行了初次审议。

会后,法制工作委员会将草案印发各省(区、市)和中央有关部门、单位征求意见,在中国人大网全文公布草案,征求社会公众意见。法律委员会、教育科学文化卫生委员会和法制工作委员会联合召开座谈会,听取有关全国人大代表、中央有关部门、企业和专家的意见。法律委员会、法制工作委员会还到北京、上海等地进行调研,并就草案的主要问题与国家新闻出版广电总局、国务院法制办公室等部门多次交换意见,共同研究。法律委员会于7月25日召开会议,根据常委会组成人员的审议意见和各方面意见,对草案进行了逐条审议。教育科学文化卫生委员会、国家新闻出版广电总局和国务院法制办公室有关负责同志列席了会议。8月17日,法律委员会召开会议,再次进行审议。现将电影产业促进法(草案)主要问题的修改情况汇报如下:

一、草案第二条对电影定义作了规定。有些常委委员、中央有关部门、地方、企业建议,明确"公映"的含义,进一步界定本法的调整范围。法律委员会经研究,建议将第二条第二款中"用于公映的作品"修改为"用于电影院等固定放映场所或者流动放映设备公开放映的作品"。

二、有些常委委员、地方建议增加对电影演艺人员职业道德自律方面的规定。法律委员会经研究,建议增加规定:演员、导演等电影从业人员应当按照德艺双馨的要求,遵守法律法规,尊重社会公德,恪守职业道德,加强自律,树立良好社会形象。

三、草案第十五条、第十六条对电影摄制许可即资质许可和电影剧本(梗概)的备案、审查作了规定。有的常委委员、地方提出,随着行政审批制度改革的推进,目前电影摄制许可已实行"零门槛",只要是经工商部门注册登记的影视文化类企业都可以申请拍摄电影,多年来未再审批这类企业资质,对于拍摄管理,可通过电影剧本(梗概)备案或者审查把住"入口关",建议取消摄制电影资质许可方面的规定。法律委员会经研究认为,取消摄制电影的资质许可,简化、优化行政许可程序,加强电影立项阶段的审查,既符合党中央简政放权的要求,又能有效地维护文化安全,建议将草案第十五条删去,并在第十六条中增加由电影主管部门"颁发备案证明或者批准文件"的规定。

四、草案第十九条对承接境外电影的洗印加工、后期制作业务作出了限制性规定。有的地方提出,在对承接业务内容严格把关的同时,还应当明确可以承接境外电影后期制作等业务,促进相关产业发展。法律委员会经研究,建议增加规定:公民、法人和其他组织可以承接境外电影的洗印加工、后期制作等业务。

五、草案第二十条、第二十二条对电影不得含有的内容和组织专家进行评审作出了规定。有的常委委员、中央有关部门提出,要进一步完善电影内容审查标准,建议增加不得宣扬恐怖主义、极端主义的内容,并明确专家评审的形式。法律委员会经研究,建议增加规定,电影不得含有"宣扬恐怖主义、极端主义"的内容;同时,规定进行电影审查,应当组织不少于三名专家进行评审。

六、草案第三十条、第三十一条对农村群众、中小学生的公益放映服务作出了规定。有的常委委员、地方提出,应当进一步保障广大农村地区群众观影需求,支持中小学生免费观看推荐的电影。法律委员会经研究,建议增加规定,"按照国家有关规定对农村电影公益放映活动给予补贴";将草案第三十一条第一款修改为:国务院教育、电影主管部门可以共同推荐有利于未成年人健康成长的电影,并支持接受义务教育的学生免费观看。

七、草案第三十二条第二款对电影院年放映国产影片的最低时间比例作出了规定。有的常委委员提出,应当进一步明确电影院放映国产影片的时段要求,鼓励安排更多黄金时段放映国产影片。法律委员会经研究,建议增加规定:"电影院应当合理安排境内法人、其他组织摄制的电影的放映场次和时段",并且放映的时间不得低于年放映电影时间总和的三分之二。

八、草案第三十二条第三款中规定,放映的电影可能引起观众身体或者心理不适的,应当予以提示。有的常委委员、中央有关部门和社会公众建议进一步明确,放映的电影可能引起未成年人身体或者心理不适的,应当予以提示。法律委员会经研究,建议将这一规定移至第二十五条第一款之后,并修改为:电影放映可能引起未成年人等观众身体或者心理不适的,应当予以提示。

九、有些常委委员、中央有关部门、地方和社会公众提出,要加强对票房收入的监管,加大对虚报瞒报票房收入行为的处罚。法律委员会经研究,建议增加规定:"电影发行企业、电影院应当统计、提供真实准确的电影销售收入,不得采取制造虚假交易、虚报瞒报销售收入等不正当手段,欺骗、误导观众,扰乱电影市场秩序",并规定了相应的行政处罚。

还有一个问题需要汇报。有些常委会组成人员、中央有关部门、地方以及社会公众提出,电视剧和网络电影等网络视频与电影之间存在共性,建议本法应原则适用于电视剧和网络电影等网络视频。法律委员会经研究认为,电视剧和网络电影等网络视频与电影虽有相似之处,但在文化产品属性、管理方式、发行播放方式以及内容审查等方面存在差异,并且已形成具有自身特点的管理制度,仍由相关行政法规调整为宜。此外,还对草案作了一些文字修改。

草案二次审议稿已按上述意见作了修改,法律委员会建议提请本次常委会会议继续审议。

草案二次审议稿和以上汇报是否妥当,请审议。

全国人民代表大会法律委员会关于《中华人民共和国电影产业促进法（草案）》审议结果的报告

——2016年10月31日在第十二届全国人民代表大会常务委员会第二十四次会议上

全国人大法律委员会副主任委员　李连宁

全国人民代表大会常务委员会：

常委会第二十二次会议对电影产业促进法（草案）进行了再次审议。会后，法制工作委员会在中国人大网全文公布草案二次审议稿征求社会公众意见。法律委员会、法制工作委员会召开座谈会，听取有关企业、协会和专家的意见，还到浙江进行调研，并就草案的主要问题与有关部门多次交换意见，共同研究。法律委员会于10月8日召开会议，根据常委会组成人员的审议意见和各方面意见，对草案进行了审议。教育科学文化卫生委员会、国家新闻出版广电总局和国务院法制办公室有关负责同志列席了会议。10月18日，法律委员会召开会议，再次进行审议。法律委员会认为，为了促进电影产业健康繁荣发展，弘扬社会主义核心价值观，规范电影市场秩序，丰富人民群众精神文化生活，制定本法是必要的，草案经过两次审议修改，已经比较成熟。同时，提出以下主要修改意见：

一、草案二次审议稿第二十七条、第二十八条第一款分别对农村地区、中小学生公益放映作了规定。一些常委委员、代表和地方提出，要加大对农村电影放映的扶持力度，在政府提供公共文化服务保障的同时，引导社会资本进入农村电影放映市场，利用市场改善农村群众观看电影条件；要采取有效措施，把中小学生免费观看推荐电影落到实处。法律委员会经研究，建议在草案二次审议稿第二十七条第一款中增加"积极引导社会资金投资农村电影放映"的规定，在第二十八条第一款中增加"采取措施"支持接受义务教育的学生免费观看推荐的电影。

二、有些常委会组成人员和代表提出，要采取措施支持传播我国优秀文化的电影的创作、摄制活动，加强对少数民族题材电影创作的扶持力度。法律委员会经研究，建议在草案二次审议稿第三十六条第一项中增加国家支持创作、摄制"传播中华优秀文化"的电影，在第四十三条第二款中增加"鼓励少数民族题材电影创作"的规定。

三、有的常委委员和地方提出，应当加强对电影业违法行为的社会监督。法律委员会经研究，建议在草案二次审议稿第四十六条中增加规定：县级以上人民政府电影主管部门应当"受理对违反本法规定的行为的投诉、举报，并及时核实、处理、答复"。

四、草案二次审议稿第五十一条第一款规定了虚报瞒报票房收入的法律责任。有些常委会组成人员和部门提出，目前的规定处罚力度不够，应将罚款数额与造假金额挂钩，实行按倍计罚。法律委员会经研究，建议将草案二次审议稿第五十一条第一款修改为"未如实统计电影销售收入或者未提供真实准确的统计数据的，由县级以上人民政府电影主管部门责令改正，处五万元以上五十万元以下的罚款；违法所得五十万元以上的，处违法所得一倍以上五倍以下的罚款。情节严重的，责令停业整顿；情节特别严重的，由原发证机关吊销许可证"。

此外，还对草案二次审议稿作了一些文字修改。

10月17日，法制工作委员会召开会议，邀请部分全国人大代表、专家学者、从业人员和基层电影主管部门、有关企业、协会等方面的代表，就法律草案中主要制度规范的可行性、法律出台时机、法律实施的社会效果和可能出现的问题等进行评估。总的评价是：草案立足我国电影产业发展实际，确立了促进电影产业发展的基本原则、基本制度，对电影创作、摄制、发行、放映，电影产业支持和保障等方面予以规范，既降低了参加电影活动的门槛，有利于激发电影市场活力，又强化了对电影活动的监管，有利于保障国家文化安全和电影产业健康发展。草案回应社会关切，较好地吸收了各方面的意见和建议，已经比较成熟，具有较强的针对性和可行性，现在出台是必要的、适时的，建议尽快审议通过。一些参会人员还对草案提出了一些具体修改意见，法律委员会进行了认真研究，对有的意见予以采纳。

草案三次审议稿已按上述意见作了修改，法律委员会建议提请本次常委会会议审议通过。

草案三次审议稿和以上报告是否妥当，请审议。

全国人民代表大会法律委员会关于《中华人民共和国电影产业促进法（草案三次审议稿）》修改意见的报告

——2016年11月6日在第十二届全国人民代表大会常务委员会第二十四次会议上

全国人民代表大会常务委员会：

本次常委会会议于10月31日下午对电影产业促进法（草案三次审议稿）进行了分组审议，普遍认为，草案已经比较成熟，建议进一步修改后，提请本次会议通过。同时，有些常委会组成人员还提出了一些修改意见。法律委员会于11月3日上午召开会议，逐条研究了常委会组成人员的审议意见，对草案进行了审议。教育科学文化卫生委员会、国家新闻出版广电总局和国务院法制办公室有关负责同志列席了会议。法律委员会认为，草案是可行的，同时，提出以下修改意见：

一、草案三次审议稿第五条第三款规定，省、自治区、直辖市人民政府应当根据当地电影产业发展实际情况制定电影及其相关产业政策。有的常委委员提出，电影产业政策应当由国家统一制定，不宜由各地分别再制定电影产业政策。法律委员会经研究，建议删去这一款。

二、草案三次审议稿第十四条第一款规定，法人、其他组织经国务院电影主管部门批准，可以与境外组织合作摄制电影；但是，不得与从事损害我国国家尊严、荣誉和利益，危害社会稳定，伤害民族感情等活动的境外组织合作。有的常委委员提出，除不得与从事过上述活动的境外组织合作外，电影摄制也不得聘用有上述行为的境外个人。法律委员会经研究，建议在这一款中增加规定："也不得聘用有上述行为的个人参加电影摄制"。

三、国家新闻出版广电总局提出，合作摄制的电影符合国家有关规定的，应当视同国产电影，这对促进我国电影产业发展具有积极作用，建议对此作出规定。法律委员会经研究，建议在第十四条增加一款规定："合作摄制电影符合创作、出资、收益分配等方面比例要求的，该电影视同境内法人、其他组织摄制的电影"。

四、草案三次审议稿第二十二条对承接境外电影的洗印、加工、后期制作等业务作了规定。有的常委委员提出，要加强对承接境外电影后期制作等业务的监管，可由有关部门实行备案管理。法律委员会经研究，建议在这一条中增加规定："并报省、自治区、直辖市人民政府电影主管部门备案"。

五、草案三次审议稿第二十八条第一款对中小学生公益放映作了规定。有些常委委员建议,要对所在学校提出支持、配合的要求,将中小学生免费观看推荐的电影落到实处。法律委员会经研究,建议在这一款中增加规定:"由所在学校组织安排"。

六、草案三次审议稿第三十一条对禁止非法录音录像及处置措施作了规定。有的常委委员提出,目前规定予以制止和要求离场两项措施力度不够,还应当要求当事人删除已经录制的音频、视频资料。法律委员会经研究,建议在这一条电影院工作人员有权采取的措施中增加"并要求其删除"已录制的音频、视频资料的规定。

七、草案三次审议稿第三十七条第一款规定了国家对电影产业的资金支持措施,第二款规定了电影行业建立完善相应的财务会计制度。有些常委委员提出,对电影产业中国家有关资金、基金的使用情况,应当按照相关规定进行审计;按照有关法律规定,国家实行统一的会计制度,不能一个行业搞一个,电影行业也不例外。法律委员会经研究,建议删去建立完善相应的财务会计制度的规定,将该条修改为:"国家引导相关文化产业专项资金、基金加大对电影产业的投入力度,根据不同阶段和时期电影产业的发展情况,结合财力状况和经济社会发展需要,综合考虑、统筹安排财政资金对电影产业的支持,并加强对相关资金、基金使用情况的审计"。

八、草案三次审议稿第五十一条第一款规定了虚报瞒报销售收入的法律责任。有的常委委员提出,应主要针对电影销售中制造虚假交易、虚报瞒报销售收入等扰乱市场秩序的行为进行处罚。法律委员会经研究,建议将这一款中的"未如实统计电影销售收入或者未提供真实准确的统计数据的,由县级以上人民政府电影主管部门责令改正,处五万元以上五十万元以下的罚款"修改为:"电影发行企业、电影院等有制造虚假交易、虚报瞒报销售收入等行为,扰乱电影市场秩序的,由县级以上人民政府电影主管部门责令改正,没收违法所得,处五万元以上五十万元以下的罚款。"

此外，根据常委委员的审议意见，还对草案三次审议稿作了一些文字修改。

草案建议表决稿已按上述意见作了修改，法律委员会建议本次常委会会议通过。

草案建议表决稿和以上报告是否妥当，请审议。

二、相关法律、法规和文件

宪法、法律、法规、文件有关电影的规定

（一）中华人民共和国宪法（节录）

（1982年12月4日第五届全国人民代表大会第五次会议通过 1982年12月4日全国人民代表大会公告公布施行 根据1988年4月12日第七届全国人民代表大会第一次会议通过的《中华人民共和国宪法修正案》、1993年3月29日第八届全国人民代表大会第一次会议通过的《中华人民共和国宪法修正案》、1999年3月15日第九届全国人民代表大会第二次会议通过的《中华人民共和国宪法修正案》和2004年3月14日第十届全国人民代表大会第二次会议通过的《中华人民共和国宪法修正案》修正）

……

第二十二条 国家发展为人民服务、为社会主义服务的文学艺术事业、新闻广播电视事业、出版发行事业、图书馆博物馆文化馆和其他文化事业，开展群众性的文化活动。

国家保护名胜古迹、珍贵文物和其他重要历史文化遗产。

……

第三十五条 中华人民共和国公民有言论、出版、集会、结社、游行、示威的自由。

……

第四十七条 中华人民共和国公民有进行科学研究、文学艺术创作和其他文化活动的自由。国家对于从事教育、科学、技术、文学、艺术和其他文化事业的公民的有益于人民的创造性工作,给以鼓励和帮助。

……

第一百一十九条 民族自治地方的自治机关自主地管理本地方的教育、科学、文化、卫生、体育事业,保护和整理民族的文化遗产,发展和繁荣民族文化。

……

第一百二十二条 国家从财政、物资、技术等方面帮助各少数民族加速发展经济建设和文化建设事业。

国家帮助民族自治地方从当地民族中大量培养各级干部、各种专业人才和技术工人。

……

(二) 中华人民共和国军事设施保护法 (节录)

(1990 年 2 月 23 日第七届全国人民代表大会常务委员会第十二次会议通过 根据 2009 年 8 月 27 日第十一届全国人民代表大会常务委员会第十次会议《关于修改部分法律的决定》第一次修正 根据 2014 年 6 月 27 日第十二届全国人民代表大会常务委员会第九次会议《关于修改〈中华人民共和国军事设施保护法〉的决定》第二次修正)

……

第十五条 禁止陆地、水域军事禁区管理单位以外的人员、车辆、船舶进入军事禁区,禁止对军事禁区进行摄影、摄像、录音、勘察、测量、描绘和记述,禁止航空器在军事禁区上空进行低空飞行。但是,经军区级以上军事机关批准的除外。

禁止航空器进入空中军事禁区,但依照国家有关规定获得批准的除外。

使用军事禁区的摄影、摄像、录音、勘察、测量、描绘和记述资料,应当经军区级以上军事机关批准。

……

(三) 中华人民共和国枪支管理法(节录)

(1996年7月5日第八届全国人民代表大会常务委员会第二十次会议通过 根据2009年8月27日第十一届全国人民代表大会常务委员会第十次会议《关于修改部分法律的决定》第一次修正 根据2015年4月24日第十二届全国人民代表大会常务委员会第十四次会议《关于修改〈中华人民共和国港口法〉等七部法律的决定》第二次修正)

……

第四十七条 单位和个人为开展游艺活动,可以配置口径不超过4.5毫米的气步枪。具体管理办法由国务院公安部门制定。

制作影视剧使用的道具枪支的管理办法,由国务院公安部门会同国务院广播电影电视行政主管部门制定。

博物馆、纪念馆、展览馆保存或者展览枪支的管理办法,由国务院公安部门会同国务院有关行政主管部门制定。

……

(四) 中华人民共和国老年人权益保障法(节录)

(1996年8月29日第八届全国人民代表大会常务委员会第二十一次会议通过 根据2009年8月27日第十一届全国人民代表大会常务委员会第十次会议《关于修改部分法律的决定》第一次修正 2012年12月28日第十一届全国人民代表大会常务委员会第三十次会议修订 根据2015年4月24日第十二届全国人民代表大会常务委员会第十四次会议《关于修改〈中华人民共和国电力法〉等六部

法律的决定》第二次修正)

......

第三十八条 地方各级人民政府和有关部门、基层群众性自治组织，应当将养老服务设施纳入城乡社区配套设施建设规划，建立适应老年人需要的生活服务、文化体育活动、日间照料、疾病护理与康复等服务设施和网点，就近为老年人提供服务。

发扬邻里互助的传统，提倡邻里间关心、帮助有困难的老年人。

鼓励慈善组织、志愿者为老年人服务。倡导老年人互助服务。

......

(五) 中华人民共和国人民防空法（节录）

(1996年10月29日第八届全国人民代表大会常务委员会第二十二次会议通过　根据2009年8月27日第十一届全国人民代表大会常务委员会第十次会议《关于修改部分法律的决定》修正)

......

第三十三条 通信、广播、电视系统，战时必须优先传递、发放防空警报信号。

......

第四十七条 新闻、出版、广播、电影、电视、文化等有关部门应当协助开展人民防空教育。

......

(六) 中华人民共和国刑法（节录）*

(1979年7月1日第五届全国人民代表大会第二次会议通过 1997年3月14日第八届全国人民代表大会第五次会议修订 1997年3月14日中华人民共和国主席令第83号公布 自1997年10月1日起施行)

……

第二百一十七条 以营利为目的，有下列侵犯著作权情形之一，违法所得数额较大或者有其他严重情节的，处三年以下有期徒刑或者拘役，并处或者单处罚金；违法所得数额巨大或者有其他特别严重情节的，处三年以上七年以下有期徒刑，并处罚金：

（一）未经著作权人许可，复制发行其文字作品、音乐、电影、电视、录像作品、计算机软件及其他作品的；

---

* 根据1998年12月29日第九届全国人民代表大会常务委员会第六次会议通过的《全国人民代表大会常务委员会关于惩治骗购外汇、逃汇和非法买卖外汇犯罪的决定》、1999年12月25日第九届全国人民代表大会常务委员会第十三次会议通过的《中华人民共和国刑法修正案》、2001年8月31日第九届全国人民代表大会常务委员会第二十三次会议通过的《中华人民共和国刑法修正案（二）》、2001年12月29日第九届全国人民代表大会常务委员会第二十五次会议通过的《中华人民共和国刑法修正案（三）》、2002年12月28日第九届全国人民代表大会常务委员会第三十一次会议通过的《中华人民共和国刑法修正案（四）》、2005年2月28日第十届全国人民代表大会常务委员会第十四次会议通过的《中华人民共和国刑法修正案（五）》、2006年6月29日第十届全国人民代表大会常务委员会第二十二次会议通过的《中华人民共和国刑法修正案（六）》、2009年2月28日第十一届全国人民代表大会常务委员会第七次会议通过的《中华人民共和国刑法修正案（七）》、2009年8月27日第十一届全国人民代表大会常务委员会第十次会议通过的《关于修改部分法律的决定》、2011年2月25日第十一届全国人民代表大会常务委员会第十九次会议通过的《中华人民共和国刑法修正案（八）》、2015年8月29日第十二届全国人民代表大会常务委员会第十六次会议通过的《中华人民共和国刑法修正案（九）》修订。

（二）出版他人享有专有出版权的图书的；

（三）未经录音录像制作者许可，复制发行其制作的录音录像的；

（四）制作、出售假冒他人署名的美术作品的。

……

第三百六十四条 传播淫秽的书刊、影片、音像、图片或者其他淫秽物品，情节严重的，处二年以下有期徒刑、拘役或者管制。

组织播放淫秽的电影、录像等音像制品的，处三年以下有期徒刑、拘役或者管制，并处罚金；情节严重的，处三年以上十年以下有期徒刑，并处罚金。

制作、复制淫秽的电影、录像等音像制品组织播放的，依照第二款的规定从重处罚。

向不满十八周岁的未成年人传播淫秽物品的，从重处罚。

……

第三百六十七条 本法所称淫秽物品，是指具体描绘性行为或者露骨宣扬色情的诲淫性的书刊、影片、录像带、录音带、图片及其他淫秽物品。

有关人体生理、医学知识的科学著作不是淫秽物品。

包含有色情内容的有艺术价值的文学、艺术作品不视为淫秽物品。

……

（七）中华人民共和国国防法（节录）

（1997年3月14日第八届全国人民代表大会第五次会议通过 根据2009年8月27日第十一届全国人民代表大会常务委员会第十次会议《关于修改部分法律的决定》修正）

……

第四十二条 国务院、中央军事委员会和省、自治区、直辖市人民政府以及有关军事机关，应当采取措施，加强国防教育工作。

一切国家机关和武装力量、各政党和各社会团体、各企业事业单位都应当组织本地区、本部门、本单位开展国防教育。

学校的国防教育是全民国防教育的基础。各级各类学校应当设置适当的国防教育课程，或者在有关课程中增加国防教育的内容。军事机关应当协助学校开展国防教育。

教育、文化、新闻、出版、广播、电影、电视等部门和单位应当密切配合，采取多种形式开展国防教育。

……

(八) 中华人民共和国预防未成年人犯罪法（节录）

(1999 年 6 月 28 日第九届全国人民代表大会常务委员会第十次会议通过 根据 2012 年 10 月 26 日第十一届全国人民代表大会常务委员会第二十九次会议《关于修改〈中华人民共和国预防未成年人犯罪法〉的决定》修正)

……

第三十二条 广播、电影、电视、戏剧节目，不得有渲染暴力、色情、赌博、恐怖活动等危害未成年人身心健康的内容。

广播电影电视行政部门、文化行政部门必须加强对广播、电影、电视、戏剧节目以及各类演播场所的管理。

……

第四十五条 人民法院审判未成年人犯罪的刑事案件，应当由熟悉未成年人身心特点的审判员或者审判员和人民陪审员依法组成少年法庭进行。

对于审判的时候被告人不满十八周岁的刑事案件，不公开审理。

对未成年人犯罪案件，新闻报道、影视节目、公开出版物不得披露该未成年人的姓名、住所、照片及可能推断出该未成年人的资料。

……

第五十四条 影剧院、录像厅等各类演播场所，放映或者演出渲染暴力、色情、赌博、恐怖活动等危害未成年人身心健康的节目的，由政府有关主管部门没收违法播放的音像制品和违法所得，处以罚款，并对直接负责的主管人员和其他直接责任人员处以罚款；情节严重的，责令停业整顿或者由工商行政部门吊销营业执照。

……

（九）中华人民共和国国家通用语言文字法（节录）

（2000年10月31日第九届全国人民代表大会常务委员会第十八次会议通过 2000年10月31日中华人民共和国主席令第37号公布 自2001年1月1日起施行）

……

第十二条 广播电台、电视台以普通话为基本的播音用语。

需要使用外国语言为播音用语的，须经国务院广播电视部门批准。

……

第十四条 下列情形，应当以国家通用语言文字为基本的用语用字：

（一）广播、电影、电视用语用字；

（二）公共场所的设施用字；

（三）招牌、广告用字；

（四）企业事业组织名称；

（五）在境内销售的商品的包装、说明。

……

第十六条 本章有关规定中，有下列情形的，可以使用方言：

（一）国家机关的工作人员执行公务时确需使用的；

（二）经国务院广播电视部门或省级广播电视部门批准的播音用语；

（三）戏曲、影视等艺术形式中需要使用的；

(四) 出版、教学、研究中确需使用的。
……

(十) 中华人民共和国民族区域自治法（节录）

(1984年5月31日第六届全国人民代表大会第二次会议通过 根据2001年2月28日第九届全国人民代表大会常务委员会第二十次会议《关于修改〈中华人民共和国民族区域自治法〉的决定》修正)
……

第三十八条 民族自治地方的自治机关自主地发展具有民族形式和民族特点的文学、艺术、新闻、出版、广播、电影、电视等民族文化事业，加大对文化事业的投入，加强文化设施建设，加快各项文化事业的发展。

民族自治地方的自治机关组织、支持有关单位和部门收集、整理、翻译和出版民族历史文化书籍，保护民族的名胜古迹、珍贵文物和其他重要历史文化遗产，继承和发展优秀的民族传统文化。
……

第四十二条 民族自治地方的自治机关积极开展和其他地方的教育、科学技术、文化艺术、卫生、体育等方面的交流和协作。

自治区、自治州的自治机关依照国家规定，可以和国外进行教育、科学技术、文化艺术、卫生、体育等方面的交流。
……

(十一) 中华人民共和国国防教育法（节录）

(2001年4月28日第九届全国人民代表大会常务委员会第二十一次会议通过 2001年4月28日中华人民共和国主席令第52号公布 自公布之日起施行)
……

第二十二条 文化、新闻、出版、广播、电影、电视等部门和单位应当根据形势和任务的要求，采取多种形式开展国防教育。

中央和省、自治区、直辖市以及设区的市的广播电台、电视台、报刊应当开设国防教育节目或者栏目，普及国防知识。

……

(十二) 中华人民共和国治安管理处罚法（节录）

(2005年8月28日第十届全国人民代表大会常务委员会第十七次会议通过　根据2012年10月26日第十一届全国人民代表大会常务委员会第二十九次会议《关于修改〈中华人民共和国治安管理处罚法〉的决定》修正)

……

第三十九条　旅馆、饭店、影剧院、娱乐场、运动场、展览馆或者其他供社会公众活动的场所的经营管理人员，违反安全规定，致使该场所有发生安全事故危险，经公安机关责令改正，拒不改正的，处五日以下拘留。

……

第六十八条　制作、运输、复制、出售、出租淫秽的书刊、图片、影片、音像制品等淫秽物品或者利用计算机信息网络、电话以及其他通讯工具传播淫秽信息的，处十日以上十五日以下拘留，可以并处三千元以下罚款；情节较轻的，处五日以下拘留或者五百元以下罚款。

……

(十三) 中华人民共和国野生动物保护法（节录）

(1988年11月8日第七届全国人民代表大会常务委员会第四次会议通过　根据2004年8月28日第十届全国人民代表大会常务委员会第十一次会议《关于修改〈中华人民共和国野生动物保护法〉的决定》第一次修正　根据2009年8月27日第十一届全国人民代表大会常务委

员会第十次会议《关于修改部分法律的决定》第二次修正 2016年7月2日第十二届全国人民代表大会常务委员会第二十一次会议修订)

……

第四十条 外国人在我国对国家重点保护野生动物进行野外考察或者在野外拍摄电影、录像,应当经省、自治区、直辖市人民政府野生动物保护主管部门或者其授权的单位批准,并遵守有关法律法规规定。

……

(十四)中华人民共和国未成年人保护法(节录)

(1991年9月4日第七届全国人民代表大会常务委员会第二十一次会议通过 2006年12月29日第十届全国人民代表大会常务委员会第二十五次会议修订 根据2012年10月26日第十一届全国人民代表大会常务委员会第二十九次会议《关于修改〈中华人民共和国未成年人保护法〉的决定》修正)

……

第三十二条 国家鼓励新闻、出版、信息产业、广播、电影、电视、文艺等单位和作家、艺术家、科学家以及其他公民,创作或者提供有利于未成年人健康成长的作品。出版、制作和传播专门以未成年人为对象的内容健康的图书、报刊、音像制品、电子出版物以及网络信息等,国家给予扶持。

国家鼓励科研机构和科技团体对未成年人开展科学知识普及活动。

……

第三十四条 禁止任何组织、个人制作或者向未成年人出售、出租或者以其他方式传播淫秽、暴力、凶杀、恐怖、赌博等毒害未成年人的图书、报刊、音像制品、电子出版物以及网络信息等。

……

第五十八条 对未成年人犯罪案件,新闻报道、影视节目、公开出版物、网络等不得披露该未成年人的姓名、住所、照片、图像以及可能推断出该未成年人的资料。

……

第六十四条 制作或者向未成年人出售、出租或者以其他方式传播淫秽、暴力、凶杀、恐怖、赌博等图书、报刊、音像制品、电子出版物以及网络信息等的，由主管部门责令改正，依法给予行政处罚。

……

（十五）中华人民共和国残疾人保障法（节录）

（1990年12月28日第七届全国人民代表大会常务委员会第十七次会议通过 2008年4月24日第十一届全国人民代表大会常务委员会第二次会议修订 2008年4月24日中华人民共和国主席令第3号公布 自2008年7月1日起施行）

……

第四十三条 政府和社会采取下列措施，丰富残疾人的精神文化生活：

（一）通过广播、电影、电视、报刊、图书、网络等形式，及时宣传报道残疾人的工作、生活等情况，为残疾人服务；

（二）组织和扶持盲文读物、盲人有声读物及其他残疾人读物的编写和出版，根据盲人的实际需要，在公共图书馆设立盲文读物、盲人有声读物图书室；

（三）开办电视手语节目，开办残疾人专题广播栏目，推进电视栏目、影视作品加配字幕、解说；

（四）组织和扶持残疾人开展群众性文化、体育、娱乐活动，举办特殊艺术演出和残疾人体育运动会，参加国际性比赛和交流；

（五）文化、体育、娱乐和其他公共活动场所，为残疾人提供方便和照顾。有计划地兴办残疾人活动场所。

……

(十六) 中华人民共和国消防法（节录）

(1998年4月29日第九届全国人民代表大会常务委员会第二次会议通过　2008年10月28日第十一届全国人民代表大会常务委员会第五次会议修订　2008年10月28日中华人民共和国主席令第6号公布　自2009年5月1日起施行)

……

第十一条　国务院公安部门规定的大型的人员密集场所和其他特殊建设工程，建设单位应当将消防设计文件报送公安机关消防机构审核。公安机关消防机构依法对审核的结果负责。

……

(十七) 中华人民共和国保守国家秘密法（节录）

(1988年9月5日第七届全国人民代表大会常务委员会第三次会议通过　2010年4月29日第十一届全国人民代表大会常务委员会第十四次会议修订　2010年4月29日中华人民共和国主席令第28号公布　自2010年10月1日起施行)

……

第二十七条　报刊、图书、音像制品、电子出版物的编辑、出版、印制、发行，广播节目、电视节目、电影的制作和播放，互联网、移动通信网等公共信息网络及其他传媒的信息编辑、发布，应当遵守有关保密规定。

……

(十八) 中华人民共和国文物保护法实施条例（节录）

(2003年5月18日中华人民共和国国务院令第377号公布　根据2013年12月7日《国务院关于修改部分行政法规的决定》第一次修订　根据2016年2月6日《国务院关于修改部分行政法规的决定》第二次修订)

......

第四条 文物行政主管部门和教育、科技、新闻出版、广播电视行政主管部门,应当做好文物保护的宣传教育工作。

......

第三十五条 为制作出版物、音像制品等拍摄馆藏三级文物的,应当报设区的市级人民政府文物行政主管部门批准;拍摄馆藏一级文物和馆藏二级文物的,应当报省、自治区、直辖市人民政府文物行政主管部门批准。

......

(十九)军服管理条例(节录)

(2009年1月13日中华人民共和国国务院、中华人民共和国中央军事委员会令第547号公布 自2009年3月1日起施行)

......

第九条 现役军人以及依照法律、法规和军队有关规定可以穿着军服的人员,应当依照有关规定穿着军服。

军队警备执勤人员应当加强检查、纠察,及时纠正违法穿着军服的行为。

影视制作和文艺演出单位的演艺人员因扮演军人角色需要穿着军服的,应当遵守军队关于军服穿着的规定,不得损害军队和军人形象。非拍摄、演出时不得穿着军服。

......

(二十)历史文化名城名镇名村保护条例(节录)

(2008年4月2日国务院第3次常务会议通过 2008年4月22日中华人民共和国国务院令第524号公布 自2008年7月1日起施行)

......

第二十五条 在历史文化名城、名镇、名村保护范围内进行下列活动,应当保护其传统格局、历史风貌和历史建筑;制订保护方案,经城市、县人民政府城乡规划主管部门会同同级文物主管部门批准,并依照有关法律、法规的规定办理相关手续:

(一)改变园林绿地、河湖水系等自然状态的活动;

(二)在核心保护范围内进行影视摄制、举办大型群众性活动;

(三)其他影响传统格局、历史风貌或者历史建筑的活动。

......

(二十一)文化产品和服务出口指导目录(电影部分)

(2012年2月1日 商务部、中宣部、外交部、财政部、文化部、海关总署、税务总局、广电总局、新闻出版总署、国务院新闻办2012年第3号公告)

......

电影

重点企业标准:1. 年出口金额50万美元以上;2. 具有良好发展潜质,在提升电影文化产品的生产、发行、播映和后产品开发能力等方面成绩突出;3. 积极与国外广播影视机构合作,拥有较为成熟的境外销售网络,境外宣传和推广活动效果突出。

说明:电影产品出口包括电影完成片、宣传片、素材及其版权的出口。

中外合作制作电影、电视节目服务

重点企业标准:1. 年出口额10万美元以上;2. 积极与国外影视制作机构合作,针对国际市场开发的有良好市场潜力的影视文化产品和服务;3. 进入国际主流销售渠道,境外宣传和推广活动效果突出;4. 拥有自主知识产权或与外方共享知识产权的原创产品,弘扬我国优秀传统文化,对加深世界各国对中国的了解具有积极意义。

说明:中外合作制作电影、电视节目服务包括:1. 中外合作制作电影是指依法取得《摄制电影许可证》或《摄制电影片许可证

（单片）》的境内电影制片者与境外电影制片者在中国境内外联合摄制、协作摄制、委托摄制的电影；2. 中外合作制作电视剧是指境内依法取得资质的广播电视节目制作机构与外国法人及自然人合作制作电视剧（含电视动画片、纪录片）的活动；3. 其他中外合作制作电影电视节目服务是指与电影电视业务相关的演出、制作、采编、传输、销售等服务；4. 含上述电影、电视产品版权的输出。

（二十二）外商投资产业指导目录（电影部分）

（2015年3月10日　国家发展和改革委员会、商务部令第23号）

……

鼓励外商投资产业目录

124. 电影机械制造：2K、4K数字电影放映机，数字电影摄像机，数字影像制作、编辑设备

限制外商投资产业目录

35. 广播电视节目、电影的制作业务（限于合作）

36. 电影院的建设、经营（中方控股）

禁止外商投资产业目录

30. 电影制作公司、发行公司、院线公司

……

（二十三）公益广告促进和管理暂行办法（节录）

（2016年1月15日国家工商行政管理总局、国家互联网信息办公室、工业和信息化部、住房城乡建设部、交通运输部、国家新闻出版广电总局令第84号公布　自2016年3月1日起施行）

……

第十条　有关部门和单位应当运用各类社会媒介刊播公益广告。机场、车站、码头、影剧院、商场、宾馆、商业街区、城市社

区、广场、公园、风景名胜区等公共场所的广告设施或者其他适当位置，公交车、地铁、长途客车、火车、飞机等公共交通工具的广告刊播介质或者其他适当位置，适当地段的建筑工地围挡、景观灯杆等构筑物，均有义务刊播公益广告通稿作品或者经主管部门审定的其他公益广告。此类场所公益广告的设置发布应当整齐、安全，与环境相协调，美化周边环境。

工商行政管理、住房城乡建设等部门鼓励、支持有关单位和个人在商品包装或者装潢、企业名称、商标标识、建筑设计、家具设计、服装设计等日常生活事物中，合理融入社会主流价值，传播中华文化，弘扬中国精神。

......

电影管理条例

（2001年12月12日国务院第50次常务会议通过 2001年12月25日中华人民共和国国务院令第342号公布 自2002年2月1日起施行）

第一章　总　　则

第一条　为了加强对电影行业的管理，发展和繁荣电影事业，满足人民群众文化生活需要，促进社会主义物质文明和精神文明建设，制定本条例。

第二条　本条例适用于中华人民共和国境内的故事片、纪录片、科教片、美术片、专题片等电影片的制片、进口、出口、发行和放映等活动。

第三条 从事电影片的制片、进口、出口、发行和放映等活动，应当遵守宪法和有关法律、法规，坚持为人民服务、为社会主义服务的方向。

第四条 国务院广播电影电视行政部门主管全国电影工作。

县级以上地方人民政府管理电影的行政部门（以下简称电影行政部门），依照本条例的规定负责本行政区域内的电影管理工作。

第五条 国家对电影摄制、进口、出口、发行、放映和电影片公映实行许可制度。未经许可，任何单位和个人不得从事电影片的摄制、进口、发行、放映活动，不得进口、出口、发行、放映未取得许可证的电影片。

依照本条例发放的许可证和批准文件，不得出租、出借、出售或者以其他任何形式转让。

第六条 全国性电影行业的社会团体按照其章程，在国务院广播电影电视行政部门指导下，实行自律管理。

第七条 国家对为电影事业发展做出显著贡献的单位和个人，给予奖励。

第二章 电影制片

第八条 设立电影制片单位，应当具备下列条件：

（一）有电影制片单位的名称、章程；

（二）有符合国务院广播电影电视行政部门认定的主办单位及其主管机关；

（三）有确定的业务范围；

（四）有适应业务范围需要的组织机构和专业人员；

（五）有适应业务范围需要的资金、场所和设备；

（六）法律、行政法规规定的其他条件。

审批设立电影制片单位，除依照前款所列条件外，还应当符合国务院广播电影电视行政部门制定的电影制片单位总量、布局和结构的规划。

第九条 申请设立电影制片单位，由所在地省、自治区、直辖市人民政府电影行政部门审核同意后，报国务院广播电影电视行政部门审批。

申请书应当载明下列内容：

（一）电影制片单位的名称、地址和经济性质；

（二）电影制片单位的主办单位的名称、地址、性质及其主管机关；

（三）电影制片单位的法定代表人的姓名、住址、资格证明文件；

（四）电影制片单位的资金来源和数额。

第十条 国务院广播电影电视行政部门应当自收到设立电影制片单位的申请书之日起90日内，作出批准或者不批准的决定，并通知申请人。批准的，由国务院广播电影电视行政部门发给《摄制电影许可证》，申请人持《摄制电影许可证》到国务院工商行政管理部门办理登记手续，依法领取营业执照；不批准的，应当说明理由。

第十一条 电影制片单位以其全部法人财产，依法享有民事权利，承担民事责任。

第十二条 电影制片单位变更、终止，应当报国务院广播电影电视行政部门批准，并依法到原登记的工商行政管理部门办理变更登记或者注销登记。

第十三条 电影制片单位可以从事下列活动：

（一）摄制电影片；

（二）按照国家有关规定制作本单位摄制的电影片的复制品；

（三）按照国家有关规定在全国范围发行本单位摄制并被许可公映的电影片及其复制品；

（四）按照国家有关规定出口本单位摄制并被许可公映的电影

片及其复制品。

第十四条 电影制片单位应当建立、健全管理制度，保证电影片的质量。

第十五条 电影制片单位对其摄制的电影片，依法享有著作权。

第十六条 电影制片单位以外的单位独立从事电影摄制业务，须报经国务院广播电影电视行政部门批准，并持批准文件到工商行政管理部门办理相应的登记手续。

电影制片单位以外的单位经批准后摄制电影片，应当事先到国务院广播电影电视行政部门领取一次性《摄制电影片许可证（单片）》，并参照电影制片单位享有权利、承担义务。具体办法由国务院广播电影电视行政部门制定。

第十七条 国家鼓励企业、事业单位和其他社会组织以及个人以资助、投资的形式参与摄制电影片。具体办法由国务院广播电影电视行政部门制定。

第十八条 电影制片单位经国务院广播电影电视行政部门批准，可以与境外电影制片者合作摄制电影片；其他单位和个人不得与境外电影制片者合作摄制电影片。

电影制片单位和持有《摄制电影片许可证（单片）》的单位经国务院广播电影电视行政部门批准，可以到境外从事电影片摄制活动。

境外组织或者个人不得在中华人民共和国境内独立从事电影片摄制活动。

第十九条 中外合作摄制电影片，应当由中方合作者事先向国务院广播电影电视行政部门提出立项申请。国务院广播电影电视行政部门征求有关部门的意见后，经审查符合规定的，发给申请人一次性《中外合作摄制电影片许可证》。申请人取得《中外合作摄制电影片许可证》后，应当按照国务院广播电影电视行政部门的规定签订中外合作摄制电影片合同。

第二十条 中外合作摄制电影片需要进口设备、器材、胶片、道具的，中方合作者应当持国务院广播电影电视行政部门的批准文件到海关办理进口或者临时进口手续。

第二十一条 境外电影制片者同中方合作者合作或者以其他形式在中华人民共和国境内摄制电影片，应当遵守中华人民共和国的法律、法规，尊重中华民族的风俗、习惯。

第二十二条 电影底片、样片的冲洗及后期制作，应当在中华人民共和国境内完成。有特殊技术要求确需在境外完成的，应当单项申请，报经国务院广播电影电视行政部门批准后，按照批准文件载明的要求执行。

第二十三条 电影洗印单位不得洗印加工未取得《摄制电影许可证》或者《摄制电影片许可证（单片）》的单位摄制的电影底片、样片，不得洗印加工未取得《电影片公映许可证》的电影片拷贝。

电影洗印单位接受委托洗印加工境外的电影底片、样片和电影片拷贝的，应当事先经国务院广播电影电视行政部门批准，并持批准文件依法向海关办理有关进口手续。洗印加工的电影底片、样片和电影片拷贝必须全部运输出境。

第三章 电影审查

第二十四条 国家实行电影审查制度。

未经国务院广播电影电视行政部门的电影审查机构（以下简称电影审查机构）审查通过的电影片，不得发行、放映、进口、出口。

供科学研究、教学参考的专题片进口和中国电影资料馆进口电影资料片，依照本条例第三十二条的规定办理。

第二十五条 电影片禁止载有下列内容：

（一）反对宪法确定的基本原则的；

（二）危害国家统一、主权和领土完整的；

（三）泄露国家秘密、危害国家安全或者损害国家荣誉和利益的；

（四）煽动民族仇恨、民族歧视，破坏民族团结，或者侵害民族风俗、习惯的；

（五）宣扬邪教、迷信的；

（六）扰乱社会秩序，破坏社会稳定的；

（七）宣扬淫秽、赌博、暴力或者教唆犯罪的；

（八）侮辱或者诽谤他人，侵害他人合法权益的；

（九）危害社会公德或者民族优秀文化传统的；

（十）有法律、行政法规和国家规定禁止的其他内容的。

电影技术质量应当符合国家标准。

第二十六条 电影制片单位应当依照本条例第二十五条的规定，负责电影剧本投拍和电影片出厂前的审查。

电影制片单位依照前款规定对其准备投拍的电影剧本审查后，应当报电影审查机构备案；电影审查机构可以对报备案的电影剧本进行审查，发现有本条例第二十五条禁止内容的，应当及时通知电影制片单位不得投拍。具体办法由国务院广播电影电视行政部门制定。

第二十七条 电影制片单位应当在电影片摄制完成后，报请电影审查机构审查；电影进口经营单位应当在办理电影片临时进口手续后，报请电影审查机构审查。

电影审查收费标准由国务院价格主管部门会同国务院广播电影电视行政部门规定。

第二十八条 电影审查机构应当自收到报送审查的电影片之日起30日内，将审查决定书面通知送审单位。审查合格的，由国务院广播电影电视行政部门发给《电影片公映许可证》。

电影制片单位或者电影进口经营单位应当将《电影片公映许可证》证号印制在该电影片拷贝第一本片头处。

审查不合格，经修改报送重审的，审查期限依照本条第一款的规定重新计算。

第二十九条　电影制片单位和电影进口经营单位对电影片审查决定不服的，可以自收到审查决定之日起 30 日内向国务院广播电影电视行政部门的电影复审机构申请复审；复审合格的，由国务院广播电影电视行政部门发给《电影片公映许可证》。

第四章　电影进口出口

第三十条　电影进口业务由国务院广播电影电视行政部门指定电影进口经营单位经营；未经指定，任何单位或者个人不得经营电影进口业务。

第三十一条　进口供公映的电影片，进口前应当报送电影审查机构审查。

报送电影审查机构审查的电影片，由指定的电影进口经营单位持国务院广播电影电视行政部门的临时进口批准文件到海关办理电影片临时进口手续；临时进口的电影片经电影审查机构审查合格并发给《电影片公映许可证》和进口批准文件后，由电影进口经营单位持进口批准文件到海关办理进口手续。

第三十二条　进口供科学研究、教学参考的专题片，进口单位应当报经国务院有关行政主管部门审查批准，持批准文件到海关办理进口手续，并于进口之日起 30 日内向国务院广播电影电视行政部门备案。但是，不得以科学研究、教学的名义进口故事片。

中国电影资料馆进口电影资料片，可以直接到海关办理进口手续。中国电影资料馆应当将其进口的电影资料片按季度向国务院广播电影电视行政部门备案。

除本条规定外，任何单位或者个人不得进口未经国务院广播电影电视行政部门审查合格的电影片。

第三十三条　电影进口经营单位应当在取得电影作品著作权人

使用许可后,在许可的范围内使用电影作品;未取得使用许可的,任何单位和个人不得使用进口电影作品。

第三十四条　电影制片单位出口本单位制作的电影片的,应当持《电影片公映许可证》到海关办理电影片出口手续。

中外合作摄制电影片出口的,中方合作者应当持《电影片公映许可证》到海关办理出口手续。中外合作摄制电影片素材出口的,中方合作者应当持国务院广播电影电视行政部门的批准文件到海关办理出口手续。

中方协助摄制电影片或者电影片素材出境的,中方协助者应当持国务院广播电影电视行政部门的批准文件到海关办理出境手续。

第三十五条　举办中外电影展、国际电影节,提供电影片参加境外电影展、电影节等,应当报国务院广播电影电视行政部门批准。

参加前款规定的电影展、电影节的电影片,须报国务院广播电影电视行政部门审查批准。参加境外电影展、电影节的电影片经批准后,参展者应当持国务院广播电影电视行政部门的批准文件到海关办理电影片临时出口手续。参加在中国境内举办的中外电影展、国际电影节的境外电影片经批准后,举办者应当持国务院广播电影电视行政部门的批准文件到海关办理临时进口手续。

第五章　电影发行和放映

第三十六条　设立电影发行单位、电影放映单位,应当具备下列条件:

（一）有电影发行单位、电影放映单位的名称、章程;

（二）有确定的业务范围;

（三）有适应业务范围需要的组织机构和专业人员;

（四）有适应业务范围需要的资金、场所和设备;

（五）法律、行政法规规定的其他条件。

第三十七条　设立电影发行单位，应当向所在地省、自治区、直辖市人民政府电影行政部门提出申请；设立跨省、自治区、直辖市的电影发行单位，应当向国务院广播电影电视行政部门提出申请。所在地省、自治区、直辖市人民政府电影行政部门或者国务院广播电影电视行政部门应当自收到申请书之日起60日内作出批准或者不批准的决定，并通知申请人。批准的，发给《电影发行经营许可证》，申请人应当持《电影发行经营许可证》到工商行政管理部门登记，依法领取营业执照；不批准的，应当说明理由。

第三十八条　设立电影放映单位，应当向所在地县或者设区的市人民政府电影行政部门提出申请。所在地县或者设区的市人民政府电影行政部门应当自收到申请书之日起60日内作出批准或者不批准的决定，并通知申请人。批准的，发给《电影放映经营许可证》，申请人持《电影放映经营许可证》到所在地工商行政管理部门登记，依法领取营业执照；不批准的，应当说明理由。

第三十九条　电影发行单位、电影放映单位变更业务范围，或者兼并其他电影发行单位、电影放映单位，或者因合并、分立而设立新的电影发行单位、电影放映单位的，应当依照本条例第三十七条或者第三十八条的规定办理审批手续，并到工商行政管理部门办理相应的登记手续。

电影发行单位、电影放映单位变更名称、地址、法定代表人或者主要负责人，或者终止电影发行、放映经营活动的，应当到原登记的工商行政管理部门办理变更登记或者注销登记，并向原审批的电影行政部门备案。

第四十条　申请从事农村16毫米电影片发行、放映业务的单位或者个人，可以直接到所在地工商行政管理部门办理登记手续，并向所在地县级人民政府电影行政部门备案；备案后，可以在全国农村从事16毫米电影片发行、放映业务。

第四十一条 国家允许企业、事业单位和其他社会组织以及个人投资建设、改造电影院。

国家允许以中外合资或者中外合作的方式建设、改造电影院。具体办法由国务院广播电影电视行政部门会同国务院文化行政部门、国务院对外经济贸易主管部门按照有关规定制定。

第四十二条 电影片依法取得国务院广播电影电视行政部门发给的《电影片公映许可证》后,方可发行、放映。

已经取得《电影片公映许可证》的电影片,国务院广播电影电视行政部门在特殊情况下可以作出停止发行、放映或者经修改后方可发行、放映的决定;对决定经修改后方可发行、放映的电影片,著作权人拒绝修改的,由国务院广播电影电视行政部门决定停止发行、放映。

国务院广播电影电视行政部门作出的停止发行、放映的决定,电影发行单位、电影放映单位应当执行。

第四十三条 利用电影片制作音像制品的,应当遵守国家有关音像制品管理的规定。

任何单位和个人不得利用电影资料片从事或者变相从事经营性的发行、放映活动。

第四十四条 放映电影片,应当符合国家规定的国产电影片与进口电影片放映的时间比例。

放映单位年放映国产电影片的时间不得低于年放映电影片时间总和的 2/3。

第四十五条 电影放映单位应当维护电影院的公共秩序和环境卫生,保证观众的安全与健康。

第六章 电影事业的保障

第四十六条 国家建立和完善适应社会主义市场经济体制的电

影管理体制，发展电影事业。

第四十七条 国家保障电影创作自由，重视和培养电影专业人才，重视和加强电影理论研究，繁荣电影创作，提高电影质量。

第四十八条 国家建立电影事业发展专项资金，并采取其他优惠措施，支持电影事业的发展。

电影事业发展专项资金缴纳单位应当按照国家有关规定履行缴纳义务。

第四十九条 电影事业发展专项资金扶持、资助下列项目：

（一）国家倡导并确认的重点电影片的摄制和优秀电影剧本的征集；

（二）重点制片基地的技术改造；

（三）电影院的改造和放映设施的技术改造；

（四）少数民族地区、边远贫困地区和农村地区的电影事业的发展；

（五）需要资助的其他项目。

第五十条 国家鼓励、扶持科学教育片、纪录片、美术片及儿童电影片的制片、发行和放映。

第五十一条 国家对少数民族地区、边远贫困地区和农村地区发行、放映电影实行优惠政策。

国家对从事农村 16 毫米电影片发行、放映业务的单位和个人予以扶持。具体办法由国务院广播电影电视行政部门、国务院文化行政部门会同国务院财政部门规定。

第五十二条 县级以上地方人民政府制定的本行政区域建设规划，应当包括电影院和放映设施的建设规划。

改建、拆除电影院和放映设施，应当报经所在地县级以上地方人民政府电影行政部门审查批准，县级以上地方人民政府电影行政部门应当依据国家有关规定作出批准或者不批准的决定。

第五十三条 县级以上地方人民政府电影行政部门和其他有关

行政部门,对干扰、阻止和破坏电影片的制片、发行、放映的行为,应当及时采取措施予以制止,并依法查处。

大众传播媒体不得宣扬非法电影。

第七章 罚 则

第五十四条 国务院广播电影电视行政部门和县级以上地方人民政府电影行政部门或者其他有关部门及其工作人员,利用职务上的便利收受他人财物或者其他好处,批准不符合法定设立条件的电影片的制片、发行和放映单位,或者不履行监督职责,或者发现违法行为不予查处,造成严重后果的,对负有责任的主管人员和其他直接责任人员依照刑法关于受贿罪、滥用职权罪、玩忽职守罪或者其他罪的规定,依法追究刑事责任;尚不够刑事处罚的,给予降级或者撤职的行政处分。

第五十五条 违反本条例规定,擅自设立电影片的制片、发行、放映单位,或者擅自从事电影制片、进口、发行、放映活动的,由工商行政管理部门予以取缔;依照刑法关于非法经营罪的规定,依法追究刑事责任;尚不够刑事处罚的,没收违法经营的电影片和违法所得以及进行违法经营活动的专用工具、设备;违法所得5万元以上的,并处违法所得5倍以上10倍以下的罚款;没有违法所得或者违法所得不足5万元的,并处20万元以上50万元以下的罚款。

第五十六条 摄制含有本条例第二十五条禁止内容的电影片,或者洗印加工、进口、发行、放映明知或者应知含有本条例第二十五条禁止内容的电影片的,依照刑法有关规定,依法追究刑事责任;尚不够刑事处罚的,由电影行政部门责令停业整顿,没收违法经营的电影片和违法所得;违法所得5万元以上的,并处违法所得5倍以上10倍以下的罚款;没有违法所得或者违法所得不足5万元的,并处20万元以上50万元以下的罚款；情节严重的，并由原发证机关吊销许可证。

第五十七条 走私电影片，依照刑法关于走私罪的规定，依法追究刑事责任；尚不够刑事处罚的，由海关依法给予行政处罚。

第五十八条 出口、发行、放映未取得《电影片公映许可证》的电影片的，由电影行政部门责令停止违法行为，没收违法经营的电影片和违法所得；违法所得5万元以上的，并处违法所得10倍以上15倍以下的罚款；没有违法所得或者违法所得不足5万元的，并处20万元以上50万元以下的罚款；情节严重的，并责令停业整顿或者由原发证机关吊销许可证。

第五十九条 有下列行为之一的，由电影行政部门责令停止违法行为，没收违法经营的电影片和违法所得；违法所得5万元以上的，并处违法所得5倍以上10倍以下的罚款；没有违法所得或者违法所得不足5万元的，并处10万元以上30万元以下的罚款；情节严重的，并责令停业整顿或者由原发证机关吊销许可证：

（一）未经批准，擅自与境外组织或者个人合作摄制电影，或者擅自到境外从事电影摄制活动的；

（二）擅自到境外进行电影底片、样片的冲洗或者后期制作，或者未按照批准文件载明的要求执行的；

（三）洗印加工未取得《摄制电影许可证》、《摄制电影片许可证（单片）》的单位摄制的电影底片、样片，或者洗印加工未取得《电影片公映许可证》的电影片拷贝的；

（四）未经批准，接受委托洗印加工境外电影底片、样片或者电影片拷贝，或者未将洗印加工的境外电影底片、样片或者电影片拷贝全部运输出境的；

（五）利用电影资料片从事或者变相从事经营性的发行、放映活动的；

（六）未按照规定的时间比例放映电影片，或者不执行国务院广播电影电视行政部门停止发行、放映决定的。

第六十条 境外组织、个人在中华人民共和国境内独立从事电影片摄制活动的，由国务院广播电影电视行政部门责令停止违法活动，没收违法摄制的电影片和进行违法活动的专用工具、设备，并处30万元以上50万元以下的罚款。

第六十一条 未经批准，擅自举办中外电影展、国际电影节，或者擅自提供电影片参加境外电影展、电影节的，由国务院广播电影电视行政部门责令停止违法活动，没收违法参展的电影片和违法所得；违法所得2万元以上的，并处违法所得5倍以上10倍以下的罚款；没有违法所得或者违法所得不足2万元的，并处2万元以上10万元以下的罚款。

第六十二条 未经批准，擅自改建、拆除电影院或者放映设施的，由县级以上地方人民政府电影行政部门责令限期恢复电影院或者放映设施的原状，给予警告，对负有责任的主管人员和其他直接责任人员依法给予纪律处分。

第六十三条 单位违反本条例，被处以吊销许可证行政处罚的，应当按照国家有关规定到工商行政管理部门办理变更登记或者注销登记；逾期未办理的，由工商行政管理部门吊销营业执照。

第六十四条 单位违反本条例，被处以吊销许可证行政处罚的，其法定代表人或者主要负责人自吊销许可证之日起5年内不得担任电影片的制片、进口、出口、发行和放映单位的法定代表人或者主要负责人。

个人违反本条例，未经批准擅自从事电影片的制片、进口、发行业务，或者擅自举办中外电影展、国际电影节或者擅自提供电影片参加境外电影展、电影节的，5年内不得从事相关电影业务。

第六十五条 未按照国家有关规定履行电影事业发展专项资金缴纳义务的，由省级以上人民政府电影行政部门责令限期补交，并自欠缴之日起按日加收所欠缴金额万分之五的滞纳金。

第六十六条　依照本条例的规定实施罚款的行政处罚,应当依照有关法律、行政法规的规定,实行罚款决定与罚款收缴分离;收缴的罚款应当全部上缴国库。

第八章　附　　则

第六十七条　国家实行《摄制电影许可证》和《电影发行经营许可证》、《电影放映经营许可证》年检制度。年检办法由国务院广播电影电视行政部门制定。

第六十八条　本条例自2002年2月1日起施行。1996年6月19日国务院发布的《电影管理条例》同时废止。

国家新闻出版广电总局关于学习宣传贯彻《中华人民共和国电影产业促进法》的通知

(2017年1月6日　新广发〔2017〕1号)

各省、自治区、直辖市新闻出版广电局,新疆生产建设兵团新闻出版广电局,总局直属各单位:

2016年11月7日,国家主席习近平签署第54号主席令,公布《中华人民共和国电影产业促进法》(以下简称《电影产业促进法》)。该法经十二届全国人大常委会第二十四次会议审议通过,并自2017年3月1日起施行。《电影产业促进法》的颁布,是我国加强宣传思想文化领域立法的重要成果,体现了党和国家对电影产业的高度重视和关心,反映了人民和行业对电影立法的广泛关注和呼声。为深入学习宣传和贯彻落实《电影产业促进法》，现就有关事项通知如下：

一、充分认识《电影产业促进法》出台的重大意义

《电影产业促进法》作为我国宣传思想文化领域第一部促进产业发展的法律，对电影产业发展具有里程碑的重要意义，是全面推进依法治国，建设中国特色社会主义法治体系、建设社会主义法治国家的重要成果，是完备我国法律规范体系的重要步骤，对于文化领域的其他立法工作也将产生积极的示范作用。

《电影产业促进法》是贯彻落实习近平总书记关于宣传思想文化工作系列重要讲话精神和中央大政方针的重要成果，以法律的形式固化和升华电影产业改革发展的成功经验，用法治的手段规范和解决电影产业发展中遇到的问题。《电影产业促进法》第一次从法律层面明确了电影产业的重要地位、发展方针、指导原则和扶持措施，为电影产业持续健康繁荣发展提供了全面的制度保障，对于激活电影市场活动、规范电影市场秩序、促进电影事业产业发展具有十分重要的意义。《电影产业促进法》标志中国电影产业法治水平的极大提升，必将会极大地激发电影工作者的创造活力，为繁荣发展新形势下的中国电影作出新的贡献，必将会更加有力地推动电影产业发展进入科学化、现代化轨道，抓住历史机遇、实现新的飞跃。

二、准确把握《电影产业促进法》的精神实质和重点

电影是内容产业，既有产业和市场属性，更有文化和社会属性。相应地，《电影产业促进法》根据我国电影产业发展的自身特点，明确以促进电影产业健康繁荣发展、弘扬社会主义核心价值观、规范电影市场秩序、丰富人民群众精神文化生活为立法宗旨，立足于积极转变政府管理方式，坚持放管并举，该放的放开，该管的管住，寓管理于服务之中；充分发挥政府的引导、激励作用，加大对电影产业扶持力度；从中国实际出发，在确保文化安全的前提下促进产业发展。

《电影产业促进法》确定的五方面主要制度措施，将对中国电

影产业发展产生深远影响：一是明确电影唱响主旋律、凝聚正能量、弘扬中华优秀传统文化的正面导向作用，尊重和保障电影创作自由，满足人民群众日益增长的精神文化需求，维护观众合法权益；二是强化电影发展顶层设计，将电影产业纳入国民经济和社会发展规划，使电影产业成为拉动内需、促进就业、推动国民经济增长的重要产业；三是加快转变政府职能，简政放权、放管结合、优化服务，调动全社会参与热情，激发市场活力；四是加强电影产业扶持力度，明确财政、税收、金融、用地等方面的扶持规定，对电影产业给予立体的制度支持；五是加强监管体系建设，通过扩大监管范围、完善监管措施、细化监管程序、加大打击力度等措施，进一步规范市场秩序，促进产业健康发展。

三、深入学习宣传《电影产业促进法》

法律的生命在于落实，落实的关键在于认知。各级新闻出版广电行政部门要以实施《电影产业促进法》为契机，落实《全国新闻出版广播影视（版权）系统法治宣传教育第七个五年规划》的要求，将《电影产业促进法》普法工作纳入本部门2017年度工作计划，作为重点学习的行业法律。全行业尤其是电影领域要大力加强学习宣传，结合实际、广泛开展形式多样、内容丰富的学习宣传活动。

要将《电影产业促进法》学习宣传工作纳入相关学习计划、教育培训规划。领导干部要以身作则，带头认真学习、深入领会《电影产业促进法》的立法精神和制度要义。采取集体学习、培训班、研讨会等多种形式，开展专门或专题培训，准确理解《电影产业促进法》的规定内容，提高电影领域依法行政水平。

要积极协调新闻单位和行业协会等主体，充分运用广播、电视、报刊、网络等平台，电影映前广告、宣传栏、讲座、咨询、征文、知识竞赛、远程教育培训等手段，大力宣传《电影产业促进法》的主要内容和精神实质，引导行业从业人员和社会公众自觉遵守《电影产业促进法》。

四、全面贯彻落实《电影产业促进法》

法治是良法与善治的结合，法律实施应当系统设计、周密部署、有力落实、普遍遵循。2016年是"十三五"的开局之年，《电影产业促进法》对电影产业发展、电影市场治理工作提出了新的更高要求，各级新闻出版广电行政部门要切实履行法定职责，确保《电影产业促进法》的规定落到实处，以规范电影行业有序发展、促进电影产业健康发展。

要深化体制机制改革，做好顶层设计。各级新闻出版广电行政部门要按照《电影产业促进法》的原则要求，在法治的轨道上深化电影产业体制机制改革，进一步健全电影社会监管体系、产业扶持体系和公共服务保障体系，在依法行政的前提下加强电影领域行政管理能力建设，进一步完善宏观管理和具体监管体制，做好行业管理和社会服务工作。

要清理制定配套规定，完善法律体系。总局将配合国务院法制办公室修订《电影管理条例》，并按照《电影产业促进法》的要求制定相应配套规定，修改、废止与《电影产业促进法》不相符的部门规章和规范性文件。各地新闻出版广电行政部门也要对照《电影产业促进法》的规定，配合有关部门，对现行地方性法规、地方政府规章及部门规范性文件进行清理，并适时出台配套性地方法规、政府规章。

要梳理明确管理职责，协调有关方面工作。各级新闻出版广电行政部门要根据《电影产业促进法》的具体规定，对现行电影管理职能进行梳理并作相应调整。要按照《电影产业促进法》的要求，推动出台本地区有关发展规划，协调有关部门完善电影创作、摄制等各环节的管理、服务工作，协调财政等部门落实产业有关扶持规定，形成新闻出版广电行政部门牵头负责、相关职能部门分工协作的工作格局。

要采取有力措施，落实法律具体规定。各级新闻出版广电行政部门要按照《电影产业促进法》的要求，全面加强事前事中事后的监管工作，实现行政管理对产业链条的有效覆盖。要进一步规范行政许可行为，在做好审批把关的同时为相对人提供更多便利。要更好发挥行政引导和协调作用，通过指导行业组织开展自律工作等多种形式，优化市场资源配置。要积极协调文化综合执法部门开展执法工作，用足用好《电影产业促进法》有关法律责任的规定，尤其是针对严重扰乱市场秩序的违法行为，要依法采取行政强制措施，加大打击力度。

五、加强《电影产业促进法》学习宣传贯彻工作的经验交流和检查指导

各地新闻出版广电行政部门要高度重视《电影产业促进法》的学习宣传和贯彻落实工作，制定工作计划，加强组织领导，确保实施成效。对在学习宣传和贯彻落实《电影产业促进法》工作中存在的问题、意见建议以及经验做法，要及时报总局政策法制司与电影局。总局将会同有关部门，检查《电影产业促进法》的学习宣传和贯彻落实情况，总结各地区的工作情况，交流各地区的工作经验，帮助解决学习宣传和贯彻落实中存在的问题。

附件：《中华人民共和国电影产业促进法》宣传提纲（略）

后　记

《中华人民共和国电影产业促进法》（以下简称电影产业促进法）已于2016年11月7日由第十二届全国人大常委会第二十四次会议通过，并自2017年3月1日起施行。为了宣传好、贯彻好和实施好电影产业促进法，帮助社会公众、电影业界和政府工作人员等主体准确理解电影产业促进法的立法原意，学习掌握电影产业促进法的具体含义，全国人大教科文卫委员会、全国人大常委会法制工作委员会、国家新闻出版广电总局、国务院法制办等部门组织编写了《中华人民共和国电影产业促进法释义》。

本书由全国人大教科文卫委员会主任委员柳斌杰，国家新闻出版广电总局局长、国家版权局局长聂辰席，国务院法制办副主任袁曙宏担任主编；全国人大常委会法制工作委员会副主任许安标，国家新闻出版广电总局副局长阎晓宏、童刚、张宏森担任副主编。全国人大教科文卫委员会文化室主任朱兵、全国人大常委会法制工作委员会立法规划室主任王瑞贺、国家新闻出版广电总局政策法制司司长余爱群、国务院法制办教科文卫法制司司长王振江对条文进行了审核。诸政红、张耀明、周建东、王健负责全书统筹；朱兵、孙雷、温泉、张阳负责第一章；黄治、陆亮、钟明岚、高山、宋雁、刘艳徽、卫南、王丽、孙剑、靳文华、周波、刘豫霞、董力、蒋晓玲、阎鹏、丁立、张阳负责第二章；王艳梅、张阳负责第三章；侯晓光、袁先鹏、刘林、刘汉思、张阳负责第四章；王新艳、侯星周负责第五章和第六章。本书多数作者直接参与了电影产业促进法的起草工作，对这部法律的基本精神和具体规定有较深的理解和认识，在写作过程中从立法宗旨、具体含义、立法背景、比较研究、实务要点等角度，尽量以详尽准确的语言对电影产业促进法进行逐条解释，并附录了部分立法过程文件和电影促进文件，整理了与电影相关的宪法、法律、行政法规等规定，力求对各界人士学习理解电影产业促进法有所裨益。因水平和时间所限，本书内容难免有疏漏不妥之处，敬请读者批评指正。

图书在版编目（CIP）数据

中华人民共和国电影产业促进法释义／柳斌杰，聂辰席，袁曙宏主编．—北京：中国法制出版社，2017.6
ISBN 978-7-5093-8220-2

Ⅰ.①中… Ⅱ.①柳…②聂…③袁… Ⅲ.①电影事业-产业发展-法律解释-中国 Ⅳ.①D922.85

中国版本图书馆 CIP 数据核字（2017）第 028833 号

| 策划编辑：谢 雯 | 责任编辑：谢 雯 | 封面设计：李 宁 |

中华人民共和国电影产业促进法释义
ZHONGHUARENMINGONGHEGUO DIANYING CHANYE CUJINFA SHIYI

主编/柳斌杰，聂辰席，袁曙宏
经销/新华书店
印刷/三河市紫恒印装有限公司

| 开本/880 毫米×1230 毫米 32 开 | 印张/12 字数/215 千 |
| 版次/2017 年 6 月第 1 版 | 2017 年 6 月第 1 次印刷 |

中国法制出版社出版

书号 ISBN 978-7-5093-8220-2　　　　　　　定价：52.00 元

北京西单横二条 2 号　　　　　　　　值班电话：66026508
邮政编码 100031　　　　　　　　　　传　真：66031119
网址：http://www.zgfzs.com　　　　　　编辑部电话：66010493
市场营销部电话：66033393　　　　　　邮购部电话：66033288

（如有印装质量问题，请与本社编务印务管理部联系调换．电话：010-66032926）